Nehemias Domingos de Melo

SEXTA EDIÇÃO
2025

LIÇÕES DE DIREITO CIVIL

3

Prefácio
Dra. **Roberta Densa**

Dos **Contratos** e dos **Atos Unilaterais**

3ª. Edição: 2016, Editora Rumo Legal
4ª. Edição: 2018, Editora Rumo Legal
5ª. Edição: 2023, Editora Foco.
6ª. Edição: 2025, Editora Foco.

Dados Internacionais de Catalogação na Publicação (CIP) de acordo com ISBD

M528l   Melo, Nehemias Domingos de
        Lições de direito civil: dos contratos e dos atos unilaterais / Nehemias Domingos de Melo. - 6. ed. - Indaiatuba, SP : Editora Foco, 2025.

        328 p. ; 16cm x 23cm. – (v.3)

        Inclui bibliografia e índice.

        ISBN: 978-65-6120-209-1

        1. Direito. 2. Direito civil. 3. Processo Civil. 4. Responsabilidade Civil. I. Título.

2024-4315   CDD 347   CDU 347

Elaborado por Vagner Rodolfo da Silva - CRB-8/9410

Índices para Catálogo Sistemático:

1. Direito civil 347

2. Direito civil 347

3

SEXTA EDIÇÃO

Nehemias Domingos de Melo

LIÇÕES DE DIREITO CIVIL

Prefácio
Dra. **Roberta Densa**

Dos **Contratos** e dos **Atos Unilaterais**

2025 © Editora Foco

Autor: Nehemias Domingos de Melo
Diretor Acadêmico: Leonardo Pereira
Editor: Roberta Densa
Coordenadora Editorial: Paula Morishita
Revisora Sênior: Georgia Renata Dias
Capa Criação: Leonardo Hermano
Diagramação: Ladislau Lima e Aparecida Lima
Impressão miolo e capa: FORMA CERTA

DIREITOS AUTORAIS: É proibida a reprodução parcial ou total desta publicação, por qualquer forma ou meio, sem a prévia autorização da Editora FOCO, com exceção do teor das questões de concursos públicos que, por serem atos oficiais, não são protegidas como Direitos Autorais, na forma do Artigo 8º, IV, da Lei 9.610/1998. Referida vedação se estende às características gráficas da obra e sua editoração. A punição para a violação dos Direitos Autorais é crime previsto no Artigo 184 do Código Penal e as sanções civis às violações dos Direitos Autorais estão previstas nos Artigos 101 a 110 da Lei 9.610/1998. Os comentários das questões são de responsabilidade dos autores.

NOTAS DA EDITORA:

Atualizações e erratas: A presente obra é vendida como está, atualizada até a data do seu fechamento, informação que consta na página II do livro. Havendo a publicação de legislação de suma relevância, a editora, de forma discricionária, se empenhará em disponibilizar atualização futura.

Erratas: A Editora se compromete a disponibilizar no site www.editorafoco.com.br, na seção Atualizações, eventuais erratas por razões de erros técnicos ou de conteúdo. Solicitamos, outrossim, que o leitor faça a gentileza de colaborar com a perfeição da obra, comunicando eventual erro encontrado por meio de mensagem para contato@editorafoco.com.br. O acesso será disponibilizado durante a vigência da edição da obra.

Impresso no Brasil (12.2024) – Data de Fechamento (11.2024)

2025

Todos os direitos reservados à
Editora Foco Jurídico Ltda.
Rua Antonio Brunetti, 593 – Jd. Morada do Sol
CEP 13348-533 – Indaiatuba – SP

E-mail: contato@editorafoco.com.br
www.editorafoco.com.br

DEDICATÓRIA

A presente obra é fruto da experiência de vários anos em salas de aulas da graduação em direito na Universidade Paulista (UNIP) e também, por algum tempo, na Faculdade de Direito do Centro Universitário das Faculdades Metropolitanas Unidas (FMU).

Os textos foram coligidos a partir do estudo das obras dos maiores civilistas brasileiros, abaixo relacionados (em ordem alfabética), cujos ensinamentos, ainda que por vias transversas, estão contidos no presente trabalho.

Assim, rendo minhas homenagens e, de forma singela, dedico este trabalho (ainda que alguns sejam *in memoriam*) aos Professores:

Antonio Chaves

Caio Mário da Silva Pereira

Carlos Roberto Gonçalves

Maria Helena Diniz

Orlando Gomes

Roberto Senise Lisboa

Silvio Rodrigues

AGRADECIMENTOS

Quero deixar registrados meus sinceros agradecimentos aos professores do curso de doutorado da Faculdad de Derecho de la Universidad de Buenos Aires (UBA), especialmente pelos ensinamentos, mas também pelo convívio acadêmico e pela amizade que, seguramente, acresceram e alargaram a minha visão de mundo e do direito.

Alejandro Perotti

Cecilia Grosman

Eber Betanzos Torres (México)

Eduardo Tinant

Esther Ferrer

Flávia Piovesan (Brasil)

Jose Luiz Quadros de Magalhães (Brasil)

Leandro Vergara

Leila Devia

Lida Garrido Cordobera

Luciana Scotti

Marcelo Lopez Alfonsín

María Susana Ciruzzi

Marisa Herrera

Misael Tirado Acero (Colômbia)

Nancy Cardenaux

Néstor Solari

Renato Rabbi-Baldi Cabanillas

Ricardo Rabinovich-Berkman (Coordenador)

Roberto Andorno (Suíça)

Raúl Anibal Etcheverry

Silvia Nonna

Também à ANA LIGIA,

Pelo apoio e incentivo de sempre.

NOTA DO AUTOR

A presente obra é fruto de vários anos de experiência em salas de aulas nos Cursos de Graduação em Direito na Universidade Paulista (UNIP) e, durante algum tempo, nas Faculdades Metropolitanas Unidas (FMU). Ela resulta da convivência com os alunos e da aferição de suas dificuldades ou facilidade na compreensão dos temas apresentados.

O resultado dessa experiência me orientou na elaboração desta coleção que, a meu ver, tem alguns traços distintivos com relação a todas as obras similares disponíveis no mercado; senão vejamos:

a) nas citações de artigos de Lei, especialmente do Código Civil, o leitor encontrará em notas de rodapé o texto integral do artigo mencionado. Pergunta-se: qual é a importância disso? Resposta: o aluno não necessitará ter ao lado o *Vade Mecum* e não necessitará ficar folheando-o, para frente e para trás, em busca dos artigos mencionados. Ou seja, da forma como os temas são apresentados, qualquer um poderá facilmente confrontar as notas do autor com o fiel texto de lei.

b) na abordagem dos temas não houve preocupação em reforçar os conceitos apresentados, visando dar maior envergadura ao texto, o que normalmente aconteceria com a colação de notas de doutrina e citação de autores, além de jurisprudência. Quer dizer, a apresentação é direta, seca, objetiva, sem citação de autores ou de julgados. O resultado disso é uma obra de fácil leitura, cuja abordagem direta dos temas, ainda que não seja de forma aprofundada, fornece ao aluno o embasamento técnico suficiente para o conhecimento básico do direito civil.

c) também não há notas de reminiscência com relação aos artigos similares do Código Civil de 1916, pois, embora isso tenha relevância histórica, para o estudo nos cursos de graduação minha experiência ensina que esse tipo de citação mais confunde os alunos do que ajuda na compreensão dos temas apresentados.

d) evitei ao máximo a utilização de linguagem muito técnica, assim como citações em latim, procurando traduzir os textos em linguagem simples e acessível, contudo, sem perder o rigor técnico e científico necessário.

Em suma, a obra não pretende ser um tratado doutrinário, mas sim uma obra de caráter didático e objetivo, abordando de forma direta e clara todos os conceitos indispensáveis ao conhecimento básico da matéria tratada em cada volume. Quer dizer, a obra é, como o próprio nome da coleção diz, Lições de Direito Civil.

Para aqueles que necessitam se aprofundar no estudo do direito civil, ao final de cada volume da coleção apresento bibliografia qualificada, útil ao estudo mais aprofundado dos temas em análise. São obras que consultei e consulto sempre, cujos fragmentos, ainda que por vias transversas, se encontram presentes neste trabalho.

Assim, esperamos que a obra possa contribuir para a formação de nossos futuros operadores do direito nos cursos de graduação e pós-graduação em direito, e também possa ser útil àqueles que vão prestar concursos e o Exame da Ordem dos Advogados do Brasil.

A coleção completa é composta de 5 (cinco) volumes, uma para cada ano do curso de direito, com os seguintes títulos:

Livro I – Teoria Geral – Das pessoas, dos bens e dos negócios jurídicos

Livro II – Obrigações e Responsabilidade Civil

Livro III – Dos Contratos e dos Atos Unilaterais Livro

Livro IV – Direitos das Coisas

Livro V – Família e Sucessões

31 de janeiro de 2014.

O Autor

PREFÁCIO

Gosto de ler de tudo um pouco. Tenho especial interesse pelas obras jurídicas, mas gosto de ler contos, poesias, romances, jornais, revistas, quadrinhos e até letreiros de *outdoors* feitos para o marketing de produtos. Admiro a capacidade humana de criação de riquezas, de cognição e de expressão. Cada um ao seu jeito e modo.

Gosto de ler, especialmente, os prefácios e apresentações das obras. Acho divertidos, instigantes e, em regra, mostram sempre um pouco mais das características pessoais do autor e sua obra.

Foi com imensa alegria que aceitei o convite de prefaciar as lições sobre contratos do meu amigo, o Dr. Nehemias Domingos de Melo. Alegria porque é sempre muito bom saber que estamos rodeados de amigos, que fazem a nossa vida mais interessante e tranquila.

Li pela primeira vez um livro do Dr. Nehemias em 2006, ocasião em que ele pretendia publicar *Dano moral trabalhista*, obra muito bem escrita, com todas as ferramentas necessárias ao profissional do Direito para solucionar questões ligadas ao tema. Chamou-me a atenção o fato de o autor conseguir unir linguagem clara com profundidade e exemplos práticos necessários ao desenvolvimento do tema. A obra foi publicada e, como não poderia deixar de ser, foi um sucesso, tanto que já está na sexta edição.

Mais tarde, o Dr. Nehemias confidenciou a vontade de fazer uma coleção que abrangesse todos os temas de Direito Civil, e que instigasse o aluno ao estudo de tão nobre disciplina.

É fato, costumeiramente, nos primeiros anos da graduação, os alunos ficam enamorados pelo Direito Penal, pelas discussões científicas (algumas ideológicas) das espécies de delitos e das funções das penas, e pela ideia de aplicação justa de penalidade pelo delito cometido. Comigo não foi diferente. Quando estudante, o Direito Penal e as suas belas teorias logo me chamaram a atenção.

No entanto, confesso que as primeiras impressões sobre o estudo do Direito Civil me foram particularmente estimulantes. Estudar a pessoa e suas relações com as outras pessoas, bem como os limites do poder do Estado nessas relações, é, sem dúvida, tarefa árdua, mas encantadora.

Afinal, as discussões em torno do Estado só podem fazer sentido quando pensamos nos direitos dos indivíduos que o compõem. O regramento sobre nascimento e morte, os direitos de personalidade, a relação obrigacional, os contratos, a responsabilidade civil, os direitos em relação às coisas e as relações familiares. Enfim, todos os temas do Direito Civil que são fundamentais para entender todo o ordenamento e o sistema jurídico justamente por ter seu fundamento no estudo da pessoa, do ser humano.

Entendo que a liberdade é direito fundamental de que os homens jamais podem ser privados e que deve ser resguardado pelo Direito Civil. A liberdade garante ao indivíduo a capacidade de agir por si próprio, com autodeterminação, independência e autonomia. Garante ao homem o direito de "ser".

É evidente que a liberdade não é absoluta e deve ser exercida nos limites da lei, que deve garantir um comportamento ético e solidário de todos os indivíduos. Nas relações privadas, é particularmente difícil estabelecer esses limites, especialmente nos contratos, de modo a garantir o exercício da liberdade e, ao mesmo tempo, garantir às partes contraentes uma relação equilibrada e justa.

Eis o grande desafio do estudo do Direito Civil: entender as relações humanas e trazer regras para os "jogos" entre particulares, permitindo o exercício da autonomia da vontade, ao mesmo tempo, exigindo um comportamento ético e solidário de todos os envolvidos.

Sempre digo que escrever e dar aulas sobre Direito Civil não é tarefa fácil. É preciso ter sensibilidade para entender a complexidade humana e, ao mesmo tempo, é preciso entender a lógica de tudo que é construído pelo homem e para o homem. Mais que isso, é preciso estudar e dominar institutos e conceitos que foram desenvolvidos no Império Romano, mas que passaram por alterações para acompanhar a nova sociedade, especialmente no que diz respeito às questões introduzidas pelo Código Civil de 2002.

Sem dúvidas, o Prof. Nehemias Domingos de Melo possui todas as características pessoais e profissionais para desenvolver uma coleção de Direito Civil. A experiência na advocacia e em sala de aula como docente fez com que toda a coleção fosse desenhada para o aluno de graduação, para quem quer se preparar para o exame da Ordem dos Advogados do Brasil e para os concursos públicos.

Diga-se, ainda, que o nome "lições" dado à coleção representa fielmente o conteúdo dos livros: linguagem clara, direta, sempre alertando para os tópicos de maior importância, estrutura de texto bem organizada e referências ao texto do Código Civil ou da legislação extravagante. Tudo isso faz com que o leitor tenha muita facilidade de entendimento dos temas estudados.

As lições de contratos e atos unilaterais, em particular, tratam de todo o estudo dos contratos, desde a parte geral, passando pelo estudo dos contratos nominados pelo Código Civil, os contratos não regulados pelo Código Civil de maior relevância prática, além das declarações unilaterais de vontade.

Nas lições sobre contratos, o autor navega pelos institutos do Direito Civil com os institutos do Direito do Consumidor, diferenciando-os ou aproximando-os, quando necessário, e fazendo um belíssimo diálogo de fontes entre as duas disciplinas.

São Paulo, outubro de 2022.

Roberta Densa

Doutora em Direitos Difusos e Coletivos pela PUC-SP. Mestre em Direito Político e Econômico e bacharel em Direito pela Universidade Presbiteriana Mackenzie. Professora na Faculdade de Direito de São Bernardo do Campo.

OBRAS DO AUTOR

I – LIVROS

1. Lições de processo civil – Teoria geral do processo e procedimento comum, 4ª. ed. Indaiatuba: Foco, 2025, v. 1.

2. Lições de processo civil – Processo de execução e procedimentos especiais, 4ª. ed. Indaiatuba: Foco, 2025, v. 2.

3. Lições de processo civil – Dos processos nos tribunais e dos recursos, 4ª. ed. Indaiatuba: Foco, 2025, v. 3.

4. Lições de direito civil – Teoria Geral: das pessoas, dos bens e dos negócios jurídicos, 6ª. ed. Indaiatuba: Foco, 2025, v. 1.

5. Lições de direito civil – Obrigações e responsabilidade civil, 6ª. ed. Indaiatuba: Foco, 2025, v. 2.

6. Lições de direito civil – Direito das coisas, 6ª. ed. Indaiatuba: Foco, 2025, v. 4.

7. Lições de direito civil – Família e Sucessões, 6ª. ed. Indaiatuba: Foco, 2025, v. 5.

8. Código de Processo Civil – Anotado e Comentado, 4ª. ed. Indaiatuba: Foco, 2025.

9. Dano moral trabalhista – Teoria e Prática, 6ª. ed. Salvador: Juspodivm, 2024.

10. Da defesa do consumidor em juízo, 2ª. ed. Leme: Mizuno, 2024.

11. Responsabilidade civil por erro médico: doutrina e jurisprudência. 5ª. ed. Leme: Mizuno, 2024.

12. Dano moral nas relações de consumo. 3ª. ed. Salvador: Juspodivm, 2023.

13. Da culpa e do risco como fundamentos da responsabilidade civil, 3ª. ed. Leme: Mizuno, 2023.

14. Dano moral – problemática: do cabimento à fixação do quantum, 3ª. ed. Leme; Mizuno, 2023.

15. Manual de prática jurídica civil para graduação e exame da OAB. 5ª. ed. Indaiatuba: Foco, 2022.

16. Como advogar no cível com o Novo CPC – Manual de prática jurídica, 4ª. ed. Araçariguama: Rumo Legal, 2018 (esgotado).

17. Novo CPC Comparado – 2015 X 1973. Araçariguama: Rumo Legal, 2016 (esgotado).

II – CAPÍTULOS DE LIVROS EM OBRAS COLETIVAS

1. Breves considerações a respeito das tutelas provisórias (em coautoria com Marcia Cardoso Simões). In: DEL SORDO NETO, Stefano; DITÃO, Ygor Pierry Piemonte (Coord.). Processo Civil Constitucionalizado. Curitiba Instituto Memória Editora, 2020.

2. O direito de morrer com dignidade. In: GODINHO, Adriano Marteleto; LEITE, Salomão Jorge e DADATO, Luciana (Coord.). Tratado brasileiro sobre o direito fundamental à morte digna. São Paulo: Almedina, 2017.

3. Dano moral pela inclusão indevida na Serasa (indústria do dano moral ou falha na prestação dos serviços?). In: STOCO, Rui (Org.). Dano moral nas relações de consumo. São Paulo: Revistas dos Tribunais, 2015.

4. Uma reflexão sobre a forma de indicação dos membros do Supremo Tribunal Federal brasileiro. In: ARAGÃO, Paulo; ROMANO, Letícia Danielle; TAYAH, José Marco (Coord.). Reflexiones sobre derecho latinoamericano. Buenos Aires: Editorial Latino Americano, 2015, v. 20.

5. O princípio da dignidade humana como fonte jurídico-positiva para os direitos fundamentais. In: BALESTERO, Gabriela Soares; BEGALLI, Ana Silvia Marcatto (Coord.). Estudos de direito latino americano. Brasília: Kiron, 2014, v. 2.

6. Fundamentos da reparação por dano moral trabalhista no Brasil e uma nova teoria para sua quantificação. In: ARAGÃO, Paulo; ROMANO, Letícia Danielle; TAYAH, José Marco (Coord.). Reflexiones sobre derecho latino-americano. Buenos Aires: Editorial Latino Americano, 2014, v. 13.

7. Comentários aos artigos 103 e 104 do CDC e à Lei Estadual dos Combustíveis. In: MACHADO, Costa; FRONTINI, Paulo Salvador (Coord.). Código de Defesa do Consumidor interpretado. São Paulo: Manole, 2013.

8. La familia ensamblada: una analisis a la luz del derecho argentino y brasileño. In: BALESTERO, Gabriela Soares; BEGALLI, Ana Silvia Marcatto (Coord.). Estudos de direito latino americano. São Paulo: Lexia, 2013.

9. Da dificuldade de prova nas ações derivadas de erro médico. In: AZEVEDO, Álvaro Villaça; LIGIEIRA, Wilson Ricardo (Coord.). Direitos do paciente. São Paulo: Saraiva, 2012.

10. O princípio da dignidade humana como fonte jurídico-positiva para os direitos fundamentais. In: ARAGÃO, Paulo; ROMANO, Letícia Danielle; TAYAH, José Marco (Coord.). Reflexiones sobre derecho latino-americano. Rio de Janeiro: Livre Expressão, 2012, v. 8.

11. Reflexões sobre a inversão do ônus da prova. In: MORATO, Antonio Carlos; NERI, Paulo de Tarso (Org.). 20 anos do Código de Defesa do Consumidor: estudos em homenagem ao professor José Geraldo Brito Filomeno. São Paulo: Atlas, 2010.

III – ARTIGOS PUBLICADOS (ALGUNS TÍTULOS)

1. Da Gratuidade da Justiça no Novo CPC e o Papel do Judiciário. Revista Síntese de Direito Civil e Processual Civil. São Paulo: Síntese, n° 97, set./ out. 2015. Publicado também na Revista Lex Magister, Edição n° 2.484, 19 Outubro 2015.

2. Análise crítica da forma de indicação dos membros do Supremo Tribunal Federal. Revista Jus Navigandi, Teresina, ano 20, n. 4341, 21 maio 2015. Disponível em: <http://jus.com.br/artigos/39290>

3. Fundamentos da reparação por dano moral trabalhista e uma nova teoria para sua quantificação. Revista Brasileira de Direitos Humanos. Lex-Magister, U. S. abr./jun. 2013.

4. A família ensamblada: uma análise à luz do direito argentino e brasileiro. Revista Síntese de Direito de Família, v. 78, jun./jul. 2013. Publicado também na Revista Jurídica Lex, v. 72, mar./abr. 2013.

OBRAS DO AUTOR XVII

5. Ulysses Guimarães: uma vida dedicada à construção da democracia brasileira. Publicado no site da Revista Lex-Magister em 19-12-2012. Disponível em: <http://www.editoramagister.com/doutrina_24064820>.

6. Dano moral: por uma teoria renovada para quantificação do valor indenizatório (teoria da exemplaridade). Revista Magister de Direito Empresarial, Concorrencial e do Consumidor, v. 44, abr./mai. 2012. Publicado também na Revista Síntese de Direito Civil e Processual Civil. São Paulo: Síntese, n° 79, set./out. 2012.

7. Responsabilidade civil nas relações de consumo. Revista Magister de Direito Empresarial, Concorrencial e do Consumidor. Porto Alegre: Magister, n° 34, ago./set. 2010. Publicado também na Revista Síntese de Direito Civil e Processual Civil, n° 68, nov./dez. 2010 e na Revista Lex do Direito Brasileiro, n° 46, jul./ago. 2010.

8. Nova execução por títulos judiciais: liquidação e cumprimento de sentença (Lei no 11.232/05). Revista Magister de Direito Processual Civil, Porto Alegre: Magister, n° 24, maio/jun. 2008. Publicado também na Revista Síntese de Direito Civil e Processual Civil, n° 58, mar./abr. 2009.

9. Erro médico e dano moral: como o médico poderá se prevenir? Revista Magister de Direito Empresarial, Concorrencial e do Consumidor. Porto Alegre: Magister, n° 18, dez./jan. 2008.

10. Excludentes de responsabilidade em face do Código de Defesa do Consumidor. Revista Magister de Direito Empresarial, Concorrencial e do Consumidor. Porto Alegre: Magister, n° 23, out./nov. 2008.

11. O princípio da dignidade humana e a interpretação dos direitos humanos. São Paulo: Repertório de Jurisprudência IOB n° 07/2009.

12. Responsabilidade dos bancos pelos emitentes de cheques sem fundos. Juris Plenum, Caxias do Sul: Plenum, n° 88, maio 2006. CD-ROM.

13. Dano moral pela inclusão indevida na Serasa (indústria do dano moral ou falha na prestação dos serviços?). Revista de Direito Bancário e do Mercado de Capitais, n° 28. São Paulo: Revista dos Tribunais, abr./jun. 2005. Publicado também na Revista do Factoring, São Paulo: Klarear, n° 13, jul./ago./set. 2005 e na Revista Magister de Direito Empresarial, Concorrencial e do Consumidor. Porto Alegre: Magister, n° 12 dez./jan. 2007.

14. Da ilegalidade da cobrança da assinatura mensal dos telefones. Juris Plenum. Especial sobre tarifa básica de telefonia. Caxias do Sul: Plenum, n° 82. maio 2005. CD-ROM.

15. Abandono moral: fundamentos da responsabilidade civil. Revista Síntese de Direito Civil e Processual Civil, n° 34. São Paulo: Síntese/IOB, mar./abr. 2005. Incluído também no Repertório de Jurisprudência IOB n° 07/2005 e republicado na Revista IOB de Direito de Família, n° 46, fev./ mar. 2008.

16. Por uma nova teoria da reparação por danos morais. Revista do Instituto dos Advogados de São Paulo, n° 15. São Paulo: Revista dos Tribunais, jan./jun. 2005. Publicado também na Revista Síntese de Direito Civil e Processual Civil, n° 33, jan./fev. 2005.

17. Responsabilidade civil por abuso de direito. Juris Síntese, São Paulo: Síntese/IOB, n° 51, jan./fev. 2005. CD-ROM.

18. União estável: conceito, alimentos e dissolução. Revista Jurídica Consulex, n° 196, Brasília: Consulex, mar. 2005. Publicado também na Revista IOB de Direito de família n° 51, dez./jan. 2009.

19. Dano moral coletivo nas relações de consumo. Juris Síntese, Porto Alegre: Síntese, nº 49, set./out. 2004. CD-ROM.

20. Da justiça gratuita como instrumento da democratização do acesso ao judiciário. Juris Síntese, Porto Alegre, nº 48, Síntese, jul./ago. 2004. CD-ROM.

21. Do conceito ampliado de consumidor. Revista Síntese de Direito Civil e Processual Civil. São Paulo: Síntese/IOB, nº 30, jul./ago. 2004.

ABREVIATURAS

AC – Apelação Cível

ACP – Ação Civil Pública

ADCT – Ato das Disposições Constitucionais Transitórias

ADIn – Ação Direta de Inconstitucionalidade

Art. – artigo

BGB – Burgerliches Gesetzbuch (Código Civil alemão)

CBA – Código Brasileiro de Aeronáutica

c/c – cumulado com

CC – Código Civil (Lei nº 10.406/02)

CCom – Código Comercial (Lei nº 556/1850)

CDC – Código de Defesa do Consumidor (Lei nº 8.078/90)

CF – Constituição Federal

CLT – Consolidação das Leis do Trabalho (Dec.-lei nº 5.452/43)

CP – Código Penal (Dec.-lei nº 2.848/40)

CPC – Código de Processo Civil (Lei nº 13.105/15)

CPP – Código de Processo Penal (Dec.-lei nº 3.689/41)

CRI – Cartório de Registro de Imóveis

CRTD – Cartório de Registro de Títulos e Documentos

CTB – Código de Trânsito Brasileiro (Lei nº 9.503/97)

CTN – Código Tributário Nacional (Lei nº 5.172/66)

D – Decreto

Dec.-Lei – Decreto-Lei

Des. – Desembargador

DJU – Diário Oficial da Justiça da União

DOE – Diário Oficial do Estado (abreviatura + sigla do Estado)

DOU – Diário Oficial da União

EC – Emenda Constitucional

ECA – Estatuto da Criança e do Adolescente (Lei nº 8.069/90)

EOAB – Estatuto da Ordem dos Advogados do Brasil (Lei nº 8.906/94)

IPTU – Imposto sobre a Propriedade Predial e Territorial Urbana

IPVA – Imposto sobre a Propriedade de Veículos Automotores

IR – Imposto sobre a Renda e Proventos de Qualquer Natureza

IRPJ – Imposto de Renda de Pessoa Jurídica

ISS – Imposto sobre Serviços

ITBI – Imposto de Transmissão de Bens Imóveis

j. – julgado em (seguido de data)

JEC – Juizados Especiais Cíveis (Lei nº 9.099/95)

JEF – Juizado Especial Federal (Lei nº 10.259/01)

LACP – Lei da Ação Civil Pública (Lei nº 7.347/85)

LA – Lei de Alimentos (Lei nº 5.478/68)

LAF – Lei das Alienações Fiduciárias (Dec.-lei nº 911/69)

LAJ – Lei de Assistência Judiciária (Lei nº 1.060/50)

LAP – Lei da Ação Popular (Lei nº 4.717/65)

LArb – Lei da Arbitragem (Lei nº 9.307/96)

LC – Lei Complementar

LCh – Lei do Cheque (Lei nº 7.357/85)

LD – Lei de Duplicatas (Lei nº 5.474/68)

LDA – Lei de Direitos Autorais (Lei nº 9.610/98)

LDC – Lei de Defesa da Concorrência (Lei nº 8.158/91)

LDi – Lei do Divórcio (Lei nº 6.515/77)

LDP – Lei da Defensoria Pública (LC nº 80/94)

LEF – Lei de Execução Fiscal (Lei nº 6.830/80)

LEP – Lei de Economia Popular (Lei nº 1.521/51)

LI – Lei do Inquilinato (Lei nº 8.245/91)

LICC – Lei de Introdução ao Código Civil (Dec.-lei nº 4.657/42)

LINDB – Lei de Introdução às Normas do Direito Brasileiro (Dec.-lei nº 4.657/42)

LMS – Lei do Mandado de Segurança (Lei nº 1.533/51)

LPI – Lei de Propriedade Industrial (Lei nº 9.279/96)

LRC – Lei do Representante Comercial Autônomo (Lei nº 4.886/65)

LRF – Lei de Recuperação e Falência (Lei nº 11.101/05)

LRP – Lei de Registros Públicos (Lei nº 6.015/73)

LSA – Lei da Sociedade Anônima (Lei nº 6.404/76)

LU – Lei Uniforme de Genebra (D nº 57.663/66)

Min. – Ministro

MP – Ministério Público

MS – Mandado de Segurança

ONU – Organização das Nações Unidas

Rec. – Recurso

rel. – Relator ou Relatora

REsp – Recurso Especial

ss. – seguintes

STF – Supremo Tribunal Federal

STJ – Superior Tribunal de Justiça

Súm – Súmula

TJ – Tribunal de Justiça

TRF – Tribunal Regional Federal

TRT – Tribunal Regional do Trabalho

TST – Tribunal Superior do Trabalho

v.u. – votação unânime

ONU – Organização das Nações Unidas

Rec. – Recurso

rel. – Relator ou Relatora

REsp – Recurso Especial

ss. – seguintes

STF – Supremo Tribunal Federal

STJ – Superior Tribunal de Justiça

Súm – Súmula

TJ – Tribunal de Justiça

TRF – Tribunal Regional Federal

TRT – Tribunal Regional do Trabalho

TST – Tribunal Superior do Trabalho

v.u. – votação unânime

SUMÁRIO

DEDICATÓRIA V

AGRADECIMENTOS VII

NOTA DO AUTOR IX

PREFÁCIO XI

OBRAS DO AUTOR XV

    I – Livros XV

    II – Capítulos de livros em obras coletivas XV

    III – Artigos publicados (alguns títulos) XVI

ABREVIATURAS XIX

PARTE I
TEORIA GERAL DOS CONTRATOS

LIÇÃO 1 – NOÇÕES GERAIS SOBRE OS CONTRATOS 3

   1. Introdução ao estudo dos contratos 3

   2. Contratos *versus* obrigações 3

   3. Contrato *versus* fato jurídico 5

   4. Contrato, pacto e convenção 5

   5. Conceito de contrato 6

   6. Requisitos de validade dos contratos 6

   7. Princípios gerais dos contratos 8

      7.1 Princípio da autonomia da vontade 9

      7.2 Princípio da força obrigatória dos contratos (*pacta sunt servanda*) 10

      7.3 Princípio da supremacia da ordem pública 11

7.4	Princípio do consensualismo	13
7.5	Princípio da relatividade	13
7.6	Princípio da revisão dos contratos ou teoria da imprevisão	13
7.7	Princípio da função social dos contratos	14
7.8	Princípio da boa-fé objetiva e da probidade	14

LIÇÃO 2 – CLASSIFICAÇÃO DOS CONTRATOS 19

1.	Notas introdutórias	19
2.	Contratos quanto à natureza da obrigação assumida	20
3.	Contratos quanto à forma pela qual se aperfeiçoam	22
4.	Contratos quanto à nomenclatura legal	24
5.	Contratos quanto à dependência	25
6.	Contratos quanto ao momento da execução	26
7.	Contratos quanto ao seu objeto	26
8.	Contratos quanto à maneira como se realizam	27
9.	Contratos quanto à pessoalidade	28

LIÇÃO 3 – INTERPRETAÇÃO DOS CONTRATOS 31

1.	Problemática da interpretação	31
2.	Regra de caráter subjetivo	31
3.	Regras de caráter objetivo adotadas pela doutrina	32
4.	Regras de caráter objetivo adotadas pelo Código Civil	33

LIÇÃO 4 – FORMAÇÃO DOS CONTRATOS 35

1.	Momento da formação do contrato	35
2.	Lugar da celebração do contrato	36
3.	Elementos constitutivos dos contratos	37
	3.1 Requisitos subjetivos	37
	3.2 Requisitos objetivos	38
	3.3 Requisitos formais	40
4.	Negociação preliminar	41
5.	Proposta	41

6. Aceitação ou conclusão.. 42

7. Declaração intervalada 43

LIÇÃO 5 – ESTIPULAÇÃO EM FAVOR DE TERCEIRO E PROMESSA DE FATO DE TERCEIRO 45

I – ESTIPULAÇÕES EM FAVOR DE TERCEIROS 45

1. Conceito de estipulações em favor de terceiros................................ 45

2. Intervenientes... 45

3. Características.. 46

II – PROMESSA DE FATO DE TERCEIRO.. 47

4. Conceito de promessa de fato de terceiro 47

5. Inadimplemento 47

6. Liceidade... 48

7. Exemplo típico 48

LIÇÃO 6 – DOS VÍCIOS REDIBITÓRIOS E DA EVICÇÃO............................ 51

I – VÍCIOS REDIBITÓRIOS 51

1. Conceito de vícios redibitórios.. 51

2. Opções do adquirente.. 52

3. Pré-requisitos.. 52

4. Decadência.. 53

5. Contagem do prazo 54

6. Diferença entre vício redibitório e inadimplemento contratual................ 55

7. Diferença entre vício e erro essencial 55

8. Fundamentos jurídicos 56

II – EVICÇÃO 56

9. Conceito de evicção.. 56

10. Pré-requisitos.. 57

11. Reforço, redução ou exclusão da responsabilidade.......................... 58

12. Verbas devidas ao evicto.. 58

13. Dedução do valor da indenização 60

14. Figuras intervenientes.. 60

15. Fundamentos jurídicos do instituto.. 60

LIÇÃO 7 – CONTRATO ALEATÓRIO 63

1. Contratos comutativos 63
2. Contratos aleatórios 64
3. Importância da distinção entre comutativo e aleatório 64
4. Contratos aleatórios no Código Civil 64
   - 4.1 Vendas aleatórias emptio spei *(venda da esperança)* 65
   - 4.2 Vendas aleatórias emptio rei speratae *(venda da coisa esperada)* ... 65
   - 4.3 Vendas aleatórias de coisas já existentes e expostas a risco 65
5. O contrato de seguro 66
6. Diferença entre contrato aleatório e contrato condicional 67
7. Diferença entre contrato aleatório e contrato de venda futura 68

LIÇÃO 8 – CONTRATO PRELIMINAR 69

1. Conceito de contrato preliminar 69
2. Requisitos do contrato preliminar 69
3. Esclarecimentos quanto à forma 70
4. Exigibilidade do contrato preliminar 71
5. Vantagem deste tipo de contrato 72
6. Contrato preliminar e outros institutos afins 72

LIÇÃO 9 – CONTRATO COM PESSOA A DECLARAR 75

1. Conceito 75
2. Natureza jurídica 76
3. Características 76
4. Participantes 76
5. Efeitos do contrato 77
6. Utilidade e importância do instituto 77
7. Diferenças com relação a outros institutos afins 78

LIÇÃO 10 – EXTINÇÃO DO CONTRATO 81

1. Extinção normal dos contratos 81
2. Extinção dos contratos de forma anormal 81

2.1	Causas anteriores ou contemporâneas à formação do contrato	81
2.2	Causas supervenientes à formação do contrato.............................	84
	2.2.1 Resolução por inexecução voluntária................................	84
	2.2.2 Resolução por inexecução involuntária	85
	2.2.3 Resolução por onerosidade excessiva...............................	86

3. Resilição... 86

   3.1   Resilição bilateral pelo distrato 86

   3.2   Resilição unilateral.. 87

4. Morte de um dos contraentes 87

5. Rescisão... 88

6. Teoria do adimplemento substancial... 88

PARTE II
DOS CONTRATOS REGULADOS PELO CÓDIGO CIVIL
TÍPICOS OU NOMINADOS

LIÇÃO 11 – DO CONTRATO DE COMPRA E VENDA... 91

1. Introdução ao tema 91

2. Conceito do contrato de compra e venda....................................... 92

3. Caráter obrigacional do contrato 92

4. Natureza jurídica da compra e venda 93

5. Elementos da compra e venda 94

   5.1   O consentimento enquanto acordo de vontades 94

   5.2   Preço 95

   5.3   Coisa ou o objeto.. 95

6. Responsabilidade do vendedor.. 96

7. Outras obrigações do vendedor... 96

8. Garantia do vendedor 97

9. Limitação à compra e venda 97

   9.1   Venda de ascendente para descendente 97

   9.2   Compra por pessoa encarregada de zelar pelo interesse do vendedor 98

9.3	Venda por condômino de parte da coisa indivisa	99
9.4	Venda entre marido e mulher	99
10.	TIPOS ESPECIAIS DE COMPRA E VENDA	99
10.1	Venda por amostras	99
10.2	Venda *ad corpus*	100
10.3	Venda *ad mesuram*	101
11.	CLÁUSULAS ESPECIAIS DE COMPRA E VENDA	102
11.1	Retrovenda	102
11.2	Venda a contento e venda sujeita à prova	103
11.3	Preempção ou direito de preferência	104
11.4	Venda com reserva de domínio	105
11.5	Venda sobre documento	106

LIÇÃO 12 – DA TROCA OU PERMUTA 109

1.	Conceito de troca ou permuta	109
2.	Característica	110
3.	Natureza jurídica	110
4.	Diferenças com relação à compra e venda	110

LIÇÃO 13 – DO CONTRATO ESTIMATÓRIO (VENDA EM CONSIGNAÇÃO) .. 113

1.	Conceito	113
2.	Campo de utilização do instituto	114
3.	Importância para as partes	114
4.	Natureza jurídica	115
5.	Relação jurídica entre consignante e consignatário	115
6.	Distinção do contrato estimatório com outros contratos afins	116
7.	Responsabilidade pelo perecimento ou deterioração da coisa consignada	117
8.	Peculiaridades	117

LIÇÃO 14 – DA DOAÇÃO 119

1.	Conceito	119
2.	Natureza jurídica	120

3. Aceitação	121
4. Espécies de doação	121
5. Limites à liberdade de doar	125
6. Revogação da doação	127
7. Promessa de doação	129
8. Liberalidade *versus* doação	130
9. Algumas peculiaridades	130

LIÇÃO 15 – DA LOCAÇÃO DE COISAS 133

1. Conceito	133
2. Natureza jurídica	134
3. Elementos para o aperfeiçoamento do contrato	135
4. Obrigações do locador	136
5. Deveres do locatário	137
6. Direitos do locador	138
7. Direitos do locatário	139
8. Transferência do contrato *inter vivos*	139
9. Transferência do contrato por morte do locador ou do locatário	140
10. Extinção da locação	140
11. Observações importantes	141

LIÇÃO 16 – DO EMPRÉSTIMO: MÚTUO E COMODATO 143

I – DO EMPRÉSTIMO	143
1. Conceito de empréstimo	143
2. Espécies de empréstimo	144
II – DO COMODATO	144
3. Conceito de comodato	144
4. Características e natureza jurídica	145
5. Responsabilidade do comodatário	146
6. Solidariedade	147
7. Extinção do comodato	147

III – DO MÚTUO 148

8. Conceito de mútuo 148

9. Principais características 148

10. Mútuo feneratício ou oneroso 150

11. Capacidade e legitimidade das partes 150

12. Exigência de garantias de restituição 151

13. Diferenças entre mútuo e comodato 152

LIÇÃO 17 – DA PRESTAÇÃO DE SERVIÇOS E DA EMPREITADA 153

I – DA PRESTAÇÃO DE SERVIÇOS 153

1. Conceito de prestação de serviços e seu campo de incidência 153

2. Natureza jurídica 154

3. Duração do contrato 155

4. Limitação à liberdade de distratar 156

5. Extinção do contrato 156

II – DA EMPREITADA 157

6. Conceito de empreitada 157

7. Natureza jurídica 158

8. A subempreitada 158

9. Responsabilidade do empreiteiro 158

10. Extinção da empreitada 160

11. Diferenças entre prestação de serviços e empreitada 161

12. Prescrição 162

LIÇÃO 18 – DO DEPÓSITO 163

1. Conceito 163

2. Características 163

3. Espécies de depósito 165

    3.1 Depósito voluntário 165

    3.2 Depósito necessário 166

    3.3 Depósito irregular 167

3.4 Depósito judicial	167
4. Obrigações do depositário	168
5. Direitos do depositário	169
6. Obrigações do depositante	170
7. Direitos do depositante	170
8. Curiosidades interessantes	171

LIÇÃO 19 – DO MANDATO 173

1. Conceito	173
2. Denominação das partes	174
3. Os tipos de representantes (mandatários)	174
4. Atos que podem ser praticados por procuração	174
5. Atos que não podem ser praticados por procuração	174
6. Características do mandato	175
7. A procuração	176
8. Espécies de mandato	177
9. Mandato outorgado a duas ou mais pessoas	178
10. Ato praticado com excesso pelo mandatário	178
11. Obrigações do mandatário	179
12. Obrigações do mandante	180
13. Extinção do mandato	181
14. Mandato em causa própria	182
15. O mandato judicial	183

LIÇÃO 20 – DA COMISSÃO, DA AGÊNCIA E DISTRIBUIÇÃO E DA CORRETA-GEM 185

I – DA COMISSÃO	185
1. Conceito do contrato de comissão	185
2. As partes	186
3. Objeto do contrato	186
4. Natureza jurídica	186
5. Remuneração do comissário	187

6. Comissão *del credere*	188
7. Diferenças com relação ao mandato e outros institutos afins	189
8. Utilização	189
II – DA AGÊNCIA E DISTRIBUIÇÃO	190
9. Conceito do contrato de agência	190
10. Do conceito do contrato de distribuição	190
11. Características	191
12. Importância	192
13. Cláusula *del credere*	192
14. Remuneração	192
15. Exemplos	193
III – DA CORRETAGEM	193
16. Conceito de corretagem	193
17. Papel do corretor	194
18. Tipos de corretores	194
19. Natureza jurídica	195
20. Remuneração do corretor	195
LIÇÃO 21 – DO CONTRATO DE TRANSPORTE	197
1. Notas introdutórias	197
2. Conceito do contrato de transporte	197
3. Natureza jurídica	197
4. Responsabilidade do transportador	198
5. Aplicação do CDC	199
6. Transporte clandestino	199
7. Transporte de coisas	200
8. Transporte gratuito ou de cortesia	200
9. Transporte aéreo internacional	201
10. Excludentes de responsabilidade	202
LIÇÃO 22 – DO CONTRATO DE SEGURO	203
1. Conceito	203
2. O segurador	203

3.	O segurado	204
4.	Objeto do contrato	204
5.	Beneficiário no seguro de vida	204
6.	Natureza jurídica	205
7.	Apólice ou bilhete de seguro	206
8.	Liberdade contratual	206
9.	Boa-fé	207
10.	Modalidades de seguros	207
11.	Seguro de dano	207
12.	Seguro de pessoas	209
13.	Excludentes do dever de indenizar	210
	13.1 Declarações falsas do segurado	210
	13.2 Da fraude e do dolo praticado pelo segurado	211
	13.3 Exacerbação do risco	212
14.	Do suicídio	213
15.	Da prescrição	214

LIÇÃO 23 – DA CONSTITUIÇÃO DE RENDA; DO JOGO E DA APOSTA 215

I – DA CONSTITUIÇÃO DE RENDA 215

1.	Conceito de constituição de renda	215
2.	Características	216
3.	Algumas observações pertinentes	216

II – DO JOGO E DA APOSTA 217

4.	Conceito de jogo	217
5.	Conceito de aposta	217
6.	Licitude do jogo e da aposta	217
7.	Consequências jurídicas	218
8.	Contratos diferenciais	220
9.	Sorteios	220
10.	Diferenças entre jogo e aposta	221

LIÇÃO 24 – DA FIANÇA 223

1.	Conceito de fiança	223

2. Natureza jurídica	223
3. Espécies de fiança	223
4. Fiador do fiador	224
5. Transmissão da fiança	224
6. Benefício de ordem	225
7. Solidariedade	225
8. Benefício de divisão	226
9. Sub-rogação	226
10. Da responsabilidade do fiador	227
11. Outorga conjugal (marital ou uxória)	227
12. Aspectos importantes	228

LIÇÃO 25 – DA TRANSAÇÃO E DO COMPROMISSO	231
I – DA TRANSAÇÃO	231
1. Conceito de transação	231
2. Retratação	231
3. Não pode ser objeto de transação	232
4. Elementos constitutivos	232
5. A transação e os terceiros	233
6. Aspectos importantes	234
II – DO COMPROMISSO	235
7. Conceito de compromisso	235
8. Espécies	235
9. Limites à arbitragem	235

PARTE III
DOS ATOS UNILATERAIS

LIÇÃO 26 – DAS DECLARAÇÕES UNILATERAIS DA VONTADE	239
I – DA PROMESSA DE RECOMPENSA	239
1. Conceito de promessa de recompensa	239
2. Requisitos	240

3. Exigibilidade... 240

4. Promessa de recompensa pela tarefa 241

5. Promessa de recompensa por concurso 242

II – GESTÃO DE NEGÓCIO.. 242

6. Conceito de gestão de negócio.. 242

7. Pressupostos da gestão de negócio.. 242

8. Obrigações do gestor.. 243

9. Obrigações do dono do negócio.. 244

10. Ratificação 245

III – DO PAGAMENTO INDEVIDO 245

11. Pagamento indevido.. 245

12. Fundamento jurídico 245

13. *Accipiens* de boa-fé ou de má-fé 246

14. Recebimento indevido de imóvel.. 246

15. Pagamento indevido sem direito à repetição.............................. 246

IV – DO ENRIQUECIMENTO SEM CAUSA 248

16. Do enriquecimento sem causa... 248

17. Requisitos da ação *in rem verso* 248

PARTE IV
CONTRATOS ESPECIAIS NÃO REGULADOS NO CÓDIGO CIVIL

LIÇÃO 27 – DA LOCAÇÃO DE IMÓVEIS URBANOS............................ 251

1. Da locação de imóveis urbanos 251

2. Abrangência da lei do inquilinato 251

3. Natureza jurídica do contrato de locação.................................... 252

4. Elementos essenciais do contrato de locação.............................. 253

5. Ação para retomada do imóvel.. 254

6. Denúncia vazia e denúncia cheia 256

7. Notificação premonitória 257

8. Purgar a mora 258

9. Direito de retenção... 258

10. Direito de preferência (preempção).. 259

11. Garantias da locação 260

12. Ação de consignação de pagamento 261

13. Ação revisional de aluguel.. 262

14. Ação renovatória... 263

15. Observações importantes 264

LIÇÃO 28 – DA ALIENAÇÃO FIDUCIÁRIA EM GARANTIA.................... 267

1. Conceito.. 267

2. Direito real de garantia 268

3. Legislação especial.. 268

4. Modo de constituição... 269

5. Natureza jurídica 269

6. Pacto comissório... 269

7. Resumo dos aspectos mais importantes...................................... 270

8. Contrato de administração fiduciária de garantias...................... 271

LIÇÃO 29 – CONTRATO DE *LEASING* (ARRENDAMENTO MERCANTIL)...... 273

1. Conceito do contrato de *leasing*... 273

2. Breve histórico 274

3. Importância.. 274

4. Figuras intervenientes no contrato 274

5. Objeto do contrato de *leasing*.. 275

6. Forma.. 275

7. Tipos de *leasing*... 276

8. Questões controvertidas 277

9. Conclusão 278

LIÇÃO 30 – DO CONTRATO DE FRANQUIA (*FRANCHISING*) 279

1. Introdução... 279

2. Histórico do contrato de franquia.. 280

3. Partes.. 280

4.	Características do contrato de franquia	281
5.	Natureza jurídica	281
6.	Espécies de franquia	282
7.	Responsabilidade solidária perante aos consumidores	283

LIÇÃO 31 – OS CONTRATOS BANCÁRIOS E O CDC 285

1.	Os contratos bancários	285
2.	Aplicação do cdc aos contratos bancários	285
3.	Vantagem para o consumidor	287
4.	Os danos causados pela atividade bancária	288

BIBLIOGRAFIA 289

PARTE I
TEORIA GERAL DOS CONTRATOS

Lição 1
NOÇÕES GERAIS SOBRE OS CONTRATOS

Sumário: 1. Introdução ao estudo dos contratos – 2. Contratos *versus* obrigações – 3. Contrato *versus* fato jurídico – 4. Contrato, pacto e convenção – 5. Conceito de contrato – 6. Requisitos de validade dos contratos – 7. Princípios gerais dos contratos; 7.1 Princípio da autonomia da vontade; 7.2 Princípio da força obrigatória dos contratos (*pacta sunt servanda*); 7.3 Princípio da supremacia da ordem pública; 7.4 Princípio do consensualismo; 7.5 Princípio da relatividade; 7.6 Princípio da revisão dos contratos ou teoria da imprevisão; 7.7 Princípio da função social dos contratos; 7.8 Princípio da boa-fé objetiva e da probidade.

1. INTRODUÇÃO AO ESTUDO DOS CONTRATOS

Na primeira parte deste volume vamos estudar os princípios gerais aplicáveis aos contratos em geral. Na segunda, vamos estudar os contratos em espécies, isto é, os contratos nominados pelo Código Civil, também chamados de típicos. E, na terceira parte, vamos estudar os atos unilaterais e, por fim, alguns dos contratos inominados ou atípicos, que são assim chamados apenas e tão somente por não estarem regulados no Código Civil.

Para isso, é de fundamental importância estudar alguns conceitos aplicáveis aos contratos, bem como sua classificação e forma de interpretação e outras nuances que nos permitirão uma melhor compreensão das figuras contratuais em geral.

2. CONTRATOS *VERSUS* OBRIGAÇÕES

Conforme já estudamos no volume 2, obrigação é o vínculo jurídico que obriga o devedor a dar, fazer ou não fazer alguma coisa em favor do credor e decorre fundamentalmente da lei, dos contratos e dos atos ilícitos; vejamos:

a) Da lei:

Como, por exemplo, as obrigações alimentares entre parentes (CC, art. 1.694);[1] ou a obrigação entre vizinhos no que diz respeito ao uso adequado da propriedade (CC, art. 1.277);[2] dentre tantas outras.

b) Da vontade humana:

São aquelas obrigações que se originam das declarações plurilaterais da vontade (ver CC, arts. 481 a 836) e das declarações unilaterais da vontade (ver arts. CC, 854 a 875); e, finalmente:

c) Dos atos ilícitos:

São as obrigações que podem se originar de um ato culposo ou doloso que tenha causado dano a outrem (ver CC, arts. 186 e 187 c/c 927).

Logo, podemos concluir que **os contratos são espécies do gênero obrigações** que podem ser assumidas de maneira expressa, tácita e até, excepcionalmente, pelo silêncio.

Aliás, um mesmo contrato pode gerar por si mesmo uma série de obrigações para as partes envolvidas. Dizemos até que o contrato é a maior fonte das obrigações.

> **Por exemplo:** numa compra e venda de bem imóvel a prazo, o comprador tem a obrigação de pagar todas as prestações e assim integralizar o preço, bem como terá a obrigação de arcar com as despesas da transferência e outras porventura decorrentes do contrato; enquanto o vendedor tem a obrigação de entregar a coisa e após a quitação do preço outorgar a respectiva escritura.

> **Outro exemplo:** em um contrato que envolva a locação de um imóvel residencial, o locatário tem a obrigação de pagar mensalmente os alugueres; pagar os encargos incidentes sobre o imóvel; conservar o imóvel

---

1. CC, Art. 1.694. Podem os parentes, os cônjuges ou companheiros pedir uns aos outros os alimentos de que necessitem para viver de modo compatível com a sua condição social, inclusive para atender às necessidades de sua educação.

   § 1º Os alimentos devem ser fixados na proporção das necessidades do reclamante e dos recursos da pessoa obrigada.

   § 2º Os alimentos serão apenas os indispensáveis à subsistência, quando a situação de necessidade resultar de culpa de quem os pleiteia.

2. CC, Art. 1.277. O proprietário ou o possuidor de um prédio tem o direito de fazer cessar as interferências prejudiciais à segurança, ao sossego e à saúde dos que o habitam, provocadas pela utilização de propriedade vizinha.

   Parágrafo único. Proíbem-se as interferências considerando-se a natureza da utilização, a localização do prédio, atendidas as normas que distribuem as edificações em zonas, e os limites ordinários de tolerância dos moradores da vizinhança.

como se seu fosse; não lhe dá destinação diferente daquela para a qual foi locado; etc. Já no que diz respeito ao locador, além da obrigação de entregar o imóvel para uso, deverá também se obrigar a garantir o uso pacífico da coisa; responder pelos vícios ou defeitos anteriores à locação; dar recibo das importâncias pagas pelo locatário; dentre outras.

3. CONTRATO *VERSUS* FATO JURÍDICO

O contrato é uma das espécies de negócio jurídico, portanto um típico fato jurídico.

Vale lembrar que fato jurídico é mais amplo, pois nele se inserem, além dos fatos humanos (lícitos ou ilícitos), os fatos jurídicos naturais, que se dividem em ordinários (nascimento, morte, decurso de tempo etc.); e extraordinários (fortuito e força maior).

Assim, todo contrato é um fato jurídico, porém a recíproca não é verdadeira. Logo, **contratos são espécies de fatos jurídicos**.

4. CONTRATO, PACTO E CONVENÇÃO

Atualmente, essas expressões são empregadas como sinônimas, ou seja, tanto faz você falar que firmou um contrato, um pacto ou uma convenção.

No passado, especialmente no Direito Romano, havia distinção entre cada uma delas, pois convenção era gênero do qual o contrato era espécie e o pacto derivava do contrato.

Atualmente, o termo *convenção* é utilizado para os acordos coletivos, como, por exemplo, a convenção de condomínio ou a convenção coletiva de trabalho; casos em que se estabelecem normas complementares àquelas já estabelecidas em lei.

As convenções são também muito utilizadas no Direito Internacional especialmente para fixarem princípios a serem seguidos pelos países participantes, como as convenções da Organização das Nações Unidas (ONU) ou da Organização Internacional do Trabalho (OIT).

Já o pacto funciona como um compromisso igual a uma promessa, que não deve ser quebrado. É uma cláusula inserta em um contrato como, por exemplo, o pacto de retrovenda (CC, art. 505).[3]

---

3. CC, Art. 505. O vendedor de coisa imóvel pode reservar-se o direito de recobrá-la no prazo máximo de decadência de três anos, restituindo o preço recebido e reembolsando as despesas do comprador,

5. CONCEITO DE CONTRATO

Contrato é uma espécie de negócio jurídico, realizado mediante o acordo de duas ou mais vontades (sinalagma), com a finalidade de adquirir, resguardar, transmitir ou extinguir direitos que, para sua validade, devem obedecer aos limites estabelecidos em lei.

> **Atenção:** as duas vontades aqui mencionadas devem ser entendidas como vontades opostas no negócio jurídico realizado. Assim, se Jojolino e Aly Kathe são proprietários de um imóvel e pretendem vendê-lo para Juka Bill, temos de um lado uma vontade de vender (Jojolino e Aly Kathe) que encontra, de outro lado, uma vontade de comprar (Juka Bill). Quer dizer, o fato de existirem várias pessoas num ou noutro polo da relação não muda o conceito de duas vontades.

6. REQUISITOS DE VALIDADE DOS CONTRATOS

Já alertamos, mas é bom insistir: anote-se desde logo para nunca jamais esquecer que para todo e qualquer contrato (como de resto para os negócios jurídicos em geral), além dos requisitos específicos de cada modalidade (subjetivos), são indispensáveis os requisitos gerais (objetivos) estipulados no art. 104 do Código Civil,[4] que assim podemos traduzir:

a) **Capacidade civil do agente:**

É a capacidade jurídica para os atos da vida civil, nos termos do art. 5º do Código Civil.[5]

---

inclusive as que, durante o período de resgate, se efetuaram com a sua autorização escrita, ou para a realização de benfeitorias necessárias.

4. CC, Art. 104. A validade do negócio jurídico requer:

I – agente capaz;

II – objeto lícito, possível, determinado ou determinável;

III – forma prescrita ou não defesa em lei.

5. CC, Art. 5º A menoridade cessa aos dezoito anos completos, quando a pessoa fica habilitada à prática de todos os atos da vida civil.

Parágrafo único. Cessará, para os menores, a incapacidade:

I – pela concessão dos pais, ou de um deles na falta do outro, mediante instrumento público, independentemente de homologação judicial, ou por sentença do juiz, ouvido o tutor, se o menor tiver dezesseis anos completos;

II – pelo casamento;

III – pelo exercício de emprego público efetivo;

IV – pela colação de grau em curso de ensino superior;

V – pelo estabelecimento civil ou comercial, ou pela existência de relação de emprego, desde que, em função deles, o menor com dezesseis anos completos tenha economia própria.

b) Objeto lícito:

Não se admitem contratos que sejam contrários à lei, como também não se admitem aqueles que contrariem a moral e os bons costumes, portanto o objeto do contrato deve ser lícito e moralmente aceito.

c) Objeto possível:

O objeto sobre o qual recai a pactuação não pode ser algo impossível de ser realizado. **Essa possibilidade é tanto física quanto jurídica.** Por exemplo, não é válido o contrato de venda de um imóvel em Marte (impossibilidade física), como também não é válido o contrato sobre herança de pessoa viva (impossibilidade jurídica – ver CC, art. 426).[6]

d) Determinação do objeto:

Também não se admite negócio realizado sobre coisa indeterminada. O objeto do contrato deve ser determinado desde logo, admitindo-se seja determinável, isto é, indeterminado hoje, mas possível de determinação até o momento do cumprimento da obrigação.

e) Forma pela qual se realiza o contrato:

É a maneira pela qual deva ser realizado o contrato, se assim a lei exigir. Vale lembrar que as partes, como regra geral, são livres para celebrarem contratos (CC, art. 107),[7] que podem ser por escrito (público ou particular), mas podem ser verbal ou até mesmo gestual, a não ser quando a lei, para dar maior segurança jurídica, determine uma forma pela qual deva ser realizado o negócio como, por exemplo, a compra e venda de imóveis de valor superior a 30 (trinta salários mínimos), nos termos como estatuído no Código Civil (art. 108).[8]

Não se esqueça de que **os contratos são espécies de negócio jurídico**, de sorte que, depois de atendidos os requisitos objetivos acima enumerados, deverão, para sua validade, preencher também os requisitos subjetivos, quais sejam:

a) Declaração da vontade (consentimento):

Representada pela manifestação concordante de duas ou mais partes que deve ser livre e consciente, isto é, sem vícios ou defeitos de qualquer natureza.

---

6. CC, Art. 426. Não pode ser objeto de contrato a herança de pessoa viva.
7. CC, Art. 107. A validade da declaração de vontade não dependerá de forma especial, senão quando a lei expressamente a exigir.
8. CC, Art. 108. Não dispondo a lei em contrário, a escritura pública é essencial à validade dos negócios jurídicos que visem à constituição, transferência, modificação ou renúncia de direitos reais sobre imóveis de valor superior a trinta vezes o maior salário mínimo vigente no País.

Atenção: se houver vícios ou defeitos no negócio jurídico entabulado, o mesmo poderá padecer de nulidade absoluta (CC, art. 166)[9] ou relativa (CC, art. 171).[10]

b) **Capacidade específica para a prática do ato:**

Quer dizer, além da capacidade jurídica do art. 5º do Código Civil (capacidade genérica), exige-se que os contratantes não tenham impedimento para praticar aquele determinado ato, isto é, exige-se que o agente tenha legitimidade para a prática do ato.

Exemplo: os tutores não podem comprar bens daqueles que são seus tutelados, logo eles, embora tenham plena capacidade para os atos da vida em geral, não terão legitimidade para fazer esse tipo de negócio jurídico (CC, art. 497, I).[11]

7. PRINCÍPIOS GERAIS DOS CONTRATOS

Já mencionamos, mas vale lembrar novamente, que, além dos princípios gerais de direito, todos os ramos do direito têm seus próprios princípios e, com os contratos, não poderia ser diferente.

É importante rememorar também que os princípios convivem harmonicamente dentro de qualquer sistema jurídico e cada caso concreto é que vai dizer se esse ou aquele princípio é que deve ser prevalente. Quer dizer, se houver um conflito de princípios, o fato de o intérprete fazer uma opção pela prevalência de um sobre o outro não significa que aqueloutro deva ser eliminado do sistema, pois em outro caso, por aplicação desse mesmo princípio, aquele que anteriormente foi postergado poderá agora vir a ser prevalente.

---

9. CC, Art. 166. É nulo o negócio jurídico quando:
   I – celebrado por pessoa absolutamente incapaz;
   II – for ilícito, impossível ou indeterminável o seu objeto;
   III – o motivo determinante, comum a ambas as partes, for ilícito;
   IV – não revestir a forma prescrita em lei;
   V – for preterida alguma solenidade que a lei considere essencial para a sua validade;
   VI – tiver por objetivo fraudar lei imperativa;
   VII – a lei taxativamente o declarar nulo, ou proibir-lhe a prática, sem cominar sanção.
10. CC, Art. 171. Além dos casos expressamente declarados na lei, é anulável o negócio jurídico:
   I – por incapacidade relativa do agente;
   II – por vício resultante de erro, dolo, coação, estado de perigo, lesão ou fraude contra credores.
11. CC, Art. 497. Sob pena de nulidade, não podem ser comprados, ainda que em hasta pública:
   I – pelos tutores, curadores, testamenteiros e administradores, os bens confiados à sua guarda ou administração;
   (Omissis)...

LIÇÃO 1 • NOÇÕES GERAIS SOBRE OS CONTRATOS

Assim, veremos agora quais são os princípios específicos do direito contratual.

7.1 Princípio da autonomia da vontade

Este princípio deriva da teoria clássica do direito contratual, que se estendeu desde o direito romano até os dias atuais, segundo o qual os contratantes têm ampla liberdade de contratar, podendo eleger de forma subjetiva com quem e em que momento contratar, e, de forma objetiva, estabelecer livremente o próprio conteúdo do contrato, sem que pesasse qualquer intervenção estatal.

Esse princípio teve seu apogeu após a Revolução Francesa. Naquela época, a declaração da vontade era a principal fonte criadora dos negócios, e dependia unicamente do voluntarismo do indivíduo e da sua livre consciência para o estabelecimento das cláusulas; uma vez celebrado o contrato, tornava-se imutável e deveria ser cumprido fielmente, sob pena de infringência a seus princípios basilares e imutáveis, fundados na intangibilidade contratual e na sua força obrigatória.

Como veremos a seguir, esse princípio não é mais absoluto (aliás, como nenhum princípio o é), pois a liberdade de contratar deve ser exercida, porém, em consonância com a função social dos contratos; deve respeitar os princípios de ordem pública; e, além disso, deve estar conforme a boa-fé e os demais princípios da moderna hermenêutica jurídica (CC, art. 421).[12]

Além das limitações legais acima enumeradas, esse princípio também está bastante limitado por motivos de ordem prática, decorrentes da própria vida moderna, tendo em vista que a liberdade de contratar ou não contratar não é mais plena como já foi no passado; vejamos:

a) **Liberdade de contratar só o que quiser:**

Esta seria a liberdade de escolher se contrato ou não contrato a aquisição de determinado bem ou serviço. Isso já não mais existe em toda sua inteireza. Basta verificar que existem determinados contratos que somos obrigados a firmar mesmo que não queiramos, como, por exemplo, o contrato de seguro obrigatório (DPVAT), que é uma das condições prévias para o licenciamento de veículo automotor. Quer dizer, o proprietário de veículo não tem liberdade de escolha: se quiser licenciar o veículo, terá que, obrigatoriamente, contratar o seguro obrigatório.

---

12. CC, Art. 421. A liberdade contratual será exercida nos limites da função social do contrato. (Redação dada pela Lei nº 13.874, de 2019)

Parágrafo único. Nas relações contratuais privadas, prevalecerão o princípio da intervenção mínima e a excepcionalidade da revisão contratual. (Incluído pela Lei nº 13.874, de 2019)

b) Liberdade de escolher o outro contratante:

Também não temos liberdade de escolher o outro contratante de forma plena, porque em muitas situações o usuário não tem opções de escolha, pois o fornecedor existente é um só, especialmente quanto ao fornecimento de serviços públicos (água, luz, transportes, telefonia etc.).

c) Liberdade para fixar o conteúdo do contrato:

Também não existe mais de forma plena a liberdade na fixação do conteúdo do contrato, porque temos de um lado a necessidade de respeitar as normas de ordem pública incidentes sobre os contratos (função social dos contratos, princípio da boa-fé etc.), além do que, em inúmeros contratos, não existe a possibilidade de discutir suas cláusulas porque elas já vêm prefixadas, e o contraente irá tão somente apor sua assinatura, já que a vida moderna fez surgir como uma necessidade da economia de mercado os contratos de adesão.

Assim, seja por imposição de lei, seja por imposição das necessidades da vida moderna, o princípio da autonomia da vontade, embora continue existindo, encontra-se atualmente bastante restringido.

7.2 Princípio da força obrigatória dos contratos (*pacta sunt servanda*)

Esse princípio, que é também chamado da intangibilidade ou da força vinculante dos contratos, significa, em última análise, que as partes devem cumprir fielmente o que foi pactuado, ou seja, **o contrato faz lei entre as partes**. Quer dizer, assinou vai ter que cumprir.

Vale destacar que esse princípio também não é mais absoluto, estando atualmente bastante relativizado, tanto que se permite possam as partes, de comum acordo, alterar as cláusulas originariamente fixadas através dos aditamentos contratuais, como também pode ser revisado judicialmente, visando corrigir distorções e abusos, com base na aplicação dos demais princípios contratuais.

Quer dizer, o *pacta sunt servanda* continua a existir, e isso se justifica porque não se pode admitir que alguém possa firmar um contrato e depois queira deixar de cumprir apenas e tão somente por capricho. Se assim fosse, isso iria gerar uma grande insegurança jurídica.

Vale repetir: esse princípio, ainda que importante e válido, não é mais tão rigoroso quanto foi no passado, tendo em vista a existência de outros princípios que possibilitam a revisão dos contratos.

Só para registro: *pacta sunt servanda* quer dizer que "os pactos devem ser cumpridos" ou "os pactos devem ser respeitados".

7.3 Princípio da supremacia da ordem pública

Este princípio, que também é chamado do dirigismo contratual ou da intervenção estatal, veio se contrapor ao princípio da livre e total autonomia contratual entre as pessoas.

Quer dizer, em contrapartida à situação da livre vontade que vigia no fim do século XIX, a sociedade passou a exigir do Estado maior intervenção nas relações jurídicas, com vistas a **limitar as abusividades praticadas pelas classes privilegiadas,** pois se percebeu que as liberdades outorgadas às partes acabavam por privilegiar os mais fortes, em detrimento dos mais fracos.

No final do século XIX e início do século XX, em face da industrialização e, em especial, após a Segunda Guerra Mundial, quando surge a sociedade de consumo e o mundo globalizado, iremos verificar que o Estado passou a intervir nas relações jurídicas e sociais, mediante a criação de **normas de ordem pública limitativas da autonomia da vontade**, especialmente para evitar abusos e a exploração do economicamente mais fraco, cujos exemplos mais marcantes no Brasil foram:

a) **Lei da Usura** (Decreto-Lei nº 22.626/33):

Esse decreto veda a cobrança de juros a maior do que o dobro da taxa legal (que à época era de 6% ao ano), de sorte que se podia cobrar até 12% ao ano (art. 1º), bem como proibia a contagem de juros sobre juros em período inferior a um ano (LU, art. 4º).[13]

Curiosidade: o objetivo dessa lei foi o de combater a agiotagem no Brasil, proibindo inclusive o anatocismo (cobrança de juros sobre juros), mas os rigores dessa norma não se aplicam as instituições financeiras por entendimento sumulado do STF.[14]

b) **Lei dos Crimes Contra a Economia Popular** (Lei nº 1.521/51):

Esta lei cominou como crime diversas práticas e, dentre estas, cabe destacar: sonegar mercadoria ou recusar vendê-la; favorecer ou preferir comprador ou freguês em detrimento de outro; cobrar juros, comissões ou descontos percentuais, sobre dívidas em dinheiro superiores à taxa permitida por lei; e, ainda, cominando de nulidade o contrato em que uma parte abusa da outra, servindo-se da ignorância, necessidade ou

---

13. LU, Art. 4º É proibido contar juros dos juros: esta proibição não compreende a acumulação de juros vencidos aos saldos líquidos em conta corrente de ano a ano.

14. STF – Súmula 596: "As disposições do Decreto 22.626/33 não se aplicam às taxas de juros e aos outros encargos cobrados nas operações realizadas por instituições públicas ou privadas, que integram o sistema financeiro nacional". Publicação no DJ de 03/01/1977, p. 7.

inexperiência do contratante, bem como evitando lucro acima de 20% (LCCEP, art. 4º, *b*).[15]

c) Código de Defesa do Consumidor (Lei nº 8.078/90):

Só para se ter uma ideia do quanto esta lei limita a autonomia da vontade, basta ver o que é estipulado nos vários incisos do art. 51, declarando nulas de pleno direito as cláusulas contratuais que contrariem o rol que ali está especificado (cláusulas abusivas).

Veja-se que a antiga autonomia da vontade cede agora espaço à autonomia privada, onde a liberdade de contratar fica limitada pelo ordenamento jurídico; quer dizer, a simples declaração de vontade como fonte criadora do direito cede espaço para as limitações impostas pela ordem jurídica.

Assim, o pressuposto de igualdade contratual entre as partes deve ser revisto para se buscar uma forma que permita, tanto quanto possível, uma igualdade real, não formal. Uma alternativa é a adoção de um sistema de normas abertas e principiológicas, o que só é possível mediante a força imperativa das normas de ordem pública impostas pelo Estado.

Vale frisar que esse princípio está claramente recepcionado no Código Civil de 2002 que, em seu art. 2.035, parágrafo único, expressamente prevê: "**Nenhuma convenção prevalecerá se contrariar preceitos de ordem pública**, tais como os estabelecidos por este Código para assegurar a função social da propriedade e dos contratos." Também já estava previsto na LINDB que em seu art. 17 prevê: "As leis, atos e sentenças de outro país, bem como quaisquer declarações de vontade, não terão eficácia no Brasil, quando ofenderem a soberania nacional, a ordem pública e os bons costumes."

Resumindo: ainda que as partes convencionem determinadas condições para a realização do contrato, **as cláusulas contratuais somente serão válidas se estiverem de conformidade com as estipulações legais.**

---

15. LCCEP, Art. 4º Constitui crime da mesma natureza a usura pecuniária ou real, assim se considerando:
   a) cobrar juros, comissões ou descontos percentuais, sobre dívidas em dinheiro superiores à taxa permitida por lei; cobrar ágio superior à taxa oficial de câmbio, sobre quantia permutada por moeda estrangeira; ou, ainda, emprestar sob penhor que seja privativo de instituição oficial de crédito;
   b) obter, ou estipular, em qualquer contrato, abusando da premente necessidade, inexperiência ou leviandade de outra parte, lucro patrimonial que exceda o quinto do valor corrente ou justo da prestação feita ou prometida.

7.4 Princípio do consensualismo

De regra, os contratos são consensuais, ou seja, se aperfeiçoam mediante a concordância das partes quanto aos detalhes do que pretendem transacionar. Na compra e venda, por exemplo, o contrato está perfeito e acabado quando as partes acordam sobre o objeto e o preço, independentemente da entrega da coisa.

Por esse princípio, **o contrato se aperfeiçoa pelo encontro das vontades concordantes**, sem a necessidade de nenhum formalismo. Assim, o papel no qual se fará constar as diversas cláusulas é tão somente o instrumento que servirá de prova do que foi acordado pelas partes, porque, a rigor, o contrato já estava realizado quando as partes acordaram sobre o objeto do pacto.

7.5 Princípio da relatividade

É o princípio pelo qual somente as partes que manifestaram suas vontades é que ficam vinculadas ao contrato, não gerando efeito para terceiros. Quer dizer, **o contrato só produz efeito em relação aos contratantes**, não prejudicando os interesses de terceiros nem seu patrimônio.

Esse princípio está bastante mitigado em face do princípio da função social dos contratos e do princípio de ordem pública, que possibilitam a terceiros, que não são partes no contrato, intervir neles se, de alguma forma, forem direta ou indiretamente atingidos.

7.6 Princípio da revisão dos contratos ou teoria da imprevisão

Também chamado de **cláusula *rebus sic stantibus***, este é mais um princípio que se opõe ao princípio da obrigatoriedade, na medida em que permite que os contratantes recorram ao Judiciário para alterarem o teor do que foi originariamente contratado em razão de fatos externos que tornem excessivamente oneroso para uma das partes o cumprimento do acordado (CC, art. 478),[16] cuja finalidade é permitir a revisão ou resolução do contrato em razão de fato novo que o torne excessivamente oneroso; e permitir ao credor que, abrindo mão da excessiva vantagem, possa manter o contrato em vigor.

> **Atenção:** esse princípio só se aplica aos contratos de execução futura, ou seja, aqueles de execução diferida (a ser cumprida no futuro em data determinada) e os de execução continuada ou de trato sucessivo (a ser cumprido em prestações periódicas).

---

16. CC, Art. 478. Nos contratos de execução continuada ou diferida, se a prestação de uma das partes se tornar excessivamente onerosa, com extrema vantagem para a outra, em virtude de acontecimentos extraordinários e imprevisíveis, poderá o devedor pedir a resolução do contrato. Os efeitos da sentença que a decretar retroagirão à data da citação.

Vale registrar: esse princípio não se aplica, via de regra, aos contratos ditos aleatórios, porque o risco é da essência desse tipo de contrato.

7.7 Princípio da função social dos contratos

Sendo os contratos instrumentos importantes na circulação da riqueza e considerando que a propriedade deve cumprir sua função social (ver CF, art. 5º, XXIII), tendo ainda em vista a necessidade de proteção à dignidade da pessoa humana (ver CF, art. 1º, III), é preciso verificar se a vontade manifestada no contrato não está em confronto com o interesse social, pois se estiver este é que deve prevalecer.

Este princípio **tem como objetivo corrigir a injustiça contratual** sempre que houver desproporção entre as prestações contratuais, colocando em desvantagem uma das partes contratantes e, em contrapartida, permitindo o enriquecimento da outra (CC, art. 421 – ver NR-12).

As finalidades são a inserção do contrato no mundo econômico, no sentido de obrigar terceiros a cooperar para o bom andamento do mesmo; e a relativização dos efeitos da autonomia, quando o contrato acarretar inutilidade e/ou injustiça (desproporção entre prestações), que poderá ensejar a revisão para propiciar a manutenção do contrato.

Assim, **a ideia da função social do contrato está intimamente ligada à da lesão** (CC, art. 157),[17] em que uma parte abusa da outra mediante a inserção de cláusulas estabelecendo prestações desiguais e desproporcionais, quando deveria estabelecer prestações equivalentes como elemento essencial da validade do contrato.

Podemos então concluir que a função social do contrato repousa na harmonia entre a autonomia privada e a solidariedade social.

7.8 Princípio da boa-fé objetiva e da probidade

Em face desse princípio, as partes estão obrigadas a manter, na fase preliminar bem como na conclusão, e mesmo após a formalização do contrato, um **comportamento pautado pela ética, lealdade, honestidade e probidade.**

---

17. CC, Art. 157. Ocorre a lesão quando uma pessoa, sob premente necessidade, ou por inexperiência, se obriga a prestação manifestamente desproporcional ao valor da prestação oposta.
    § 1º Aprecia-se a desproporção das prestações segundo os valores vigentes ao tempo em que foi celebrado o negócio jurídico.
    § 2º Não se decretará a anulação do negócio, se for oferecido suplemento suficiente, ou se a parte favorecida concordar com a redução do proveito.

LIÇÃO 1 • NOÇÕES GERAIS SOBRE OS CONTRATOS **15**

A finalidade desse princípio é proteger o devedor de prestação excessivamente onerosa; além de exigir que as partes atuem com correção e lealdade; e, especialmente, evitar que alguém se beneficie da sua própria torpeza.

Incumbe ao juiz estabelecer, em concreto, o que é segundo a boa-fé ou contrário à boa-fé. Mas o juiz não se vale de um conceito próprio de correção ou lealdade, deve considerar regras do costume, que podem ser muito mais elásticas e isentas do que seu conceito pessoal de correção.

Ao mais fraco deve ser conferido um *standard* mínimo de direitos e de proteção jurídica que possibilite o mínimo indispensável a uma vida digna.

De certa maneira, este princípio já estava contido na LINDB, pois o art. 5º determina ao juiz que, na aplicação da lei, deverão ser atendidos os fins sociais a que ela se dirige e deve estar de acordo com as exigências do bem comum.

No Código de Defesa do Consumidor, este princípio está previsto no art. 4º, III,[18] cuja orientação fica mais clara se verificarmos as cláusulas abusivas, especialmente aquela do art. 51, IV.[19] No Código Civil esse princípio encontra-se insculpido no art. 422.[20]

Do princípio da boa-fé objetiva decorrem outros *standards*; vejamos:

a) *Venire contra factum proprium*:

É a proibição de comportamento contraditório em face de um comportamento anteriormente assumido. É aquilo que pode caracterizar o abuso de direito (CC, art. 187).[21]

---

18. CDC, Art. 4º A Política Nacional das Relações de Consumo tem por objetivo o atendimento das necessidades dos consumidores, o respeito à sua dignidade, saúde e segurança, a proteção de seus interesses econômicos, a melhoria da sua qualidade de vida, bem como a transparência e harmonia das relações de consumo, atendidos os seguintes princípios: (Omissis).

    III – harmonização dos interesses dos participantes das relações de consumo e compatibilização da proteção do consumidor com a necessidade de desenvolvimento econômico e tecnológico, de modo a viabilizar os princípios nos quais se funda a ordem econômica (art. 170, da Constituição Federal), sempre com base na boa-fé e equilíbrio nas relações entre consumidores e fornecedores; (...).

19. CDC, Art. 51. São nulas de pleno direito, entre outras, as cláusulas contratuais relativas ao fornecimento de produtos e serviços que:

    (Omissis).

    III – estabeleçam obrigações consideradas iníquas, abusivas, que coloquem o consumidor em desvantagem exagerada, ou sejam incompatíveis com a boa-fé ou a equidade; (...).

20. CC, Art. 422. Os contratantes são obrigados a guardar, assim na conclusão do contrato, como em sua execução, os princípios de probidade e boa-fé.

21. CC, Art. 187. Também comete ato ilícito o titular de um direito que, ao exercê-lo, excede manifestamente os limites impostos pelo seu fim econômico ou social, pela boa-fé ou pelos bons costumes.

b) *Tu quoque*:

Expressa a ideia de que ninguém pode invocar normas jurídicas, após descumpri-las. Isso porque ninguém pode adquirir direitos de má-fé (como exemplo, ver CC, art. 476).[22]

c) *Suppressio*:

Significa a renúncia a um direito pelo seu não exercício durante um determinado lapso de tempo, de sorte que não poderá vir a ser exigido depois, em prejuízo da outra parte.

d) *Surrectio*:

Implica dizer que a prática continuada de um dado procedimento pode criar um novo direito contratualmente não previsto.

Atenção: normalmente, o *suppressio* dá origem ao *surrectio*, por isso quase sempre vamos ver esses dois institutos associados. Por exemplo, o credor que não exige seja respeitado o lugar de pagamento (*suppressio*) permite que o credor ao realizar o pagamento em lugar diferente crie um novo direito (*surrectio*). Por ilustrativo, ver o contido no art. 330 do Código Civil.[23]

Além desses *standards*, Claudia Lima Marques[24] destaca que, com base na boa-fé objetiva, existem deveres chamados de anexos que são indissociáveis de qualquer contrato.

Significa dizer que, além da obrigação contratual em si mesma (obrigação principal), outras obrigações decorrem automaticamente do pactuado em razão desses chamados deveres de condutas (obrigações secundárias), que são o dever de transparência, o dever de informação, o dever de segurança, bem como o dever de cuidado e de cooperação. Vejamos cada um deles.

a) Dever anexo de transparência:

Transparência significa, em última análise, clareza, precisão, sinceridade, veracidade e seriedade nas informações prestadas. Em razão desse postulado, o que se espera de qualquer dos contraentes é que tenham um comportamento ativo no prestar todas as informações necessárias à formação do convencimento da outra parte, inclusive não omitindo nenhum dado relevante, nem maquiando as informações.

---

22. CC, Art. 476. Nos contratos bilaterais, nenhum dos contratantes, antes de cumprida a sua obrigação, pode exigir o implemento da do outro.
23. CC, Art. 330. O pagamento reiteradamente feito em outro local faz presumir renúncia do credor relativamente ao previsto no contrato.
24. *Contratos no Código de Defesa do Consumidor*, p. 184-203.

b) Dever de informação:

O dever de informação descumprido autoriza o lesado a pedir o desfazimento do negócio e exigir as perdas e danos, se cabível. No campo da boa-fé objetiva, quem adquire tem direito à informação, o que significa dizer que aquele que vende tem a obrigação de prestá-la, intercalando-se entre eles o dever do Estado de exigir e bem fiscalizar essa informação, de sorte que ela seja realmente realizada e de forma adequada.

Atenção: o direito à informação é um direito fundamental da pessoa humana, assegurado pela Constituição Federal (ver CF, art. 5º, XIV).

c) Dever de segurança:

O dever de segurança é um dever implícito a toda e qualquer relação negocial, impondo-se tanto no que diz respeito aos aspectos patrimoniais quanto extrapatrimoniais dos envolvidos. Na sociedade moderna, não se admite que alguns serviços ou produtos sejam colocados no mercado de consumo e que eles possam ser fruto de prejuízo (material ou moral) dos adquirentes, porque aquele que coloca um produto ou um serviço em circulação no mercado de consumo tem a obrigação legal de ofertá-lo sem risco ao consumidor no que diz respeito à sua saúde, à sua incolumidade física ou psíquica e ao seu patrimônio (ver CDC, arts. 8º a 10, 12, § 1º, e 14, § 1º).

d) Dever de cuidado:

O dever de cuidado refere-se aos cuidados redobrados que os parceiros contratuais devem ter durante a execução contratual para não causar dano à outra parte. Nos contratos de planos de saúde, por exemplo, tal dever pode materializar-se na não divulgação de dados sobre a saúde do consumidor.

e) Dever de cooperação:

O dever de cooperação na execução do contrato tem a ver com o agir com lealdade durante todo o período de execução do contrato. Possui grande importância nos contratos de execução continuada, tendo em vista que esses contratos possuem duração prolongada no tempo, como nos contratos de planos de saúde e nos contratos de seguros.

Lição 2
CLASSIFICAÇÃO DOS CONTRATOS

Sumário: 1. Notas introdutórias – 2. Contratos quanto à natureza da obrigação assumida – 3. Contratos quanto à forma pela qual se aperfeiçoam – 4. Contratos quanto à nomenclatura legal – 5. Contratos quanto à dependência – 6. Contratos quanto ao momento da execução – 7. Contratos quanto ao seu objeto – 8. Contratos quanto à maneira como se realizam – 9. Contratos quanto à pessoalidade.

1. NOTAS INTRODUTÓRIAS

Para efeito de estudos, classificamos os contratos conforme sejam as regras próprias que se possam aplicar para cada grupo estudado.

É importante fazer esse estudo porque em muitos casos da vida prática haverá a necessidade de se fazer uma interpretação adequada para delimitar o alcance do que foi contratado. Nesse momento o intérprete deverá ter conhecimento das razões determinantes na formação do contrato para bem aplicar as regras de hermenêutica.

Cabe registrar que não há uma classificação única adotada pela doutrina, porém, com pequenas nuances e variações, entendemos que a classificação que apresentamos a seguir seja suficiente para atender aos fins a que se destina.

Embora um fato possa ser classificado de formas diversas, procuramos classificar os contratos a partir de uma ótica conforme seja a observação de como ele se origina; senão, vejamos:

a) **Quanto à natureza da obrigação assumida:**

Nessa classificação, vamos agrupar os contratos em unilaterais ou bilaterais; onerosos ou gratuitos; e comutativos ou aleatórios.

b) **Quanto à maneira pela qual se aperfeiçoam:**

Nessa classificação, nos baseamos na forma pela qual o contrato se aperfeiçoa e agrupamos em consensuais ou reais; solenes ou não solenes.

c) Quanto à nomenclatura legal:

Nessa classificação nos preocupamos com a denominação dos contratos, que classificamos em nominados ou típicos e inominados ou atípicos.

d) Quanto à dependência:

Nesse caso, verificaremos se os contratos têm existência própria ou se são dependentes de outro, e assim os classificamos em principal, acessório ou derivado.

e) Quanto ao tempo em que devem ser executados:

Aqui consideramos o contrato em razão do momento em que ele é executado e encontramos os contratos de execução instantânea e os de execução futura, que se subdividem em diferido e de trato sucessivo.

f) Quanto ao objeto:

Nessa classificação, levamos em conta quais os objetivos das partes e assim classificamos os contratos em preliminares ou definitivos.

g) Quanto à forma como se realizam:

Aqui tomamos como referência a forma pela qual as partes influíram na realização dos contratos e os classificamos em paritários e de adesão.

h) Quanto aos agentes:

A referência nesse caso é com relação a quem deve realizar os contratos, e assim os dividimos em personalíssimo ou *intuitu personae* e impessoais.

2. CONTRATOS QUANTO À NATUREZA DA OBRIGAÇÃO ASSUMIDA

Todo contrato faz originar uma ou mais obrigações para uma das partes (unilateral) ou para ambos os contratantes (bilateral).

Em muitas circunstâncias, essas obrigações não envolvem grandes riscos, por já estarem previamente delimitadas (comutativos). Em outras, fica ao sabor do acaso, existindo assim um risco para um ou para ambos os contraentes (aleatórios).

Assim, vamos ver com mais detalhes cada um desses tipos de contratos.

a) Unilaterais:

São aqueles contratos que, na sua formação, criam obrigações somente para uma das partes, tais como o comodato (CC, art. 579),[1] a doação pura e simples (CC, art. 538),[2] a fiança (CC, art. 818)[3] etc.

---

1. CC, Art. 579. O comodato é o empréstimo gratuito de coisas não fungíveis. Perfaz-se com a tradição do objeto.
2. CC, Art. 538. Considera-se doação o contrato em que uma pessoa, por liberalidade, transfere do seu patrimônio bens ou vantagens para o de outra.
3. CC, Art. 818. Pelo contrato de fiança, uma pessoa garante satisfazer ao credor uma obrigação assumida pelo devedor, caso este não a cumpra.

LIÇÃO 2 • CLASSIFICAÇÃO DOS CONTRATOS **21**

Importante: embora haja duas vontades presentes nesses tipos de contratos, esta classificação leva em conta os efeitos (unilateralidade de obrigação), pois quanto à formação todo contrato é, por excelência, bilateral, tendo em vista a necessidade de duas vontades concordantes para seu aperfeiçoamento (bilateralidade de consentimento).

b) **Bilaterais:**

São aqueles contratos que geram obrigações recíprocas para ambos os contratantes (sinalagma), tais como no contrato de compra e venda, cuja obrigação do comprador é pagar o preço e a do vendedor a de entregar a coisa (CC, art. 481).[4]

c) **Plurilaterais:**

A doutrina também identifica outra modalidade dos contratos bilaterais, chamados de plurilaterais. Nos contratos plúrimos, o negócio é bilateral com múltiplas pessoas de um ou do outro lado da relação negocial. Nesses contratos, cada parte adquire direitos e assume obrigações em relação aos demais integrantes do grupo. Normalmente, as partes não são antagônicas, pois buscam os mesmos objetivos. Admite-se a entrada ou retirada de participantes sem a necessidade de anuência dos demais outros, tais como nos contratos de sociedade e nos contratos de consórcios para aquisição de bens.

d) **Onerosos:**

São aqueles contratos em que ambos os contratantes obtêm vantagens e onde ambos realizam um sacrifício patrimonial. Neste tipo de contrato, as partes, para obterem determinado bem da vida, devem fazer uma contraprestação à outra parte, como, por exemplo, na compra e venda de imóveis, em que uma parte deve entregar o preço, enquanto a outra deve entregar o bem (ver CC, art. 481 – NR-4).

Atenção: como regra, todo contrato oneroso será conseguintemente bilateral.

e) **Gratuitos:**

Também chamados de benéficos, são aqueles contratos em que somente uma das partes leva vantagem, significando prejuízo para a outra, como, por exemplo, nas doações puras, isto é, sem encargos (ver CC, art. 538

---

4. CC, Art. 481. Pelo contrato de compra e venda, um dos contratantes se obriga a transferir o domínio de certa coisa, e o outro, a pagar-lhe certo preço em dinheiro.

–NR-2), ou mesmo no comodato (ver CC, art. 579 – NR-1). Mesmo que haja a imposição de encargos, isso não desnatura o contrato gratuito.

Atenção: devemos considerar como regra geral que todo contrato gratuito será unilateral.

f) Comutativos:

São os contratos que envolvem prestações certas e determinadas para ambas as partes, que já sabem de antemão quais as vantagens e os riscos que envolvem o negócio. Quer dizer, há uma equivalência das prestações assumidas por ambas as partes, e os riscos são aqueles inerentes a qualquer negócio jurídico. Nesse tipo de contrato, cada uma das partes envolvidas pode prever com segurança quais são os ônus e os proveitos que se podem auferir com aquele determinado negócio. Podemos dizer com uma certa impropriedade que são "**contratos sem riscos**".

Exemplo típico: o contrato de compra e venda de um imóvel é um exemplo típico porque cada um dos contratantes já sabe de antemão quais os riscos e vantagens que o negócio oferece. Significa dizer que o vendedor sabe que irá receber o preço e o comprador receberá a coisa.

g) Aleatórios:

São os contratos em que pelo menos uma das partes não pode antever as vantagens que receberá em troca da contraprestação oferecida. Diferentemente do comutativo, identifica-se pela incerteza para uma ou para ambas as partes, que ficam a depender de um evento futuro incerto e imprevisível. Podemos chamá-los de "**contratos de risco**".

Exemplo típico: compra de coisa futura, como ocorre no contrato de colheita (*emptio spei*). Nesse caso, o comprador está assumindo o risco de ganhar muito se a produção superar a estimativa realizada ou poderá sofrer prejuízo caso a produção seja menor do que o esperado ou mesmo não venha a existir (CC, art. 458).[5]

3. CONTRATOS QUANTO À FORMA PELA QUAL SE APERFEIÇOAM

Nesta classificação, vamos verificar em que momento e de que forma o contrato pode ser considerado perfeito e acabado; vejamos:

---

5. CC, Art. 458. Se o contrato for aleatório, por dizer respeito a coisas ou fatos futuros, cujo risco de não virem a existir um dos contratantes assuma, terá o outro direito de receber integralmente o que lhe foi prometido, desde que de sua parte não tenha havido dolo ou culpa, ainda que nada do avençado venha a existir.

LIÇÃO 2 • CLASSIFICAÇÃO DOS CONTRATOS

a) Consensuais:

São aqueles contratos que para o seu aperfeiçoamento dependem somente do consentimento das partes, isto é, do encontro de vontade.

Exemplo: o contrato de compra e venda pura é um tipo de contrato consensual, pois o mesmo estará formado a partir do momento em que as partes acordem sobre o objeto e o preço, quando então se tornará obrigatório (CC, art. 482).[6]

b) Reais:

São aqueles contratos que, além do consentimento, necessitarão da entrega da coisa para o seu aperfeiçoamento. Não basta apenas a manifestação de vontade das partes envolvidas, terá que haver a tradição da coisa como forma de aperfeiçoar o contrato.

Exemplo: são exemplos desse tipo de contrato o mútuo (CC, art. 586),[7] o depósito (CC, art. 627),[8] o penhor tradicional (CC, art. 1.431)[9] etc.

c) Solenes ou formais:

São os contratos em que a lei determina uma forma pela qual devam ser aperfeiçoados, tais como os contratos translativos de imóveis que a lei exige sejam realizados por escritura pública, se seu valor for superior a 30 salários mínimos (CC, art. 108).[10] Normalmente, se utilizam das palavras *solene* e *formal* como se fossem sinônimas, porém o contrato pode ser formal, como a fiança, que deve ser dada por escrito (CC, art. 819),[11] sem que isso o transforme em solene.

d) Não solenes ou não formais:

Serão assim chamados todos os contratos em que a lei não impuser uma determinada forma. Tenha-se em mente que o formalismo é exceção que

---

6. CC, Art. 482. A compra e venda, quando pura, considerar-se-á obrigatória e perfeita, desde que as partes acordarem no objeto e no preço.
7. CC, Art. 586. O mútuo é o empréstimo de coisas fungíveis. O mutuário é obrigado a restituir ao mutuante o que dele recebeu em coisa do mesmo gênero, qualidade e quantidade.
8. CC, Art. 627. Pelo contrato de depósito recebe o depositário um objeto móvel, para guardar, até que o depositante o reclame.
9. CC, Art. 1.431. Constitui-se o penhor pela transferência efetiva da posse que, em garantia do débito ao credor ou a quem o represente, faz o devedor, ou alguém por ele, de uma coisa móvel, suscetível de alienação.
    Parágrafo único. No penhor rural, industrial, mercantil e de veículos, as coisas empenhadas continuam em poder do devedor, que as deve guardar e conservar.
10. CC, Art. 108. Não dispondo a lei em contrário, a escritura pública é essencial à validade dos negócios jurídicos que visem à constituição, transferência, modificação ou renúncia de direitos reais sobre imóveis de valor superior a trinta vezes o maior salário mínimo vigente no País.
11. CC, Art. 819. A fiança dar-se-á por escrito, e não admite interpretação extensiva.

somente deve prevalecer se houver expressa previsão de lei, porquanto a regra é a forma livre (CC, art. 107).[12]

4. CONTRATOS QUANTO À NOMENCLATURA LEGAL

Nessa classificação, vamos agrupar os contratos conforme tenham ou não expressa previsão no Código Civil ou em leis esparsas.

a) **Nominados ou típicos:**

São aqueles contratos a que a lei atribui um determinado nome e disciplina a sua formatação. São contratos que têm uma regulamentação específica ou no Código Civil, tais como o contrato de compra e venda (ver CC, arts. 481 a 532), doação (ver CC, arts. 538 a 564), locação de coisas (ver CC, art. 565 a 578) etc., ou em leis extravagantes, tais como o contrato de incorporação imobiliária (Lei nº 4.591/64), de parceria rural (Lei nº 4.504/64) etc. Aliás, o Código Civil regulamenta 23 tipos dessa modalidade de contrato.

Atenção: os contratos que possuem *nomem juris*, em face de sua regulação em lei, servem de base para a fixação dos modelos, cujas lacunas, ainda que existentes no instrumento contratual, permitem ao intérprete maior compreensão do eventual pacto firmado exatamente por conta da regulamentação específica em lei.

b) **Inominados ou atípicos:**

São aqueles que a lei não disciplina de maneira expressa, mas que permite sejam celebrados desde que não contrariem a lei ou os bons costumes (CC, art. 425).[13] Esses contratos surgem em razão das necessidades do comércio jurídico e se baseiam na autonomia da vontade outorgadas às partes. São dessa espécie os contratos de hospedagem, de publicidade, de pacotes turísticos, *factoring* e *ingeneering*, de unidade em *shopping centers* etc.

Atenção: tendo em vista que a intervenção do Estado é cada vez maior na atividade privada, muitos dos contratos tidos como inominados ou atípicos poderão receber regulação própria em lei e assim passarem a ser nominados ou típicos.

---

12. CC, Art. 107. A validade da declaração de vontade não dependerá de forma especial, senão quando a lei expressamente a exigir.
13. CC, Art. 425. É lícito às partes estipular contratos atípicos, observadas as normas gerais fixadas neste Código.

c) **Atípicos mistos:**

Alguns autores mencionam essa categoria como forma de agrupar aqueles contratos que reúnem elementos de dois ou mais contratos nominados, porém formando um novo contrato.

d) **Contratos combinados:**

Pode também ocorrer de haver uma interdependência de um contrato em relação a outro, como no caso de venda de um equipamento com a opção de aquisição dos serviços de manutenção. O contrato de prestação de serviços somente existirá se antecedendo-o houver o contrato de compra do equipamento. Seria a junção de dois tipos de contratos que, ainda que constem do mesmo instrumento formando um todo unitário, ainda assim há uma combinação de duas modalidades diferentes de contratos (prestação de serviços + compra e venda no exemplo utilizado).

5. CONTRATOS QUANTO À DEPENDÊNCIA

Reciprocamente considerados, isto é, comparando um contrato em relação ao outro, podemos verificar se existe dependência entre eles, isto é, se existem por si mesmo ou se sua existência depende juridicamente de algum outro. Assim, podemos classificar os contratos em principais, acessórios ou derivados; vejamos:

a) **Principais:**

São os contratos cuja existência independe de qualquer outro, ou seja, eles existem por si mesmos. Também chamados de autônomo ou independente, são contratos que possuem vida própria, cuja duração, cumprimento e execução independem de qualquer outro negócio jurídico, como, por exemplo, a compra e venda e a locação.

b) **Acessórios:**

São os contratos cuja existência e validade dependerão de um outro do qual são dependentes. São contratos que, mais das vezes, servem para garantir o cumprimento de uma obrigação assumida noutro contrato, tais como a fiança, que só existirá se houver uma locação que ela visa garantir (CC, art. 818).[14]

c) **Derivados:**

Também chamados de subcontratos, são aqueles que derivam de um outro contrato, do qual são dependentes, porém diferem do contrato

---

14. CC, Art. 818. Pelo contrato de fiança, uma pessoa garante satisfazer ao credor uma obrigação assumida pelo devedor, caso este não a cumpra.

acessório por versarem sobre a mesma natureza do direito constante no contrato base. São exemplos dessa modalidade a subempreitada, a sublocação e a subconcessão.

6. CONTRATOS QUANTO AO MOMENTO DA EXECUÇÃO

Nessa classificação, o que nos interessa é precisar o momento da execução para assim saber se o contrato é de execução imediata ou se sua execução será realizada no futuro.

a) Instantâneo ou de execução imediata:

É aquele contrato que se perfaz no momento em que ambas as partes cumprem simultaneamente com as suas obrigações recíprocas. Na compra e venda de coisa móvel à vista, por exemplo, o contrato é cumprido de maneira instantânea por ambas as partes, já que uma paga o preço e a outra entrega imediatamente a coisa.

b) Futuro de execução diferida ou de trato sucessivo:

É o contrato pelo qual uma ou ambas as partes se comprometem a cumprir sua respectiva obrigação em tempo futuro, que se subdivide em contratos de **execução diferida** e de **execução continuada** que também é chamado de **trato sucessivo**. Quando a prestação vai ser cumprida de uma só vez, porém em data futura, dizemos que é diferido, como no caso de aquisição de mercadoria ou produto a ser entregue em determinada data. Se o contrato prevê que a obrigação vai ser cumprida em várias prestações futuras, dizemos que o contrato é de trato sucessivo, como ocorre na locação ou na compra e venda a prestação.

7. CONTRATOS QUANTO AO SEU OBJETO

Quanto ao objeto, classificamos os contratos em preliminar, se o mesmo tem a finalidade de criar mecanismos que obriguem os contraentes a realizarem um negócio subsequente; e definitivo, aquele que já se encontra pronto e acabado. Vejamos:

a) Preliminar ou pré-contrato:

É uma espécie de convenção cujo objeto será o de buscar efetivar um contrato definitivo, gerando, assim, uma típica obrigação de fazer, que, não vindo a ocorrer, autoriza o credor a exigir o adimplemento (ver CPC, arts. 815 a 821). Nesse sentido, dispõe o Código Civil que, concluído o contrato preliminar, com os requisitos necessários à celebração do contrato definitivo, e desde que dele não conste cláusula de arrependimento, qualquer das partes terá direito de exigir da outra a celebração do contrato definitivo, bastando para tanto assinalar um prazo para que a outra parte o efetive (CC, art. 463).[15] Dessa forma, os contratos preliminares têm por principal objetivo tornar obrigatória a realização do contrato definitivo numa data futura, quando, por qualquer razão, as partes não querem ou não podem firmar o contratar definitivo desde logo.

Exemplo típico e atual: a aquisição de apartamento na planta que é feita mediante um contrato preliminar chamado de promessa de compra e venda, cujo objeto ainda sequer existe.

b) **Definitivo:**

É aquele que se aperfeiçoou e que se encontra pronto e acabado para surtir todos os seus efeitos, seja o de transferir, resguardar, modificar ou mesmo extinguir direitos.

Exemplo: utilizando o exemplo acima, depois de construído o prédio e verificada a forma de quitação do preço, as partes assinarão a escritura definitiva de venda e compra do apartamento em questão.

8. CONTRATOS QUANTO À MANEIRA COMO SE REALIZAM

Essa é uma das classificações mais importantes na atualidade, tendo em vista a massificação das relações de consumo na sociedade moderna e a impossibilidade prática de se fazer um contrato individualizado para cada tipo de serviço ou produto que se pretenda adquirir.

Assim, diuturnamente vamos nos deparar com a necessidade de identificar e classificar determinado tipo de contrato, se paritário ou de adesão, pois as consequências jurídicas são bastante diversas para cada modelo; vejamos:

a) **Paritário:**

É o contrato em que ambas as partes, em pé de igualdade (em paridade), discutem e acertam de comum acordo as cláusulas que devem reger a realização do mesmo. É um tipo de contrato que se caracteriza pela liberdade das partes em promoverem as negociações aptas a definir os contornos, alcance e consequências do negócio jurídico entabulado.

b) **Adesão:**

É o contrato cujas cláusulas são previamente estipuladas por uma das partes de tal sorte que a outra parte, na necessidade de contratar, aceita todas as condições em bloco, sem direito de debater ou mesmo modificar

---

15. CC, Art. 463. Concluído o contrato preliminar, com observância do disposto no artigo antecedente, e desde que dele não conste cláusula de arrependimento, qualquer das partes terá o direito de exigir a celebração do definitivo, assinando prazo à outra para que o efetive.

as imposições constantes do instrumento negocial, podendo quando muito discutir a abusividade das cláusulas (CC, art. 424).[16] Exterioriza-se pelas mais variadas formas, sendo as mais comuns os formulários e os modelos impressos. Por isso é que a lei determina ao intérprete que, na dúvida, a favor do aderente (CC, art. 423).[17]

9. CONTRATOS QUANTO À PESSOALIDADE

Nessa classificação, vamos tomar como referência a confiança ou as qualidades que a pessoa do contratado inspira para aquele que vai contratar. Se o serviço puder ser realizado por qualquer um, estaremos diante de um contrato que chamamos de impessoal. Se, de outro lado, o contrato se realiza em face das especialidades ou da confiança no contratado, estaremos diante do contrato personalíssimo ou *intuitu personae*; vejamos:

a) **Personalíssimo ou *intuitu personae*:**

São contratos geralmente de prestação de serviços na qual o devedor assume uma obrigação de fazer infungível, isto é, somente aquele que se comprometeu é que pode executar. Este tipo de contrato é lastreado na confiança pessoal que o contratante tem em relação ao contratado. As obrigações decorrentes do contrato são intransmissíveis, isto é, não podem ser executadas por outrem. Nesse tipo de obrigação, a recusa induz ao inadimplemento e o credor poderá exigir as perdas e danos (CC, art. 247).[18]

Exemplo: vamos imaginar que no seu aniversário você quer uma apresentação musical para brindar seus convidados. Sendo fã do cantor Ovelha, você o contrata para o *show*. No dia ele resolve não comparecer e envia o Roberto Carlos em seu lugar. Você não está obrigado a aceitar, porque o contrato é do tipo personalíssimo e só estará adimplindo se o contratado comparecer. Assim, é possível recusar a apresentação do Roberto Carlos e cobrar do Ovelha todas as despesas que o frustrado *show* lhe causou (aluguel de palco, de iluminação, de som, da banda que iria acompanhar o cantor etc.). Poderá até cobrar danos morais se desse inadimplemento restou algum constrangimento que superou a normalidade.

---

16. CC, Art. 424. Nos contratos de adesão, são nulas as cláusulas que estipulem a renúncia antecipada do aderente a direito resultante da natureza do negócio.
17. CC, Art. 423. Quando houver no contrato de adesão cláusulas ambíguas ou contraditórias, dever-se-á adotar a interpretação mais favorável ao aderente.
18. CC, Art. 247. Incorre na obrigação de indenizar perdas e danos o devedor que recusar a prestação a ele só imposta, ou só por ele exequível.

b) Impessoal:

De outro lado, quando a obrigação pode ser executada por qualquer pessoa, dizemos que estamos diante de uma obrigação impessoal, porque para o credor importa que o serviço seja realizado, independentemente de quem venha a fazê-lo. Podemos identificar sua ocorrência tanto nas obrigações de fazer quanto nas obrigações de dar coisa certa.

Exemplo: você contrata um empreiteiro de obras para aumentar seu puxadinho na casa do Jardim Robru. Para você pouco importa quem vai ser o pedreiro que vai realizar a construção, nem tampouco qual é o eletricista que vai fazer a rede elétrica, ou qual o encanador que vai cuidar da rede de água. O que lhe interessa é que a obra seja entregue conforme o projeto contratado. Nesse tipo de contrato não tem nenhuma relevância se o serviço vai ser realizado por quem foi contratado ou se vai ser por pessoa à qual ele transferiu a obrigação.

Lição 3
INTERPRETAÇÃO DOS CONTRATOS

Sumário: 1. Problemática da interpretação – 2. Regra de caráter subjetivo – 3. Regras de caráter objetivo adotadas pela doutrina – 4. Regras de caráter objetivo adotadas pelo Código Civil.

1. PROBLEMÁTICA DA INTERPRETAÇÃO

Os contratos são embasados na vontade das partes, logo, quando há divergência entre elas no tocante ao alcance de determinadas cláusulas, compete ao intérprete procurar o exato sentido das disposições contratuais, ou seja, verificar qual a intenção comum dos contratantes.

Nem sempre o contrato traduz com exatidão a vontade das partes. Às vezes, a escrita é confusa ou ambígua ou mesmo obscura, independentemente da vontade de quem o redigiu.

Quando o intérprete busca saber a exata extensão do que foi pactuado, irá utilizar simultaneamente regras de caráter objetivo e subjetivo, pois irá analisar, além do que consta expressamente do instrumento contratual, a intenção dos contratantes, de sorte a obter um posicionamento que se aproxime ao máximo possível da real vontade dos envolvidos.

Dizemos que a interpretação é **declaratória** quando ela busca descobrir a intenção dos contratantes no momento da celebração do pacto. Será **construtiva ou integrativa** quando visar suprir lacunas e tornar exequível o contrato em face de eventuais omissões das partes.

2. REGRA DE CARÁTER SUBJETIVO

É aquela regra geral inserida no Código Civil, que manda o intérprete valorar mais a intenção das partes do que o sentido literal da linguagem empregada, significando dizer que o intérprete deverá buscar saber no íntimo das pessoas o que efetivamente desejaram realizar naquele determinado contrato (CC, art. 112).[1]

Para isso, o intérprete deve fazer uma análise do conjunto do contrato, pois no geral uma cláusula encontra justificativa em outra que a precede ou que sucede.

É através dessa forma de interpretação que o intérprete buscará descobrir a vontade real dos contratantes no momento de sua celebração.

> **Atenção:** o que se busca é preservar ou descobrir a real intenção manifestada no contrato, não aquela vontade ou intenção interior. Quer dizer, não se busca descobrir o que se passava no íntimo do declarante, mas sim o que ele visava ao realizar o contrato.

3. REGRAS DE CARÁTER OBJETIVO ADOTADAS PELA DOUTRINA

As regras de caráter objetivo adotadas pela doutrina consideram o contrato como um produto objetivo da vontade das partes e procuram extrair, do que foi expressamente pactuado, qual a real intenção dos contratantes.

a) **Contrato é um todo unitário:**

> O intérprete deve analisar o contrato como um todo unitário, interpretando as cláusulas não de forma isolada, mas em conjunto e de acordo com o contexto no qual o negócio jurídico foi firmado.

b) **Cláusula com duplo sentido:**

> Quando uma cláusula apresenta duplo sentido, o julgador deve interpretá-la de maneira que possa gerar efeitos, e não ao contrário, de modo que nada produza. Isso porque não se pode supor que os contratantes tenham celebrado um contrato completamente inútil. Esse é o **princípio da conservação ou do aproveitamento do contrato**.

c) **Cláusula ambígua:**

> Quando houver cláusulas ambíguas, devem ser interpretadas com base nos costumes do lugar onde foi celebrado, de sorte a fazer uma interpretação a mais coerente possível com o negócio entabulado.

d) **Palavras com sentido diverso:**

> As expressões ou palavras com mais de um sentido deverão ser interpretadas tendo em vista a natureza do objeto, isto é, deverá ser privilegiada aquela expressão ou palavra que mais convenha à natureza do objeto.

---

1. CC, Art. 112. Nas declarações de vontade se atenderá mais à intenção nelas consubstanciada do que ao sentido literal da linguagem.

LIÇÃO 3 • INTERPRETAÇÃO DOS CONTRATOS   **33**

e) **As cláusulas inscritas nas condições gerais do contrato:**

Nas cláusulas inscritas nas condições gerais do contrato, se houver dúvidas, interpreta-se a favor da parte que não redigiu o contrato, isto é, a favor de quem se obrigou. Quem redige o contrato tem a obrigação de ser claro; se não foi, as regras de interpretação não lhe podem favorecer.

f) **Nos contratos onerosos:**

A interpretação deve ser mais favorável ao devedor, pois manda a lógica que as cláusulas duvidosas sejam interpretadas a favor daquele que se obrigou.

4. REGRAS DE CARÁTER OBJETIVO ADOTADAS PELO CÓDIGO CIVIL

Neste caso, o próprio ordenamento jurídico fornece elementos que funcionam como espécie de ordens dirigidas ao juiz; vejamos:

a) **Nos gratuitos ou benéficos:**

A interpretação deve ser feita em favor de quem fez a liberalidade e de forma restritiva (CC, art. 114),[2] como, por exemplo, nos casos de doação (CC, art. 538),[3] ou mesmo de fiança (CC, art. 819).[4]

b) **Na renúncia:**

Assim como nos contratos benéficos, a interpretação também não pode ser ampliativa (ver CC, art. 114).

c) **Usos e costumes:**

Os negócios jurídicos devem ser interpretados conforme a boa-fé e os usos e costumes do lugar de sua celebração (CC, art. 113, caput).[5]

---

2. CC, Art. 114. Os negócios jurídicos benéficos e a renúncia interpretam-se estritamente.
3. CC, Art. 538. Considera-se doação o contrato em que uma pessoa, por liberalidade, transfere do seu patrimônio bens ou vantagens para o de outra.
4. CC, Art. 819. A fiança dar-se-á por escrito, e não admite interpretação extensiva.
5. CC, Art. 113. Os negócios jurídicos devem ser interpretados conforme a boa-fé e os usos do lugar de sua celebração.
   § 1º A interpretação do negócio jurídico deve lhe atribuir o sentido que: (Incluído pela Lei nº 13.874, de 2019)
   I– for confirmado pelo comportamento das partes posterior à celebração do negócio; (Incluído pela Lei nº 13.874, de 2019)
   II – corresponder aos usos, costumes e práticas do mercado relativas ao tipo de negócio; (Incluído pela Lei nº 13.874, de 2019)
   III – corresponder à boa-fé; (Incluído pela Lei nº 13.874, de 2019)
   IV – for mais benéfico à parte que não redigiu o dispositivo, se identificável; e (Incluído pela Lei nº 13.874, de 2019)

d) Princípio da boa-fé objetiva:

Os contratantes são obrigados a guardar, assim na conclusão do contrato, como em sua execução, os princípios de probidade e boa-fé (CC, art. 422).[6] Esse é talvez um superprincípio, a pedra angular de toda e qualquer relação negocial. É o princípio pelo qual se exige das partes contratantes que ajam a todo o tempo com ética, lealdade e honestidade, evitando causar qualquer espécie de prejuízo à outra parte.

e) Contrato de adesão:

Quando houver no contrato de adesão cláusulas ambíguas ou contraditórias, dever-se-á adotar a interpretação mais favorável ao aderente (CC, art. 423).[7]

f) Transação:

Na transação, interpreta-se restritivamente, e por ela não se transmitem, apenas se declaram ou reconhecem direitos (CC, art. 843).[8]

g) Cláusula testamentária:

Quando a cláusula testamentária for suscetível de interpretações diferentes, prevalecerá a que melhor assegure a observância da vontade do testador (CC, art. 1.899).[9]

h) Princípio da intervenção mínima:

Por esse princípio, recentemente incluído no Código Civil pela Lei 13.874/19, o legislador procurou minimizar a interferência dos três poderes do Estado nas relações contratuais privadas (CC, art. 421).[10]

V – corresponder a qual seria a razoável negociação das partes sobre a questão discutida, inferida das demais disposições do negócio e da racionalidade econômica das partes, consideradas as informações disponíveis no momento de sua celebração. (Incluído pela Lei nº 13.874, de 2019)

§ 2º As partes poderão livremente pactuar regras de interpretação, de preenchimento de lacunas e de integração dos negócios jurídicos diversas daquelas previstas em lei. (Incluído pela Lei nº 13.874, de 2019)

6. CC, Art. 422. Os contratantes são obrigados a guardar, assim na conclusão do contrato, como em sua execução, os princípios de probidade e boa-fé.

7. CC, Art. 423. Quando houver no contrato de adesão cláusulas ambíguas ou contraditórias, dever-se-á adotar a interpretação mais favorável ao aderente.

8. CC, Art. 843. A transação interpreta-se restritivamente, e por ela não se transmitem, apenas se declaram ou reconhecem direitos.

9. CC, Art. 1.899. Quando a cláusula testamentária for suscetível de interpretações diferentes, prevalecerá a que melhor assegure a observância da vontade do testador.

10. CC, Art. 421. A liberdade contratual será exercida nos limites da função social do contrato. (Redação dada pela Lei nº 13.874, de 2019).

Parágrafo único. Nas relações contratuais privadas, prevalecerão o princípio da intervenção mínima e a excepcionalidade da revisão contratual. (Incluído pela Lei nº 13.874, de 2019).

Lição 4
FORMAÇÃO DOS CONTRATOS

Sumário: 1. Momento da formação do contrato – 2. Lugar da celebração do contrato – 3. Elementos constitutivos dos contratos; 3.1 Requisitos subjetivos; 3.2 Requisitos objetivos; 3.3 Requisitos formais – 4. Negociação preliminar – 5. Proposta – 6. Aceitação ou conclusão – 7. Declaração intervalada.

1. MOMENTO DA FORMAÇÃO DO CONTRATO

De regra, o contrato está formado a partir do momento em que as partes interessadas se achegam e acordam sobre todos os detalhes do bem objeto da transação. Quer dizer, o contrato está formado a partir do consenso entre as vontades participantes. Assim, se uma parte faz uma oferta (policitante, proponente ou ofertante) que encontra concordância de uma parte interessada (policitado, receptor ou aceitante), o contrato está formado.

Quando se trata de contrato entre ausentes, o Código Civil adotou a **teoria da expedição** ao fixar que o contrato estará formado desde o momento em que a aceitação é expedida. O próprio artigo faz menção a três exceções: se antes dela ou com ela chegar ao proponente a retratação do aceitante; se o proponente se houver comprometido a esperar resposta; e, finalmente, se ela não chegar no prazo convencionado (CC, art. 434).[1]

Dessa forma, podemos identificar três fases distintas e indispensáveis à formação de qualquer contrato: a oferta; o conhecimento por quem tenha interesse; e o consenso como forma de aceitação e conclusão.

---

1. CC, Art. 434. Os contratos entre ausentes tornam-se perfeitos desde que a aceitação é expedida, exceto:
   I – no caso do artigo antecedente;
   II – se o proponente se houver comprometido a esperar resposta;
   III – se ela não chegar no prazo convencionado.

Resumindo: forma-se o contrato, enquanto ato bilateral, pelo encontro concordante de duas declarações de vontade, podendo essa manifestação ser expressa ou tácita. Assim, a proposta do proponente (policitante) aceita por quem a mesma foi dirigida (oblato) forma o contrato, cuja concordância pode ser:

a) **Expressa:**

Que pode se revelar por palavras, tanto verbal quanto escrita, por instrumento público ou particular. Também pode a concordância ser expressa por gestos, como, por exemplo, no caso de leilão.

b) **Tácita:**

Quando por agir de conformidade com o negócio entabulado, o agente acaba por demonstrar ter aceitado a proposta.

Exemplo: na doação de um veículo em que o donatário se apossa do mesmo, emplaca-o e passa a utilizá-lo, estará demonstrando que aceitou a liberalidade, pois tal comportamento é incompatível com a atitude de quem recusa.

c) **Silêncio:**

Não se deve confundir consentimento tácito com a força vinculativa do silêncio, tendo em vista que o silêncio, regra geral, não significa negação nem afirmação, sendo nada relevante para mundo jurídico. Para que o silêncio tenha relevância jurídica, é preciso que as circunstâncias autorizem e a lei não exija outra forma para a prática do ato (CC, art. 111).[2] Como regra, **quem cala nada diz.**

Atenção: em alguns tipos de contratos, chamados de contratos reais, além das vontades concordantes há outra etapa, que é a entrega do objeto (tradição), como forma de aperfeiçoamento do contrato, como, por exemplo, no comodato, no depósito, no mútuo etc.

2. LUGAR DA CELEBRAÇÃO DO CONTRATO

O nosso Código Civil considera como local da celebração do contrato o lugar onde foi feita a proposta ou a oferta (CC, art. 435).[3]

---

2. CC, Art. 111. O silêncio importa anuência, quando as circunstâncias ou os usos o autorizarem, e não for necessária a declaração de vontade expressa.
3. CC, Art. 435. Reputar-se-á celebrado o contrato no lugar em que foi proposto.

A determinação do local de celebração do contrato é importante para saber-se do foro competente para propositura de eventuais ações decorrentes do contrato.

Por isso, em muitos contratos, independentemente do local onde foi firmado, as partes convencionam um foro para dirimir eventuais divergências, que é chamado de "foro de eleição" (ver CC, art. 78 e CPC, art. 63).

3. ELEMENTOS CONSTITUTIVOS DOS CONTRATOS

Os contratos são os negócios jurídicos mais importantes na atualidade, especialmente pela função que cumpre na sociedade moderna enquanto instrumento de circulação e aquisição de riquezas.

Por isso é de fundamental importância estudar os elementos constitutivos dos contratos, tendo em vista que para produzir efeitos é necessário que preencham determinados requisitos, sob pena de invalidade.

3.1 Requisitos subjetivos

Subjetivos são os requisitos vinculados às partes contratantes. Assim considerando, os requisitos subjetivos são: o acordo de vontade das partes (consentimento); a existência de duas ou mais partes (bilateralidade); capacitação genérica das partes contratantes para prática de atos da vida civil (capacidade civil); e a aptidão específica para contratar (legitimidade).

a) **Acordo de vontade das partes** (consentimento):

O acordo de vontades é talvez o requisito mais importante na formação e validade dos contratos. Essa vontade deve ser livre e consciente, isto é, deve ser manifestada sem vícios ou defeitos, sob pena de invalidade do contrato.

Atenção: esse acordo de vontade pode ser manifestado de forma expressa (escrita, verbal ou gestual) ou tácita (quando a lei não exigir seja expressa) e até mesmo pelo silêncio quando as circunstâncias autorizarem.

b) **Existência de duas ou mais partes:**

Para sua formação válida, o contrato deve ser celebrado por duas ou mais vontades concordantes (bilateral ou plurilateral), pois a declaração de uma só parte (unilateral) não tem força para fazer surgir um contrato pronto e acabado.

Atenção: há uma aparente exceção no que diz respeito ao chamado "autocontrato" ou "contrato consigo mesmo". Dizemos que a exceção é aparente porque o representante ao concluir um contrato de compra e venda, por exemplo, o faz por si (na condição de comprador) e pelo representado (agindo como vendedor), de sorte a afirmar que estão presentes duas vontades, embora representadas naquele ato por uma só pessoa (CC, art. 117).[4]

c) Capacidade das partes:

O contrato, assim como qualquer negócio jurídico, para sua validade deve ser realizado por agente capaz (CC, art. 104, I).[5] Esta é a capacidade genérica das partes contratantes para a prática dos atos da vida civil em geral (ver CC, arts. 3º, 4º e 5º).

d) Aptidão específica para contratar:

É a legitimação das partes para celebrarem aquele determinado contrato. A pessoa maior e capaz pode vender seus bens livremente, porém não poderá vendê-lo para um de seus descendentes sem que os demais (e o cônjuge, se houver) concordem (ver CC, art. 496). Nesse caso, o agente tem capacidade genérica (maior e capaz), porém não tem legitimidade para praticar livremente o ato.

3.2 Requisitos objetivos

Se os requisitos subjetivos dizem respeito às partes, os objetivos dizem respeito ao objeto do contrato. Assim, para a validade e eficácia de qualquer contrato, é necessário que atenda os seguintes requisitos: liceidade do objeto; possibilidade do objeto (física ou jurídica); determinação do objeto; nos termos do estatuído no Código Civil (CC, art. 104, II – NR-5), sob pena de nulidade (CC, art. 166, II).[6]

---

4. CC, Art. 117. Salvo se o permitir a lei ou o representado, é anulável o negócio jurídico que o representante, no seu interesse ou por conta de outrem, celebrar consigo mesmo.

   Parágrafo único. Para esse efeito, tem-se como celebrado pelo representante o negócio realizado por aquele em quem os poderes houverem sido subestabelecidos.

5. CC, Art. 104. A validade do negócio jurídico requer:

   I – agente capaz;

   II – objeto lícito, possível, determinado ou determinável;

   III – forma prescrita ou não defesa em lei.

6. CC, Art. 166. É nulo o negócio jurídico quando:

   I – (Omissis);

   II – for ilícito, impossível ou indeterminável o seu objeto; (...).

Além dos requisitos acima enumerados, a doutrina considera que também deve haver interesse economicamente apreciável. Vejamos cada um deles.

a) Liceidade do objeto:

O objeto do contrato deverá ser algo lícito, isto é, não pode ser contrário à lei. Também não poderá ser contrário à moral, aos bons costumes ou à ordem pública.

Exemplo: não será lícito um contrato para matar alguém, como também não será considerado lícito um contrato de prostituição.

b) Objeto possível:

Será inválido o negócio jurídico que versar sobre coisa impossível de se realizar. Essa possibilidade deve ser analisada em cada caso concreto tanto do ponto de vista físico quanto jurídico.

Exemplo: o contrato de venda de um pacote turístico em Marte será considerado impossível, porque do ponto de vista físico ainda não é factível essa viagem. De outro lado, o contrato versando sobre a herança de pessoa viva será considerado impossível do ponto de vista jurídico, já que a lei proíbe esse tipo de negócio (ver CC, art. 426).

c) Objeto determinado ou determinável:

O objeto visado pelas partes no contrato deve ser certo e determinado, ou pelo menos possível de ser determinado em algum momento futuro. Não se concebe possa alguém se obrigar a fazer algo sem saber o que seria esse algo. Claro que em algumas situações é possível contratar sobre algo a ser determinado no futuro, portanto determinável. Quer dizer, a coisa deve ter uma existência real (atual) ou potencial (futura).

Exemplo: será válido o contrato de compra e venda de dez sacas de arroz, sem especificar a qualidade que será determinada na escolha que antecede a entrega (ver CC, arts. 243 e 244). Também será válido o contrato visando a aquisição de um objeto a ser fabricado sob encomenda, pois, embora ainda inexistente a coisa no momento da contratação, quando da entrega ele terá existência real.

d) Objeto economicamente apreciável:

O contrato deverá versar sobre algo possível de avaliação pecuniária, isto é, capaz de ser convertido em dinheiro. Advirta-se, contudo, que o nosso Código Civil não prevê essa exigência, porém ela decorre das regras gerais das obrigações, pois na eventualidade de inadimplemento deverá recair sobre o devedor a obrigação de recompor os danos causados à outra parte (perdas e danos).

Exemplo: não terá interesse para o direito o contrato versando sobre um grão de areia porque desprezível do ponto de vista pecuniário.

3.3 Requisitos formais

Estes requisitos são relativos à forma física do contrato. A regra adotada pelo nosso Código Civil é a liberdade de forma (CC, art. 107),[7] ou seja, as partes são livres para celebrarem os contratos da forma como melhor lhes pareça, tanto verbal quanto escrito (por instrumento público ou particular) e até mesmo gestual.

Por exceção, em algumas situações o Código Civil exige uma forma determinada para celebração do contrato, isto é, alguma solenidade. Quando encontramos essa exigência, ela existirá para dar maior segurança jurídica a determinados atos negociais.

Permite-se que as partes possam estabelecer uma forma pela qual o negócio deva ser celebrado, se por escrito particular ou público (CC, art. 109),[8] se deverá ser levado a registro ou não etc.

Exemplo: a escritura pública é indispensável para os negócios jurídicos envolvendo a compra e venda de imóveis de valor superior a 30 salários mínimos (CC, art. 108).[9]

Outro exemplo: a fiança só será válida se for concedida por escrito (ver CC, art. 819). Significa dizer que, se alguém disser que concorda em afiançar outra pessoa, mas depois não assinar o contrato de locação com referida cláusula, essa fiança inexiste, pois não se admite que ela seja verbal.

Atenção: se a lei fixar uma forma pela qual o contrato deva ser celebrado, esta será da essência do negócio e deverá ser respeitada sob pena de invalidade (CC, art. 166, IV).[10]

---

7. CC, Art. 107. A validade da declaração de vontade não dependerá de forma especial, senão quando a lei expressamente a exigir.
8. CC, Art. 109. No negócio jurídico celebrado com a cláusula de não valer sem instrumento público, este é da substância do ato.
9. CC, Art. 108. Não dispondo a lei em contrário, a escritura pública é essencial à validade dos negócios jurídicos que visem à constituição, transferência, modificação ou renúncia de direitos reais sobre imóveis de valor superior a trinta vezes o maior salário mínimo vigente no País.
10. CC, Art. 166. É nulo o negócio jurídico quando:
    (Omissis);
    IV – não revestir a forma prescrita em lei; (...).

LIÇÃO 4 • FORMAÇÃO DOS CONTRATOS **41**

4. NEGOCIAÇÃO PRELIMINAR

Esta é a fase que muitos doutrinadores chamam de **fase de puntuação**. O Código Civil não disciplina essa fase, porém ela está presente na vida negocial.

Em muitas situações, antes da realização do negócio pretendido, as partes entabulam negociações exatamente para saber da conveniência de ultimar as tratativas. É nesta fase que as partes discutem, comparam, estudam, assinam conjuntamente carta de intenção e podem até discutir os termos da minuta do futuro contrato a ser celebrado.

Nessa fase, se uma das partes se convence que o negócio não lhe é interessante, poderá dele desistir sem nenhuma responsabilização, tendo em vista que as negociações preliminares não obrigam os contratantes. E tem lógica para ser assim porque essa é uma fase de conversações, entendimento, trocas de informações, pesquisas e reflexões sobre o que possa ser interessante realizar.

Contudo, se o rompimento das negociações se der por mero capricho, de forma arbitrária e injustificada e, se das tratativas restou prejuízo para a outra parte (realizou despesas para abrir outro negócio, alterou planos e fez investimentos, perdeu outras oportunidades etc.), esta poderá pleitear indenização pelas despesas realizadas na fase pré-contratual.

Essa é a chamada **culpa *in contrahendo*** que deverá ser robustamente provada (ver CC, arts. 186 e 187). Nesse caso é possível cogitar-se de indenização baseando-se no princípio da boa-fé objetiva, que é exigido das partes tanto na fase pré-contratual quanto na fase contratual e mesmo na fase pós-contratual (CC, art. 422).[11]

Advirta-se por fim que o rompimento das negociações mesmo que possa autorizar um pedido indenizatório **não dá ao prejudicado o direito de exigir o cumprimento daquela convenção.**

5. PROPOSTA

É uma oferta que se faz a outra parte sobre os termos de determinado negócio, visando obter sua concordância. É um negócio jurídico unilateral e quem fez a declaração (policitante ou proponente) estará obrigado a cumprir se a outra parte (policitado ou receptor) resolver aceitar (CC, art. 427, 1ª parte).[12]

---

11. CC, Art. 422. Os contratantes são obrigados a guardar, assim na conclusão do contrato, como em sua execução, os princípios de probidade e boa-fé.
12. CC, Art. 427. A proposta de contrato obriga o proponente, se o contrário não resultar dos termos dela, da natureza do negócio, ou das circunstâncias do caso.

A proposta deve ter todos os elementos necessários à realização do negócio, tais como preço, quantidade, prazo de entrega, forma de pagamento e todas as demais informações necessárias ao fechamento do negócio proposto, inclusive o prazo de validade da oferta.

A proposta deixa de ser obrigatória, isto é, deixa de obrigar o proponente, se dela constar expressamente essa cláusula exonerativa (ver CC, art. 427, parte final). Também não obriga a oferta em razão da natureza do negócio se assim se puder depreender como no caso, por exemplo, das ofertas abertas ao público limitadas a determinada quantidade existente em estoque (CC, art. 429, *caput*).[13]

Há ainda os casos expressamente ressalvados em lei, ou seja, aqueles casos em que pelas circunstâncias do negócio se possa depreender pelo comportamento da outra parte que não houve a aceitação (CC, art. 428).[14]

6. ACEITAÇÃO OU CONCLUSÃO

É a manifestação de vontade concordante com o negócio proposto, no prazo e pela forma que lhe foi ofertado (ver CC, art. 428). Via de regra, se manifesta de forma expressa, porém o Código Civil prevê duas hipóteses em que essa manifestação pode ser tácita: se o negócio for daqueles em que não seja costume a aceitação expressa; ou, quando o proponente a tiver dispensado (CC, art. 432).[15]

Considera-se como inexistente a aceitação, se antes dela ou juntamente com ela chegar ao proponente a retratação do aceitante (CC, art. 433).[16]

Para ser válida, a aceitação deve ser pura e simples, isto é, sem nenhuma condição, tendo em vista que, se houver ressalvas, restrições ou modificações, isso representará uma nova proposta.

---

13. CC, Art. 429. A oferta ao público equivale a proposta quando encerra os requisitos essenciais ao contrato, salvo se o contrário resultar das circunstâncias ou dos usos.

    Parágrafo único. Pode revogar-se a oferta pela mesma via de sua divulgação, desde que ressalvada esta faculdade na oferta realizada.

14. CC, Art. 428. Deixa de ser obrigatória a proposta:

    I – se, feita sem prazo a pessoa presente, não foi imediatamente aceita. Considera-se também presente a pessoa que contrata por telefone ou por meio de comunicação semelhante;

    II – se, feita sem prazo a pessoa ausente, tiver decorrido tempo suficiente para chegar a resposta ao conhecimento do proponente;

    III – se, feita a pessoa ausente, não tiver sido expedida a resposta dentro do prazo dado;

    IV – se, antes dela, ou simultaneamente, chegar ao conhecimento da outra parte a retratação do proponente.

15. CC, Art. 432. Se o negócio for daqueles em que não seja costume a aceitação expressa, ou o proponente a tiver dispensado, reputar-se-á concluído o contrato, não chegando a tempo a recusa.

16. CC, Art. 433. Considera-se inexistente a aceitação, se antes dela ou com ela chegar ao proponente a retratação do aceitante.

Para que dúvidas não pairem: se o aceitante faz uma contraproposta, não se poderá ter por aceita a proposta feita inicialmente, mas sim que houve uma nova proposta (CC, art. 431).[17]

7. DECLARAÇÃO INTERVALADA

Ocorre quando a proposta é realizada entre ausentes, pela qual o proponente deverá aguardar o tempo suficiente para que a oferta chegue ao destinatário e ele possa dar a resposta.

Nesse caso, o prazo deverá ser analisado conforme os meios de comunicação utilizados na comunicação, considerando-se a demora normal no envio e retorno da informação.

Atenção: pessoa ausente é a que não pode dar a resposta imediata ao proponente, ao passo que presente é a que se comunica diretamente com a possibilidade de fornecer a resposta imediata.

---

17. CC, Art. 431. A aceitação fora do prazo, com adições, restrições, ou modificações, importará nova proposta.

Lição 5
ESTIPULAÇÃO EM FAVOR DE TERCEIRO E PROMESSA DE FATO DE TERCEIRO

> **Sumário:** I – Estipulações em favor de terceiros – 1. Conceito de estipulações em favor de terceiros – 2. Intervenientes – 3. Características – II – Promessa de fato de terceiro – 4. Conceito de promessa de fato de terceiro – 5. Inadimplemento – 6. Liceidade – 7. Exemplo típico.

I – ESTIPULAÇÕES EM FAVOR DE TERCEIROS

1. CONCEITO DE ESTIPULAÇÕES EM FAVOR DE TERCEIROS

Estipulação em favor de terceiro é o pacto firmado por duas ou mais partes, pelo qual se estabelece que o beneficiário será um terceiro que não participa diretamente do pactuado, mas que fruirá das vantagens resultantes do ajuste contratual.

É um tipo de contrato *sui generis*, especialmente pelo fato de que a prestação não é em favor de quem participou da avença, mas em favor de terceiros completamente estranhos à relação contratual. Isso colide frontalmente com o princípio da relatividade dos efeitos do contrato na exata medida em que seus efeitos vão além das partes envolvidas, afetando terceiros estranhos ao pacto.

2. INTERVENIENTES

Neste tipo de contrato, aparecem três figuras distintas, quais sejam:

a) **Estipulante:**

É aquele que participa diretamente da avença e obtém do promitente a obrigação em favor do beneficiário.

b) Promitente:

É a outra parte contratante, que se obriga a cumprir a obrigação e transmitir o bem ao beneficiário indicado pelo estipulante.

c) Beneficiário:

É o terceiro, visto que não participa diretamente do contrato, sendo apenas o favorecido do pacto firmado. O terceiro beneficiário não precisa ser desde logo determinado, basta que seja determinável, podendo ser futuro, como no caso de uma prole eventual.

3. CARACTERÍSTICAS

Dentre as características que se podem identificar nesse tipo de negócio, destacamos as seguintes:

a) Quem pode exigir o cumprimento do contrato:

Neste tipo de contrato, tanto o estipulante quanto o beneficiário podem exigir cumprimento da obrigação (CC, art. 436).[1]

b) O contrato pode ser alterado a qualquer tempo:

Durante a vigência do contrato, o estipulante pode alterar o nome de quem seja o beneficiário, sem necessidade de anuência. Isso pode ser feito por ato *inter vivos* ou mesmo *post mortem* (CC, art. 438).[2]

c) Quem pode exonerar o promitente:

O estipulante não poderá exonerar o promitente, se deixou a cargo do beneficiário o direito de exigir a execução do contrato (CC, art. 437).[3]

d) O beneficiário não é parte:

O beneficiário não é interveniente no contrato. Como o próprio nome já diz, é aquele que se beneficia do ajuste de vontade realizado entre o estipulante e o promitente.

---

1. CC, Art. 436. O que estipula em favor de terceiro pode exigir o cumprimento da obrigação.
   Parágrafo único. Ao terceiro, em favor de quem se estipulou a obrigação, também é permitido exigi-la, ficando, todavia, sujeito às condições e normas do contrato, se a ele anuir, e o estipulante não o inovar nos termos do art. 438.
2. CC, Art. 438. O estipulante pode reservar-se o direito de substituir o terceiro designado no contrato, independentemente da sua anuência e da do outro contratante.
   Parágrafo único. A substituição pode ser feita por ato entre vivos ou por disposição de última vontade.
3. CC, Art. 437. Se ao terceiro, em favor de quem se fez o contrato, se deixar o direito de reclamar-lhe a execução, não poderá o estipulante exonerar o devedor.

e) Capacidade das partes:

Exigem-se os mesmos requisitos do art. 104 do Código Civil para o estipulante e para o promitente. Já do beneficiário isso não pode ser exigido, podendo ser indicada qualquer pessoa independente da sua capacidade civil.

f) Deve ser gratuito:

A quase totalidade da doutrina entende que a gratuidade é uma das características desse instituto, pois o benefício deve ser recebido sem qualquer contraprestação e representar vantagem suscetível de atribuição pecuniária. Entendemos que, por exceção, este tipo de contrato pode ser oneroso quando se estipular que o beneficiário deverá arcar com algum tipo de encargo; vejamos nos dois exemplos:

Exemplo 1 – gratuito: no contrato de seguro de vida, o estipulante 'A' firma contrato com seguradora 'C' (promitente) pelo qual se vier a morrer a indenização deverá ser paga a 'B' (beneficiário), que receberá o benefício sem ter que realizar nenhum desembolso.

Exemplo 2 – oneroso: em um divórcio um dos cônjuges promete transferir determinado imóvel para o nome de um dos filhos, ficando este com o encargo de quitar os impostos atrasados incidentes sobre o imóvel.

II – PROMESSA DE FATO DE TERCEIRO

4. CONCEITO DE PROMESSA DE FATO DE TERCEIRO

É o negócio jurídico realizado entre partes no qual uma delas se compromete em obter de terceiro, não participante da avença, sua anuência para o aperfeiçoamento do contrato (CC, art. 439).[4]

5. INADIMPLEMENTO

A inexecução deste tipo de obrigação comporta três possíveis situações diferentes; vejamos:

---

4. CC, Art. 439. Aquele que tiver prometido fato de terceiro responderá por perdas e danos, quando este o não executar.

Parágrafo único. Tal responsabilidade não existirá se o terceiro for o cônjuge do promitente, dependendo da sua anuência o ato a ser praticado, e desde que, pelo regime do casamento, a indenização, de algum modo, venha a recair sobre os seus bens.

a) Houve concordância do terceiro:

Se o terceiro foi notificado e declarou sua concordância, ele agora integra o vínculo como devedor numa obrigação de fazer e arcará com as consequências do eventual inadimplemento (CC, art. 440).[5]

b) Não houve manifestação do terceiro:

Nesse caso, o intermediário deverá arcar com o ônus do inadimplemento e indenizará todos os prejuízos que o promissário possa ter experimentado (perdas e danos, lucros cessantes e, se cabível, danos morais).

c) Solidariedade:

Pode ser estabelecida no contrato a solidariedade entre o promitente e o terceiro. Se assim for, ambos serão responsáveis pelo inadimplemento.

Lembrem-se: a solidariedade não se presume, devendo resultar sempre da lei ou do contrato (CC, art. 265).[6]

6. LICEIDADE

É perfeitamente lícito este tipo de negócio porque o promitente se vincula a uma obrigação de fazer, isto é, de conseguir o ato de terceiro anuindo a determinado negócio. É uma típica obrigação de fazer.

O legislador, querendo proteger o cônjuge de prejuízos causados pela eventual irresponsabilidade do outro, fez prever que não se aplicam as regras desse instituto se o terceiro for o cônjuge do promitente, dependendo da sua anuência o ato a ser praticado, e desde que, pelo regime do casamento, a indenização, de algum modo, venha a recair sobre os seus bens (ver CC, art. 439, parágrafo único).

7. EXEMPLO TÍPICO

O empresário musical que se compromete com uma casa de *show* a apresentar determinado cantor em determinado dia. Veja que, nesse caso, o contrato é entre o empresário e o estabelecimento (o cantor não participa do acordo).

Na eventualidade de o cantor não cumprir o prometido, teremos que verificar se ele havia anuído ao contrato ou não para aferir com precisão quais pessoas seriam as responsáveis pelas perdas e danos.

---

5. CC, Art. 440. Nenhuma obrigação haverá para quem se comprometer por outrem, se este, depois de se ter obrigado, faltar à prestação.
6. CC, Art. 265. A solidariedade não se presume; resulta da lei ou da vontade das partes.

Vale anotar: aquele que se viu obrigado a indenizar sem ter tido responsabilidade direta pelo fato poderá se voltar contra o verdadeiro causador do dano para ser ver ressarcido do que desembolsou, através da ação de regresso.

Lição 6
DOS VÍCIOS REDIBITÓRIOS E DA EVICÇÃO

> **Sumário:** I – Vícios redibitórios – 1. Conceito de vícios redibitórios – 2. Opções do adquirente – 3. Pré-requisitos – 4. Decadência – 5. Contagem do prazo: – 6. Diferença entre vício redibitório e inadimplemento contratual – 7. Diferença entre vício e erro essencial – 8. Fundamentos jurídicos – II – Evicção – 9. Conceito de evicção – 10. Pré-requisitos – 11. Reforço, redução ou exclusão da responsabilidade – 12. Verbas devidas ao evicto – 13. Dedução do valor da indenização – 14. Figuras intervenientes – 15. Fundamentos jurídicos do instituto.

I – VÍCIOS REDIBITÓRIOS

1. CONCEITO DE VÍCIOS REDIBITÓRIOS

Vício redibitório é o defeito oculto que atinge a coisa recebida em virtude de contrato comutativo e que a torna imprópria ao uso a que se destina ou lhe diminui o valor (CC, art. 441).[1]

Tanto a impropriedade do objeto quanto a eventual diminuição de preço devem ser analisadas segundo a ótica da boa-fé objetiva. A impropriedade de uso, por exemplo, deve ser vista segundo a destinação de uso do bem e não das expectativas frustradas do adquirente.

Este instituto somente é aplicado nos contratos bilaterais e comutativos, especialmente naqueles que visam transferir a propriedade móvel ou imóvel, tais como na compra e venda e na dação em pagamento.

Por conseguinte, não se aplica aos contratos gratuitos como nas doações puras. O Código Civil ressalva que, tratando-se de doações onerosas, o instituto

---

1. CC, Art. 441. A coisa recebida em virtude de contrato comutativo pode ser enjeitada por vícios ou defeitos ocultos, que a tornem imprópria ao uso a que é destinada, ou lhe diminuam o valor.
Parágrafo único. É aplicável a disposição deste artigo às doações onerosas.

pode ser aplicado, mas nesse caso somente com relação aos valores atinentes aos encargos assumidos pelo donatário (ver CC, art. 441, parágrafo único).

2. OPÇÕES DO ADQUIRENTE

Constatada a existência do vício pelo adquirente, a legislação civil coloca à disposição do prejudicado as seguintes opções: ao invés de rejeitar a coisa, redibindo o contrato de forma amigável ou pela ação redibitória, pode o adquirente reclamar abatimento no preço também de forma amigável ou judicialmente através da ação *quanti minoris* (CC, art. 442);[2] vejamos:

a) **Recusar a coisa** (redibir):

Quer dizer, devolve o objeto do negócio recebendo de volta a quantia que foi paga, acrescida de todas as despesas realizadas. Esse direito pode ser exercitado mesmo que a coisa não mais exista, desde que tenha perecido por conta do vício que já existia à época da tradição, isso porque a responsabilidade do alienante continua a existir (CC, art. 444).[3]

Atenção: se o alienante sabia da existência do defeito, o adquirente poderá pleitear também as perdas e danos, através da ação redibitória (CC, art. 443).[4]

b) **Pedir abatimento do preço:**

Nesse caso o adquirente fica com a coisa defeituosa e pleiteia um abatimento no preço proporcional à desvalorização do bem, o que poderá ser realizado amigavelmente ou através da ação *quanti minoris* (ver CC, art. 442).

3. PRÉ-REQUISITOS

Vale a advertência de que não é qualquer defeito de somenos importância que irá caracterizar o vício passível de ser indenizado. Para caracterizar vício redibitório e autorizar o uso do permissivo legal, é preciso que o defeito seja grave ou que diminua substancialmente o valor da coisa adquirida.

---

2. CC, Art. 442. Em vez de rejeitar a coisa, redibindo o contrato (art. 441), pode o adquirente reclamar abatimento no preço.

3. CC, Art. 444. A responsabilidade do alienante subsiste ainda que a coisa pereça em poder do alienatário, se perecer por vício oculto, já existente ao tempo da tradição.

4. CC, Art. 443. Se o alienante conhecia o vício ou defeito da coisa, restituirá o que recebeu com perdas e danos; se o não conhecia, tão somente restituirá o valor recebido, mais as despesas do contrato.

Dessa forma, é importantíssimo estudarmos alguns dos requisitos imprescindíveis para configuração dos vícios redibitórios; vejamos:

a) **Que a coisa tenha sido recebida em virtude de contrato comutativo** (oneroso):

Esse é o primeiro requisito e que se justifica em face de que nesse tipo de contrato o que se espera é que haja uma correspondência entre as prestações. Se houver um vício na coisa, isso quebrará esta equivalência, razão por que da existência do instituto.

b) **O defeito deve ser oculto:**

Se o defeito for aparente ou de fácil constatação, não caberá ação redibitória, porquanto a culpa será do próprio adquirente que não terá sido minimamente diligente (ver CC, art. 441 – NR-1).

c) **O defeito deve ser desconhecido pelo adquirente:**

Se o adquirente conhecia o defeito e ainda assim adquiriu a coisa, presume-se que abriu mão da garantia legal ou anuiu com a aquisição da coisa no estado em que se encontrava.

d) **O defeito deve prejudicar o uso da coisa:**

Significa dizer que o defeito deve ser relevante, isto é, deve ser defeito grave, porque se for defeito passível de rápido conserto não caracterizará vício redibitório (ver CC, art. 441).

e) **O defeito deve diminuir-lhe substancialmente o valor:**

Pode ocorrer de a coisa ser perfeita para uso (apesar do defeito), quer dizer, não haver diminuição de uso, porém o defeito afeta o valor de mercado da coisa, permitindo-se seja enjeitada por essa razão de ordem econômica (ver CC, art. 441).

f) **O defeito deve existir no momento da tradição:**

Quer dizer, o defeito deve ser preexistente ao momento da aquisição, perdurando até o momento da reclamação (CC, art. 444, parte final – NR-3). Se o defeito surgiu depois, a questão é mais complexa porque pode até resultar de uso inadequado ou não, resolvendo-se através do sistema de garantia e não de vícios redibitórios.

4. DECADÊNCIA

Os prazos para propositura da ação visando corrigir o vício redibitório são decadenciais e contam-se, via de regra, a partir da tradição. Contudo, se o adquirente já estava na posse da coisa, o prazo é reduzido à metade e conta-se da data da alienação (CC, art. 445).[5]

Vamos esquematizar para uma melhor compreensão. Senão vejamos:

5. CONTAGEM DO PRAZO

Em regra, os prazos contam-se da entrega da coisa (tradição) e serão de 30 (trinta) dias para coisas móveis e de 1 (um) ano para imóveis, porém existem exceções, vejamos:

a) **Exceção 1:** Se o adquirente já estava na posse da coisa adquirida, esse prazo contar-se-á da data do negócio realizado, reduzido pela metade, ou seja, será de 15 (quinze) dias para coisa móvel e de 6 (seis) meses para coisa imóvel (ver CC, art. 445, *caput,* parte final).

b) **Exceção 2:** Quando o vício, por sua própria natureza, só puder ser conhecido mais tarde, o prazo será contado a partir do conhecimento do defeito, sendo de 180 (cento e oitenta) dias para móveis e de 1 (um) ano para imóveis (ver CC, art. 445, § 1º).

c) **Exceção 3:** Tratando-se de animais, os prazos poderão ser diferenciados, se houver lei especial assim disciplinando. Na falta de lei, utilizar-se-ão os usos e costumes do local da celebração. Se não houver, aplicam-se os prazos do parágrafo antecedente (ver CC, art. 445, § 2º).

Importante: em qualquer das circunstâncias acima aventadas, os prazos contam-se somente depois de findo o prazo da garantia contratual (CC, art. 446).[6] Quer dizer, a garantia ofertada pelo alienante é complementar à garantia legal.

Atenção: embora os prazos não corram durante o período de garantia, o adquirente tem o dever de comunicar ao alienante o defeito apresentado

---

5. CC, Art. 445. O adquirente decai do direito de obter a redibição ou abatimento no preço no prazo de trinta dias se a coisa for móvel, e de um ano se for imóvel, contado da entrega efetiva; se já estava na posse, o prazo conta-se da alienação, reduzido à metade.

§ 1º Quando o vício, por sua natureza, só puder ser conhecido mais tarde, o prazo contar-se-á do momento em que dele tiver ciência, até o prazo máximo de cento e oitenta dias, em se tratando de bens móveis; e de um ano, para os imóveis.

§ 2º Tratando-se de venda de animais, os prazos de garantia por vícios ocultos serão os estabelecidos em lei especial, ou, na falta desta, pelos usos locais, aplicando-se o disposto no parágrafo antecedente se não houver regras disciplinando a matéria.

6. CC, Art. 446. Não correrão os prazos do artigo antecedente na constância de cláusula de garantia; mas o adquirente deve denunciar o defeito ao alienante nos trinta dias seguintes ao seu descobrimento, sob pena de decadência.

no prazo de 30 (trinta) dias do seu conhecimento, sob pena de decadência (ver CC, art. 446).

6. DIFERENÇA ENTRE VÍCIO REDIBITÓRIO E INADIMPLEMENTO CONTRATUAL

Não se confunda vício redibitório com inadimplemento contratual porque no caso de vício o contrato é cumprido, ainda que a coisa entregue apresente uma anomalia. Já no caso de inadimplemento, o contrato não é cumprido da forma como o devedor se obrigou a fazê-lo, autorizando o credor a pedir a resolução com as perdas e danos.

> **Exemplo:** um equipamento comprado como sendo o modelo 2014, quando em verdade é o modelo anterior de 2013, não se constitui em vício, mas sim em inadimplemento porque a parte vendedora não cumpriu sua obrigação da forma exigida (CC, art. 389).[7] Aqui trata-se da entrega de uma coisa por outra, não de defeito ou vício.

> **Importância prática:** no caso de inadimplemento a prescrição para reclamar a devida indenização é de 3 (três) anos (ver CC, art. 206, § 3º). Se fosse vício redibitório o prazo seria de 30 (trinta) dias (ver CC, art. 445 – NR-5).

7. DIFERENÇA ENTRE VÍCIO E ERRO ESSENCIAL

No caso de vício redibitório, a questão se circunscreve ao defeito oculto da coisa, não comum às congêneres. O comprador queria adquirir aquilo que acabou comprando, só não contava que ela tivesse um defeito.

No caso do erro (ver CC, arts. 138 e 139), a questão está ligada ao consentimento imperfeito do adquirente, que pensava adquirir uma coisa e acabou por adquirir outra.

> **Exemplo:** um dos exemplos muito utilizados pela doutrina é o caso dos candelabros prateados que o adquirente pensava ser de prata quando em verdade eram de bronze banhado de prata. Trata-se de vício de con-

---

7. CC, Art. 389. Não cumprida a obrigação, responde o devedor por perdas e danos, mais juros, atualização monetária e honorários de advogado. (Redação dada pela Lei nº 14.905, de 2024)

Parágrafo único. Na hipótese de o índice de atualização monetária não ter sido convencionado ou não estar previsto em lei específica, será aplicada a variação do Índice Nacional de Preços ao Consumidor Amplo (IPCA), apurado e divulgado pela Fundação Instituto Brasileiro de Geografia e Estatística (IBGE), ou do índice que vier a substituí-lo. (Incluído pela Lei nº 14.905, de 2024)

sentimento (erro essencial quanto à qualidade do objeto), não de vício redibitório.

8. FUNDAMENTOS JURÍDICOS

Os fundamentos jurídicos que justificam a existência do instituto em análise são basicamente dois:

a) **Dever de segurança:**

Em todo e qualquer negócio jurídico, deve haver um dever de segurança que deve nortear a relação negocial.

b) **Dever de garantia:**

Todo negócio jurídico não pode prescindir do dever de garantia que incumbe àquele que é alienante, cuja responsabilidade é objetiva.

II – EVICÇÃO

9. CONCEITO DE EVICÇÃO

É a perda da coisa (total ou parcialmente) adquirida onerosamente, em razão de sentença judicial tê-la atribuído a terceiro, seu verdadeiro proprietário, em face de relação jurídica preexistente à alienação.

Quando a perda for parcial, mas for considerável a evicção, a lei autoriza o evicto a optar por promover a rescisão do contrato ou pedir a restituição da parte correspondente à perda decorrente da evicção. Se a perda não for considerável, caberá tão somente o direito a indenização (CC, art. 455).[8]

Trata-se de garantia legal que não necessita estar expressa no contrato, operando-se de pleno direito nos contratos onerosos (CC, art. 447),[9] tais como na compra e venda, na permuta, na transação, na dação em pagamento etc.

Têm direito a essa garantia tanto o proprietário, quanto o possuidor e até mesmo o usuário.

---

8. CC, Art. 455. Se parcial, mas considerável, for a evicção, poderá o evicto optar entre a rescisão do contrato e a restituição da parte do preço correspondente ao desfalque sofrido. Se não for considerável, caberá somente direito a indenização.

9. CC, Art. 447. Nos contratos onerosos, o alienante responde pela evicção. Subsiste esta garantia ainda que a aquisição se tenha realizado em hasta pública.

Não existe a responsabilidade pela evicção nos contratos gratuitos, exceto nas doações onerosas ou gravadas com encargos (CC, art. 552, CC).[10]

Atenção: a evicção resulta sempre de uma decisão judicial, porém alguns autores mencionam a possibilidade de ocorrência da **evicção extrajudicial** em razão de decisão administrativa.

10. PRÉ-REQUISITOS

Para bem exercitar o direito que da evicção lhe advém, o adquirente deverá observar os seguintes requisitos:

a) **Perda total ou parcial da propriedade em face de sentença judicial:**

É o primeiro pressuposto, tendo em vista que não se pode falar em evicção se não houve a perda da propriedade.

b) **Onerosidade da aquisição:**

Nos termos da lei, tal proteção só se aplica aos contratos onerosos (ver CC, art. 447 – NR-9). Isso se explica porque se o contrato foi gratuito não se pode falar que o adquirente teve alguma perda patrimonial.

c) **Desconhecimento da litigiosidade:**

Para fazer valer esse direito, o adquirente deverá provar que desconhecia que a coisa era de outro ou que pendia sobre ela alguma litigiosidade (CC, art. 457).[11]

d) **A causa deve ser anterior à aquisição:**

Parece óbvio que assim seja porque se a causa é posterior à alienação não se pode imputar responsabilidades ao alienante.

e) **Denunciação da lide ao alienante:**

A denunciação à lide ao alienante não é mais obrigatória, tendo em vista que o prejudicado poderá buscar se ressarcir dos eventuais prejuízos através de ação autônoma de regresso (ver NCPC, art. 125, § 1º).

---

10. CC, Art. 552. O doador não é obrigado a pagar juros moratórios, nem é sujeito às consequências da evicção ou do vício redibitório. Nas doações para casamento com certa e determinada pessoa, o doador ficará sujeito à evicção, salvo convenção em contrário.

11. CC, Art. 457. Não pode o adquirente demandar pela evicção, se sabia que a coisa era alheia ou litigiosa.

11. REFORÇO, REDUÇÃO OU EXCLUSÃO DA RESPONSABILIDADE

A lei permite que sejam reduzidas, reforçadas ou até mesmo excluídas as garantias pela evicção. Nestes casos, é preciso haver cláusula expressa, pois, não existindo, a responsabilidade do alienante será integral.

Uma forma de as partes reforçarem a garantia é prever no contrato que na eventualidade de ocorrência da evicção o alienante deverá devolver o que recebeu em dobro. Se desejarem diminuir a garantia, basta fazer constar no contrato que a devolução do que foi pago será de apenas uma parte. No limite, permite-se até que seja totalmente excluída a responsabilidade do alienante (CC art. 448).[12]

Contudo, se o adquirente não sabia dos riscos ou se, mesmo sabendo, não assumiu esses riscos, deve o alienante indenizar, ainda que haja cláusula de exclusão (CC, art. 449).[13] Quer dizer, para valer a exclusão deve constar no instrumento contratual de forma expressa que o adquirente sabia da litigiosidade que recai sobre a coisa e ainda assim fez o negócio assumindo todos os riscos.

> **Exemplo:** se as partes convencionaram exclusão, mas o adquirente não foi informado que havia em trâmite uma ação de usucapião, a responsabilidade do alienante permanece (cláusula genérica). Se tendo sido informado e isso constou no instrumento contratual, significa dizer que assumiu os riscos, de sorte que o alienante se livra de indenizar (cláusula específica).

12. VERBAS DEVIDAS AO EVICTO

Se ocorrer a perda da coisa em face de ação movida por terceiro, em ação baseada em direito anterior, o adquirente tem direito de voltar-se contra o alienante e exigir dele o ressarcimento dos prejuízos sofridos, tudo devidamente corrigido, atualizado e com juros de mora. Quer dizer, a indenização deve ser ampla e completa incluindo os lucros cessantes.

Assim, o evicto faz jus aos recebimentos das seguintes verbas, cabendo-lhe o ônus de provar os prejuízos (CC, art. 450):[14]

---

12. CC, Art. 448. Podem as partes, por cláusula expressa, reforçar, diminuir ou excluir a responsabilidade pela evicção.

13. CC, Art. 449. Não obstante a cláusula que exclui a garantia contra a evicção, se esta se der, tem direito o evicto a receber o preço que pagou pela coisa evicta, se não soube do risco da evicção, ou, dele informado, não o assumiu.

14. CC, Art. 450. Salvo estipulação em contrário, tem direito o evicto, além da restituição integral do preço ou das quantias que pagou:

    I – à indenização dos frutos que tiver sido obrigado a restituir;

    II – à indenização pelas despesas dos contratos e pelos prejuízos que diretamente resultarem da evicção;

    III – às custas judiciais e aos honorários do advogado por ele constituído.

LIÇÃO 6 • DOS VÍCIOS REDIBITÓRIOS E DA EVICÇÃO **59**

a) **Restituição do preço pago:**

Salvo estipulação em contrário, o evicto tem direito à devolução integral do que pagou devidamente corrigido e atualizado, acrescido dos respectivos juros legais (ver CC, art. 450, *caput*).

Atenção: o alienante responde pelo preço da coisa ao tempo da ocorrência da perda (valor de mercado), se a diferença for a maior comparando-se com o valor da aquisição. A escolha é do evicto que poderá optar pelo valor que lhe seja mais favorável (ver CC, art. 450, parágrafo único). **O inverso não vale**, isto é, se houve desvalorização, o alienante deverá indenizar pelo valor da aquisição, a não ser que a desvalorização tenha sido causada pelo evicto.

b) **Os frutos:**

O evicto tem direito de ser indenizado pelos frutos que eventualmente tenha sido obrigado a restituir ao evictor (ver CC, art. 450, I).

c) **As despesas do contrato e os prejuízos resultantes diretamente da evicção:**

O evicto fará jus ao recebimento de todas as despesas decorrentes do contrato, tais como as despesas pela lavratura da escritura e do seu respectivo registro junto ao Cartório de Registro de Imóveis. Além disso, como a indenização deverá ser integral, terá direito de ser reembolsado do que pagou pelo imposto de transmissão (ITBI), bem como por todas as despesas que puder provar (ver CC, art. 451, II).

d) **Custas e honorários advocatícios:**

Por óbvio que, tendo sido citado para os termos da ação na qual restou vencido, o evicto teve que pagar advogado (honorários contratuais) e realizar despesas com o andamento do processo (custas, diligências etc.). Além disso, como foi perdedor na ação, teve que arcar ainda com os honorários da parte contrária (sucumbencial), que também deverá ser indenizada.

e) **Valor das benfeitorias, tanto as necessárias quanto as úteis:**

Sendo possuidor de boa-fé, o evicto tem direito a ser indenizado pelas benfeitorias úteis e as necessárias que tenham sido realizadas no bem que foi perdido (CC, art. 453).[15]

Parágrafo único. O preço, seja a evicção total ou parcial, será o do valor da coisa, na época em que se evenceu, e proporcional ao desfalque sofrido, no caso de evicção parcial.

15. CC, Art. 453. As benfeitorias necessárias ou úteis, não abonadas ao que sofreu a evicção, serão pagas pelo alienante.

13. DEDUÇÃO DO VALOR DA INDENIZAÇÃO

Para evitar o enriquecimento sem causa do evicto, o Código Civil prevê duas hipóteses em que é possível ao alienante abater do valor indenizatório as seguintes verbas; vejamos:

a) **Vantagens com a deterioração:**

Se o evicto tiver obtido vantagem em razão da deterioração da coisa e se não tiver sido condenado a indenizá-la, poderá ser abatida do montante indenizatório (CC, art. 452).[16]

b) **Benfeitorias abonadas:**

Se o alienante pagou pelas benfeitorias realizadas e isso não constou do preço da coisa alienada ao evicto, por lógico terá direito de abater esses valores do que irá indenizar (CC, art. 454).[17]

14. FIGURAS INTERVENIENTES

Na evicção intervêm três figuras distintas, quais sejam:

a) **O alienante:**

Aquele que fez a alienação é que deve responder pelos riscos da coisa alienada.

b) **O evicto:**

É a figura do adquirente que, vencido na demanda movida por terceiro, irá perder a propriedade adquirida.

c) **O evictor:**

É o terceiro reivindicante que teve reconhecido o direito à propriedade, portanto o vencedor da ação.

15. FUNDAMENTOS JURÍDICOS DO INSTITUTO

Os fundamentos que justificam a evicção são os mesmos que incidem nos vícios redibitórios, quais sejam:

---

16. CC, Art. 452. Se o adquirente tiver auferido vantagens das deteriorações, e não tiver sido condenado a indenizá-las, o valor das vantagens será deduzido da quantia que lhe houver de dar o alienante.

17. CC, Art. 454. Se as benfeitorias abonadas ao que sofreu a evicção tiverem sido feitas pelo alienante, o valor delas será levado em conta na restituição devida.

a) Obrigação de garantia:

Quem aliena deve garantir não só a posse, mas também o uso e gozo pacífico da coisa alienada.

b) Dever de segurança:

Em todo e qualquer negócio jurídico, há um dever de segurança ínsito que deve nortear a relação negocial, contra os defeitos ocultos.

c) Enriquecimento indevido do alienante:

O dever indenizatório que incumbe ao alienante realizar em favor do evicto deriva não só do princípio da boa-fé, mas especialmente do princípio que veda o enriquecimento sem causa (CC, art. 884).[18]

---

18. CC, Art. 884. Aquele que, sem justa causa, se enriquecer à custa de outrem, será obrigado a restituir o indevidamente auferido, feita a atualização dos valores monetários.

Parágrafo único. Se o enriquecimento tiver por objeto coisa determinada, quem a recebeu é obrigado a restituí-la, e, se a coisa não mais subsistir, a restituição se fará pelo valor do bem na época em que foi exigido.

LIÇÃO 7
CONTRATO ALEATÓRIO

Sumário: 1. Contratos comutativos – 2. Contratos aleatórios – 3. Importância da distinção entre comutativo e aleatório – 4. Contratos aleatórios no Código Civil; 4.1 Vendas aleatórias *emptio spei (venda da esperança)*; 4.2 Vendas aleatórias emptio rei speratae *(venda da coisa esperada);* 4.3 Vendas aleatórias de coisas já existentes e expostas a risco – 5. O contrato de seguro – 6. Diferença entre contrato aleatório e contrato condicional – 7. Diferença entre contrato aleatório e contrato de venda futura.

1. CONTRATOS COMUTATIVOS

São aqueles em que as prestações apresentam uma relativa equivalência, no qual as partes podem avaliar, desde logo, o montante das mesmas. As prestações são certas e determinadas, podendo ambas as partes antever o que receberá uma da outra. Esta é a regra geral.

Nesse tipo de contrato, as partes envolvidas podem prever com certa segurança quais são os riscos que o negócio envolve. De certa maneira, podemos dizer que são "**contratos sem riscos**", pois na compra e venda, na locação, na prestação de serviços, dentre vários exemplos que poderíamos citar, os riscos são aqueles próprios do negócio entabulado, possíveis de ser previstos pelas partes.

O que caracteriza esses contratos é a equivalência entre as prestações. Na compra e venda, o vendedor espera vender a coisa pelo preço que lhe pareça melhor, enquanto o comprador vai pagar o preço que entende ser justo segundo seus interesses. Essa equivalência é de caráter eminentemente subjetivo, porquanto dependerá da análise que cada um dos contratantes fará sobre o que lhes pareça mais favorável.

Embora possa advir prejuízos de qualquer ato negocial realizado, nos contratos comutativos os riscos são aqueles previsíveis para qualquer negócio.

2. CONTRATOS ALEATÓRIOS

Contrariamente aos comutativos, nos contratos aleatórios uma ou ambas as partes não conseguem prever com segurança quais os ganhos ou perdas do negócio entabulado, predominando a incerteza quanto ao montante da prestação que fica na dependência de condição futura e incerta.

Embora seja bilateral, esse tipo de contrato é caracterizado pelos riscos envolvidos no negócio, nos quais qualquer das partes contratantes pode ganhar ou perder, dependendo de evento futuro e incerto, daí por que podemos chamá-los de "**contratos de risco**".

> **Curiosidade:** aleatório deriva de *álea*, que significa risco, sorte, azar, dependente do destino etc.

3. IMPORTÂNCIA DA DISTINÇÃO ENTRE COMUTATIVO E ALEATÓRIO

O legislador disciplinou os contratos aleatórios apenas em quatro artigos do Código Civil (458 a 461), todos voltados a regular a compra e venda de coisas futuras.

A importância em saber diferenciar os contratos aleatórios dos comutativos reside no fato de que o regime jurídico que rege os dois institutos é diferente. Nem tudo que se aplica aos contratos comutativos pode ser aplicado aos aleatórios.

> **Por exemplo:** os vícios redibitórios (CC, art. 441)[1] e a lesão (CC, art. 157)[2] não se aplicam aos contratos aleatórios.

4. CONTRATOS ALEATÓRIOS NO CÓDIGO CIVIL

Embora existam outros contratos que podem ser considerados aleatórios (jogo e aposta, seguro de vida e acidentes etc.) o nosso Código Civil na seção própria somente prevê duas hipóteses: a venda de coisa futura e a venda de coisa existente sujeita a risco; vejamos:

---

1. CC, Art. 441. A coisa recebida em virtude de contrato comutativo pode ser enjeitada por vícios ou defeitos ocultos, que a tornem imprópria ao uso a que é destinada, ou lhe diminuam o valor.

   Parágrafo único. É aplicável a disposição deste artigo às doações onerosas.

2. CC, Art. 157. Ocorre a lesão quando uma pessoa, sob premente necessidade, ou por inexperiência, se obriga a prestação manifestamente desproporcional ao valor da prestação oposta.

   § 1º Aprecia-se a desproporção das prestações segundo os valores vigentes ao tempo em que foi celebrado o negócio jurídico.

   § 2º Não se decretará a anulação do negócio, se for oferecido suplemento suficiente, ou se a parte favorecida concordar com a redução do proveito.

4.1 Vendas aleatórias emptio spei *(venda da esperança)*

Trata-se do risco envolvendo a própria coisa, que poderá vir a não existir no momento da conclusão do contrato, como no caso de compra de colheitas futuras (CC, art. 458).[3]

> **Exemplo:** na compra de colheita futura, o comprador se compromete a pagar o preço ao vendedor mesmo que a colheita não venha a existir. O risco nesse caso diz respeito à possibilidade futura de a coisa vir a existir ou não.

4.2 Vendas aleatórias emptio rei speratae *(venda da coisa esperada)*

Trata-se de risco que diz respeito não à existência da coisa, mas sim à existência de maior ou menor quantidade daquilo que foi adquirido (CC, art. 459).[4]

Exatamente por se referir a quantidade é que a lei permite ao comprador recobrar o preço se quantidade nenhuma vier a existir porque o risco assumido não é com relação à existência da coisa, mas sim com relação à quantidade (ver CC, art. 459, parágrafo único).

> **Por exemplo:** é difícil encontrar exemplos práticos, mesmo assim Silvio Rodrigues exemplifica com a compra feita ao pescador do produto de um lanço de rede. Nesse caso, qualquer que seja a quantidade pescada torna o contrato válido. Contudo, se nada for pescado; o comprador terá direito a receber de volta o que pagou.

4.3 Vendas aleatórias de coisas já existentes e expostas a risco

Neste caso não se trata de coisa futura, mas de coisa já existente, contudo sujeita a algum tipo de risco de não vir a existir no momento da tradição. O risco assumido pelo adquirente se circunscreve a que a coisa exista até o momento em que se realize a entrega (CC, art. 460).[5]

---

3. CC, Art. 458. Se o contrato for aleatório, por dizer respeito a coisas ou fatos futuros, cujo risco de não virem a existir um dos contratantes assuma, terá o outro direito de receber integralmente o que lhe foi prometido, desde que de sua parte não tenha havido dolo ou culpa, ainda que nada do avençado venha a existir.

4. CC, Art. 459. Se for aleatório, por serem objeto dele coisas futuras, tomando o adquirente a si o risco de virem a existir em qualquer quantidade, terá também direito o alienante a todo o preço, desde que de sua parte não tiver concorrido culpa, ainda que a coisa venha a existir em quantidade inferior à esperada.
Parágrafo único. Mas, se da coisa nada vier a existir, alienação não haverá, e o alienante restituirá o preço recebido.

5. CC, Art. 460. Se for aleatório o contrato, por se referir a coisas existentes, mas expostas a risco, assumido pelo adquirente, terá igualmente direito o alienante a todo o preço, posto que a coisa já não existisse, em parte, ou de todo, no dia do contrato.

Nos termos como consta no Código Civil, o vendedor fará jus ao preço mesmo que a coisa já não mais existisse no momento da assinatura do contrato, desde que ele não soubesse disso. Se o vendedor sabia que a coisa já não existia quando da celebração do contrato o mesmo Código Civil qualifica essa atitude como dolosa (de má-fé) de sorte que a venda poderá ser anulada (CC, art. 461).[6]

> **Exemplo:** mercadoria que é embarcada na China e logo vendida pelo importador, assumindo o adquirente o risco de ela chegar ou não ao seu destino no porto de Santos.

5. O CONTRATO DE SEGURO

Embora haja divergências na doutrina podemos afirmar que o contrato de seguro é aleatório para a seguradora e comutativo para o segurado. O risco de dano a coisas ou pessoas é a essência desse tipo de contrato (CC, art. 757).[7]

Para o segurado, é comutativo porque ele sabe de antemão quanto vai pagar de prêmio e qual será o valor da indenização na eventualidade de ocorrer o sinistro segurado. Já para a seguradora haverá uma incerteza quanto à possibilidade de ocorrência do sinistro que no curso da validade do contrato poderá ocorrer ou não.

> **Exemplo:** Juka Bill contrata um seguro completo para o seu Monza 82 com a seguradora Seguro Tudo Ltda., pelo prazo de um ano, pelo qual irá pagar o prêmio de R$ 2.000,00 dividido em três parcelas. Nesse contrato a seguradora pode ganhar ou pode perder; vejamos.

a) 1ª hipótese – a seguradora ganha:

> Vamos supor que durante a vigência do contrato não ocorreu nenhum sinistro, isto é, Juka não bateu seu carro, não atropelou ninguém, o carro não foi roubado, enfim transcorreu o ano sem problemas. O resultado é que a seguradora só lucrou porque recebeu as mensalidades do seguro e nada pagou em troca.

b) 2ª hipótese – a seguradora perde:

> Vamos imaginar que quatro meses depois de contratar o seguro Juka tem o desprazer de ter o seu Monza furtado. Acionou o seguro e recebeu o

---

6. CC, Art. 461. A alienação aleatória a que se refere o artigo antecedente poderá ser anulada como dolosa pelo prejudicado, se provar que o outro contratante não ignorava a consumação do risco, a que no contrato se considerava exposta a coisa.

7. CC, Art. 757. Pelo contrato de seguro, o segurador se obriga, mediante o pagamento do prêmio, a garantir interesse legítimo do segurado, relativo à pessoa ou a coisa, contra riscos predeterminados. Parágrafo único. Somente pode ser parte, no contrato de seguro, como segurador, entidade para tal fim legalmente autorizada.

valor de R$ 30.000,00 (valor de mercado) como indenização pela perda do seu veículo. Nesse caso a seguradora teve prejuízo porque os valores do prêmio recebido (R$ 2.000,00) são muito inferiores ao valor que teve de desembolsar para indenizar o segurado (R$ 30.000,00).

c) **3ª hipótese – a seguradora não perde, nem ganha:**

Agora vamos imaginar que o Juka no curso da vigência do contrato bateu seu veículo num muro e com isso necessitou levar o veículo a uma oficina para realizar os reparos. O orçamento apresentado pela oficina, incluindo peças e mão de obra perfez o total de R$ 2.000,00 e a seguradora autorizou o conserto. Conclusão: a seguradora recebeu R$ 2.000,00 e acabou realizando o mesmo desembolso para custear o conserto do veículo, ficando sem lucro nenhum.

Importante consignar que nas duas das três hipóteses acima elencadas a seguradora ganha ou perde dependendo do acaso. Quer dizer, lucrará ou perderá dependendo do risco contratado ocorrer ou não.

6. DIFERENÇA ENTRE CONTRATO ALEATÓRIO E CONTRATO CONDICIONAL

Não se deve confundir o contrato aleatório com o contrato condicional porque no contrato aleatório o mesmo estará pronto e acabado no ato de sua assinatura, isto é, será plenamente eficaz desde a sua assinatura (a incerteza é quanto às perdas e ganhos); enquanto que no condicional a sua eficácia ficará em suspenso dependendo da ocorrência do evento futuro e incerto (a incerteza é com relação aos efeitos do próprio contrato).

Exemplo: na venda a contento (CC, art. 509),[8] assim como na venda sujeita à prova (CC, art. 510),[9] o comprador recebe a coisa comprada na condição de comodatário (CC, art. 511)[10] de sorte que o contrato de compra e venda somente estará aperfeiçoada quando o comprador manifestar sua aceitação. São contratos realizados sob condição suspensiva de só valer depois de o comprador manifestar sua concordância.

---

8. CC, Art. 509. A venda feita a contento do comprador entende-se realizada sob condição suspensiva, ainda que a coisa lhe tenha sido entregue; e não se reputará perfeita, enquanto o adquirente não manifestar seu agrado.

9. CC, Art. 510. Também a venda sujeita a prova presume-se feita sob a condição suspensiva de que a coisa tenha as qualidades asseguradas pelo vendedor e seja idônea para o fim a que se destina.

10. CC, Art. 511. Em ambos os casos, as obrigações do comprador, que recebeu, sob condição suspensiva, a coisa comprada, são as de mero comodatário, enquanto não manifeste aceitá-la.

7. DIFERENÇA ENTRE CONTRATO ALEATÓRIO E CONTRATO DE VENDA FUTURA

Já vimos que no contrato aleatório a incerteza quanto às perdas e ganhos ou mesmo com relação à existência ou não do risco contratado não altera a validade do contrato, ou seja, o contrato é plenamente válido independente da existência do bem objeto da avença.

No tocante ao contrato de venda futura, ocorre diferente porque a eventual inexistência da coisa objeto do contrato faz com que ele fique automaticamente desfeito, a não ser que a intenção das partes fosse a de concluir contrato aleatório (CC, 483).[11]

Logo, contrato de compra e venda de coisa futura e contrato aleatório não se confundem porque, no primeiro, a incerteza é com relação à existência da coisa adquirida que pode tornar o contrato sem efeito; enquanto que, no segundo, a incerteza faz parte do negócio.

> **Exemplo:** um fabricante se compromete a vender um silo para armazenamento de grãos para uma fazenda, devendo construí-lo conforme as especificações do projeto apresentado. É uma venda condicional (futura), pois seus efeitos ficam subordinados a que a fábrica consiga produzir o equipamento. Se não conseguir produzir, deverá devolver o que recebeu devidamente corrigido resolvendo o contrato.

---

11. CC, Art. 483. A compra e venda pode ter por objeto coisa atual ou futura. Neste caso, ficará sem efeito o contrato se esta não vier a existir, salvo se a intenção das partes era de concluir contrato aleatório.

LIÇÃO 8
CONTRATO PRELIMINAR

> **Sumário:** 1. Conceito de contrato preliminar – 2. Requisitos do contrato preliminar – 3. Esclarecimentos quanto à forma – 4. Exigibilidade do contrato preliminar – 5. Vantagem deste tipo de contrato – 6. Contrato preliminar e outros institutos afins.

1. CONCEITO DE CONTRATO PRELIMINAR

É uma espécie de convenção, com o objetivo de realização de um contrato definitivo, e que deverá se revestir das mesmas exigências do contrato definitivo a ser firmado, exceto quanto a forma que é livre (CC, art. 462).[1]

É um contrato provisório, também chamado de *pactum de contrahendo*, que tem como objetivo comprometer as partes com a realização de um contrato definitivo. É o tipo de contrato que as partes celebram quando há interesse recíproco, mas que, por alguma razão de conveniência momentânea, justifica que seja deixada para depois a contratação definitiva.

Assim, os contratos preliminares têm, como principal função, comprometer as partes com a futura celebração de um contrato definitivo, quando elas não puderem ou não desejarem realizar desde logo o contrato definitivo.

É um contrato autônomo, **também chamado de pré-contrato ou promessa de contrato**, que fica num ponto intermediário entre as negociações ou tratativas preliminares e o contrato definitivo.

2. REQUISITOS DO CONTRATO PRELIMINAR

O contrato preliminar é um contrato autônomo, logo tem vida própria em relação ao contrato principal, porém para sua perfeita validade deverá, exceto

---

1. CC, Art. 462. O contrato preliminar, exceto quanto à forma, deve conter todos os requisitos essenciais ao contrato a ser celebrado.

quanto à forma, conter todos os requisitos do contrato a ser celebrado (ver CC, art. 462).

Significa dizer que deverá ter os requisitos necessários à celebração de qualquer contrato, quais sejam capacidade das partes contratantes, objeto lícito, possibilidade física e jurídica do objeto do contrato, bem como sua determinação (CC, art. 104),[2] dispensada a forma por expressa previsão legal.

> **Atenção:** além dos requisitos acima mencionados, as partes devem ter legitimidade para a celebração do contrato definitivo. Vale lembrar que algumas pessoas podem estar impedidas de realizar determinados negócios em razão da posição que ostentem em relação à coisa ou às pessoas. Os tutores, por exemplo, não têm legitimidade para comprar os bens do tutelado (CC, art. 497, I).[3]

3. ESCLARECIMENTOS QUANTO À FORMA

O Código Civil adotou a forma livre para a celebração do contrato preliminar nos termos do estatuído art. 462, de sorte a afirmar que se o contrato definitivo versar sobre imóveis deverá ser celebrado por instrumento público (CC, art. 108),[4] mas isso não significa que o contrato preliminar também deva ser celebrado por instrumento público. Nesse caso, o compromisso de compra e venda poderá ser realizado através de instrumento particular e terá plena validade.

O legislador considerou com acerto que o contrato preliminar e o contrato definitivo são contratos diferentes e, portanto, podem ter formas diferentes.

---

2. CC, Art. 104. A validade do negócio jurídico requer:
   I – agente capaz;
   II – objeto lícito, possível, determinado ou determinável;
   III – forma prescrita ou não defesa em lei.
3. CC, Art. 497. Sob pena de nulidade, não podem ser comprados, ainda que em hasta pública:
   I – pelos tutores, curadores, testamenteiros e administradores, os bens confiados à sua guarda ou administração;
   II – pelos servidores públicos, em geral, os bens ou direitos da pessoa jurídica a que servirem, ou que estejam sob sua administração direta ou indireta;
   III – pelos juízes, secretários de tribunais, arbitradores, peritos e outros serventuários ou auxiliares da justiça, os bens ou direitos sobre que se litigar em tribunal, juízo ou conselho, no lugar onde servirem, ou a que se estender a sua autoridade;
   IV – pelos leiloeiros e seus prepostos, os bens de cuja venda estejam encarregados.
   Parágrafo único. As proibições deste artigo estendem-se à cessão de crédito.
4. CC, Art. 108. Não dispondo a lei em contrário, a escritura pública é essencial à validade dos negócios jurídicos que visem à constituição, transferência, modificação ou renúncia de direitos reais sobre imóveis de valor superior a trinta vezes o maior salário mínimo vigente no País.

Exemplo: o exemplo mais comum nessa forma de contrato são aqueles instrumentos contratuais denominados promessa de compra e venda de imóveis ou compromisso de compra e venda de imóveis que proliferam no nosso dia a dia. Por esse tipo de instrumento particular, as partes prometem efetivar o contrato definitivo, que é a efetiva compra e venda do imóvel em questão que se fará por escritura lavrada no Cartório e Notas e depois levada a registro no Cartório de Imóveis da circunscrição onde se localiza o imóvel.

Por oportuno: manda o parágrafo único do art. 463 que o contrato preliminar seja levado a registro no órgão competente. Assim, se o contrato preliminar versar sobre imóveis deverá ser levado a registro no Cartório de Registro de Imóveis. Se versar sobre bens móveis, deverá ser levado a registro no Cartório de Títulos e Documentos. Por óbvio que o registro é importante, especialmente para valer contra terceiros, porém para efeitos *inter partes* os nossos tribunais têm abrandado essa exigência.[5]

4. EXIGIBILIDADE DO CONTRATO PRELIMINAR

Se o contrato preliminar contiver todos os requisitos do contrato principal e nele constar cláusula de não arrependimento, pode qualquer das partes exigir da outra a contratação definitiva.

Se não houver prazo fixado no contrato preliminar para celebração do contrato principal, qualquer das partes poderá notificar a outra assinando-lhe prazo razoável para que seja firmado o contrato definitivo (CC, art. 463).[6]

Se a promessa de contrato for unilateral, o credor da obrigação de contratar deverá manifestar-se no prazo previsto no contrato, ou, não havendo prazo estipulado, naquele que for razoavelmente fixado pelo devedor (CC, art. 466).[7]

---

5. Nesse sentido o STJ editou a Súmula nº 239, de seguinte teor: O direito à adjudicação compulsória não se condiciona ao registro do compromisso de compra e venda no cartório de imóveis. Também o Enunciado nº 95 do Conselho da Justiça Federal, *verbis*: Art. 1.418: O direito à adjudicação compulsória (art. 1.418 do novo Código Civil), quando exercido em face do promitente vendedor, não se condiciona ao registro da promessa de compra e venda no cartório de registro imobiliário (Súmula no 239 do STJ).

6. CC, Art. 463. Concluído o contrato preliminar, com observância do disposto no artigo antecedente, e desde que dele não conste cláusula de arrependimento, qualquer das partes terá o direito de exigir a celebração do definitivo, assinando prazo à outra para que o efetive.
Parágrafo único. O contrato preliminar deverá ser levado ao registro competente.

7. CC, Art. 466. Se a promessa de contrato for unilateral, o credor, sob pena de ficar a mesma sem efeito, deverá manifestar-se no prazo nela previsto, ou, inexistindo este, no que lhe for razoavelmente assinado pelo devedor.

Em qualquer que seja a situação, esgotado o prazo sem que o devedor tenha realizado o contrato principal, o juiz poderá, a pedido do interessado, suprir a vontade da parte inadimplente, conferindo caráter definitivo ao contrato preliminar (CC, art. 464).[8] Contudo, se o credor preferir poderá considerar o contrato preliminar desfeito e exigir perdas e danos (CC, art. 465).[9]

> **Importante:** o juiz só não substituirá a vontade do devedor quando a isso se opuser a natureza da obrigação, quando então se resolverá via perdas e danos. É o caso, por exemplo, das obrigações personalíssimas ou *intuitu personae*, em que o fato somente poderá ser realizado pelo devedor.

5. VANTAGEM DESTE TIPO DE CONTRATO

Muitas vezes, pode ser interessante para as partes a realização de um determinado negócio, porém somente o podem efetivar em data futura e, para não perder o negócio, poderão lançar mão do contrato preliminar com a possibilidade de ultimar o negócio na data estimada.

> **Exemplo:** imagine que você é um incorporador e pretende construir um edifício de apartamentos no Jardim Robru. Por conveniência até econômica promete comprar os terrenos necessários para construir a edificação através de contratos preliminares. Para viabilizar economicamente o projeto, monta um *stand* de vendas e realiza com os interessados contratos preliminares de promessa de compra e venda dos apartamentos que nem sequer tiveram sua construção iniciada.

> **Outro exemplo:** vamos imaginar que você é um empreendedor do ramo imobiliário e seu negócio é comprar e revender os imóveis comprados. A vantagem de comprar um imóvel através de contrato preliminar, para depois revender, é que você não vai pagar tributos na aquisição de um imóvel que não vai ficar no seu patrimônio.

6. CONTRATO PRELIMINAR E OUTROS INSTITUTOS AFINS

É importante atentar para o fato de que no mundo negocial existem diversos institutos assemelhados ao contrato preliminar, mas que com ele não deve ser confundido, senão vejamos:

---

8. CC, Art. 464. Esgotado o prazo, poderá o juiz, a pedido do interessado, suprir a vontade da parte inadimplente, conferindo caráter definitivo ao contrato preliminar, salvo se a isto se opuser a natureza da obrigação.

9. CC, Art. 465. Se o estipulante não der execução ao contrato preliminar, poderá a outra parte considerá-lo desfeito, e pedir perdas e danos.

a) **Negociação preliminar:**

As negociações preliminares, também chamadas de tratativas, são entabulações que normalmente antecedem a realização de um determinado negócio jurídico. Esse é um momento de reflexão em que as partes analisam a conveniência do negócio, suas consequências, comparam com outros produtos ou serviços similares disponíveis na praça etc. Essa fase contratual não pode ser confundida com o contrato preliminar até porque as negociações preliminares não vinculam nem obriga nenhuma das partes.

b) **Proposta:**

A proposta, embora diferente do contrato preliminar, obriga uma das partes (é um negócio jurídico unilateral), isto é, obriga quem fez a proposta (chamado de proponente ou policitante). Quer dizer, quem faz a proposta está obrigado a cumprir se a outra parte (receptor ou policitado) assim o exigir, a não ser que exista na própria proposta uma cláusula exonerativa (CC, art. 427).[10]

c) **Oferta:**

Oferta é uma proposta, porém se aplica muito mais as relações de massa, isto é, relações tipicamente de consumo. A oferta está regulada no Código de Defesa do Consumidor e sua finalidade é exatamente obrigar a parte que a realizou (Lei nº 8.078/90, art. 30).[11]

Complementando diz ainda o Código de Defesa do Consumidor, no seu artigo 35, que caso o vendedor se recuse a cumprir a oferta, o consumidor pode exigir o cumprimento forçado, aceitar outro produto ou serviço equivalente, ou desistir da compra, com a devolução total do valor pago monetariamente atualizado, acrescidos de eventuais perdas ou prejuízos.

---

10. CC, Art. 427. A proposta de contrato obriga o proponente, se o contrário não resultar dos termos dela, da natureza do negócio, ou das circunstâncias do caso.

11. CDC, Art. 30. Toda informação ou publicidade, suficientemente precisa, veiculada por qualquer forma ou meio de comunicação com relação a produtos e serviços oferecidos ou apresentados, obriga o fornecedor que a fizer veicular ou dela se utilizar e integra o contrato que vier a ser celebrado.

LIÇÃO 9
CONTRATO COM PESSOA A DECLARAR

Sumário: 1. Conceito – 2. Natureza jurídica – 3. Características – 4. Participantes – 5. Efeitos do contrato – 6. Utilidade e importância do instituto – 7. Diferenças com relação a outros institutos afins.

1. CONCEITO

É o contrato pelo qual um dos contratantes pode se reservar o direito de indicar outra pessoa, posteriormente e no prazo assinalado, que em seu lugar irá adquirir os direitos e assumir as obrigações dele decorrentes (CC, art. 467).[1]

Esse tipo de contrato é também denominado de "contrato por pessoa a nomear" ou "contrato para pessoa que se designará".

É utilizado com mais frequência nos contratos de compra e venda, porém é possível encontrar essa figura contratual em outros tipos de negócios, exceto naqueles personalíssimos.

Essa cláusula, que permite ao estipulante indicar uma terceira pessoa que irá assumir o lugar de adquirente, também é chamada de cláusula *electio amici*.

Esta indicação deve ser realizada no prazo em que as partes acordarem no contrato. Se não houver prazo contratualmente estabelecido, prevalecerá o fixado na lei, que é de 5 (cinco) dias, contados da conclusão do negócio (CC, art. 468).[2]

---

1. CC, Art. 467. No momento da conclusão do contrato, pode uma das partes reservar-se a faculdade de indicar a pessoa que deve adquirir os direitos e assumir as obrigações dele decorrentes.
2. CC, Art. 468. Essa indicação deve ser comunicada à outra parte no prazo de cinco dias da conclusão do contrato, se outro não tiver sido estipulado.

   Parágrafo único. A aceitação da pessoa nomeada não será eficaz se não se revestir da mesma forma que as partes usaram para o contrato.

De outro lado, para aperfeiçoamento do contrato, é necessária a aceitação da pessoa nomeada, que deverá ser realizada pela mesma forma como se processou o contrato originário, isto é, se a forma foi por instrumento público, assim também deverá ser a aceitação (ver CC, art. 468, parágrafo único).

2. NATUREZA JURÍDICA

É similar a estipulação em favor de terceiro cujo caráter é o de contrato condicional, de aquisição alternativa, de sub-rogação, em que a aceitação desempenha o papel de aprovação do contrato celebrado em seu nome.

A maioria da doutrina entende que é um contrato que tem natureza dúplice, já que se apresenta, a um só tempo, como contrato em nome próprio sob condição resolutiva e como contrato em nome alheio em condição suspensiva (**teoria da condição**).

3. CARACTERÍSTICAS

É um negócio jurídico bilateral que se aperfeiçoa pelo consentimento das partes, com uma delas reservando-se o direito de vir a indicar uma pessoa que assumirá as obrigações e adquirirá os respectivos direitos, em momento futuro.

É um contrato que se desdobra em duas fases: a primeira provisória, em que o estipulante firma o mesmo com o contratante certo, com a condição de aceitar o nomeado, numa segunda fase.

4. PARTICIPANTES

Advirta-se desde logo que todas as partes intervenientes nesse tipo de contrato devem ser capazes e legitimadas a realizar o negócio entabulado.

Intervêm nesse tipo de contrato três agentes distintos:

a) **Promitente:**

Aquele que assume o compromisso de reconhecer a pessoa que será futuramente nomeada como se ela tivesse feito parte da relação jurídica desde o primeiro momento.

b) **Estipulante:**

Aquele que estabeleceu a seu favor a cláusula que lhe permitirá indicar o eleito, isto é, a pessoa que irá assumir as obrigações e adquirir os direitos respectivos.

LIÇÃO 9 • CONTRATO COM PESSOA A DECLARAR

c) Eleito (*amicus, electus* ou terceiro):

É a pessoa que será indicada ao promitente para substituir a pessoa do estipulante, no prazo estipulado em lei ou no contrato, que assumirá todos os direitos e obrigações decorrentes do contrato desde o momento da celebração (CC, art. 469).[3]

5. EFEITOS DO CONTRATO

O contrato será eficaz somente entre os contratantes originários se não houver indicação de pessoa no prazo acordado no contrato, ou se o nomeado se recusar a aceitá-la. Nesse caso, a relação contratual fica perfeitamente válida entre os contratantes originários (promitente e estipulante), que suportarão os efeitos dela decorrentes (CC, art. 470, I).[4]

Da mesma forma, se a pessoa a ser nomeada era insolvente, e a outra pessoa o desconhecia no momento da indicação, quando então o estipulante se responsabilizará pelas obrigações decorrentes do contrato perante o promitente (ver CC, art. 470, II).

De outro lado, se a pessoa a nomear era incapaz ou insolvente no momento da nomeação, o contrato será plenamente válido entre os contratantes originários (CC, art. 471).[5]

6. UTILIDADE E IMPORTÂNCIA DO INSTITUTO

Em muitas situações, a parte interessada em determinado negócio pode entender ser importante se manter, por razões de foro íntimo, no anonimato na fase de negociação e conclusão do contrato. Várias razões de ordem prática podem justificar a necessidade de celebração desse tipo de contrato.

Para uma melhor compreensão do tema, vamos relacionar alguns exemplos, mais comumente citados pela doutrina; vejamos:

---

3. CC, Art. 469. A pessoa, nomeada de conformidade com os artigos antecedentes, adquire os direitos e assume as obrigações decorrentes do contrato, a partir do momento em que este foi celebrado.
4. CC, Art. 470. O contrato será eficaz somente entre os contratantes originários:

    I – se não houver indicação de pessoa, ou se o nomeado se recusar a aceitá-la;

    II – se a pessoa nomeada era insolvente, e a outra pessoa o desconhecia no momento da indicação.
5. CC, Art. 471. Se a pessoa a nomear era incapaz ou insolvente no momento da nomeação, o contrato produzirá seus efeitos entre os contratantes originários.

a) Aquisição de quotas condominiais:

O condômino que, desejando adquirir outras quotas da propriedade comum e receando que isso lhe seja negado em face de problemas pessoais com aquele que deseja vender, pode se servir de um intermediário que irá estipular em seu nome.

b) Por razões de inimizade:

Supondo que você queira adquirir a propriedade contígua, mas sabendo de antemão que o seu vizinho, por ser seu inimigo fidagal, jamais lhe venderia tal imóvel, só lhe resta servir-se desse instrumento contratual e assim conseguir realizar o negócio desejado.

c) Evitar supervalorização do negócio:

Imaginem que o Jojolino está vendendo um imóvel em Alphavella. O empresário Santos Silvio Sauro se interessa pelo negócio, mas sabe de antemão que, em face de sua situação econômica apreciável, o vendedor poderá inflar o preço, de sorte que lhe será de toda conveniência utilizar de interposta pessoa e assim manter seu anonimato até que o negócio seja concluído.

d) Para evitar duplicidade de despesas:

Vamos imaginar que Juka Bill vive de comprar e vender imóveis. Ele poderá utilizar este instrumento negocial como forma de reduzir as despesas com os atos translativos (escritura e registro) e taxação de impostos (ITBI), já que irá comprar imóveis com a clara finalidade de revendê-los, agindo como uma espécie de intermediário. Dessa forma comprará e depois indicará ao vendedor em nome de quem ele deverá lavrar a escritura definitiva, arcando o eleito com todas as despesas.

e) Estratégias de mercado:

Pode também ser utilizado por empresários que, por questões estratégicas de mercado, queiram evitar que sejam descobertas, de antemão, as pretensões empresariais de uma das partes envolvidas em um determinado negócio.

7. DIFERENÇAS COM RELAÇÃO A OUTROS INSTITUTOS AFINS

Embora muito parecido, não se confunda o contrato com pessoa a declarar com outros institutos afins, especialmente com a estipulação em favor de terceiro e o mandato. Vejamos as diferenças:

a) **Com relação à estipulação em favor de terceiro:**

Difere porque nessa o agente atua em nome próprio e permanece vinculado todo o tempo ao negócio entabulado, indicando desde o início o beneficiário (ver CC, arts. 436/440). Já no contrato com pessoa a declarar, o agente atua em nome e no interesse de um terceiro a ser indicado futuramente, de sorte que haverá uma substituição do contratante primitivo pela pessoa que venha a ser declarada.

b) **Com relação ao mandato** (procuração):

O procurador desde o primeiro momento declara o nome do mandante, que não é pessoa indeterminada, e age em seu nome a todo tempo (ver CC, arts. 653/691); enquanto no contrato a declarar o agente não informa previamente em nome de quem será concluído o negócio.

Lição 10
EXTINÇÃO DO CONTRATO

Sumário: 1. Extinção normal dos contratos – 2. Extinção dos contratos de forma anormal; 2.1 Causas anteriores ou contemporâneas à formação do contrato; 2.2 Causas supervenientes à formação do contrato; 2.2.1 Resolução por inexecução voluntária; 2.2.2 Resolução por inexecução involuntária; 2.2.3 Resolução por onerosidade excessiva – 3. Resilição; 3.1 Resilição bilateral pelo distrato; 3.2 Resilição unilateral – 4. Morte de um dos contraentes – 5. Rescisão – 6. Teoria do adimplemento substancial.

1. EXTINÇÃO NORMAL DOS CONTRATOS

A regra é que os contratos sejam extintos pelo seu cumprimento espontâneo pelas partes envolvidas. Assim, o contrato nasce do mútuo consenso; desenvolve-se conforme pactuado; e termina com o adimplemento das prestações assumidas pelas partes.

Quer dizer, a execução, seja instantânea, diferida ou de trato sucessivo, é o modo normal de extinção dos contratos, com o recebimento da quitação.

2. EXTINÇÃO DOS CONTRATOS DE FORMA ANORMAL

Algumas vezes, o contrato se extingue sem que tenha logrado alcançar o seu fim normal, isto é, sem que as obrigações tenham sido devidamente adimplidas.

Várias causas podem concorrer para que ocorra essa extinção anormal, dentre as quais algumas podem ser anteriores e outras contemporâneas à própria conclusão do negócio jurídico entabulado, que podem gerar sua anulação; e outras supervenientes, dando azo à dissolução do contrato. Vejamos:

2.1 Causas anteriores ou contemporâneas à formação do contrato

As causas anteriores ou contemporâneas à formação do contrato podem se referir ao não preenchimento de determinados requisitos subjetivos (capacidade das partes e livre consentimento); ou aos requisitos objetivos (objeto lícito, possível e determinável); ou ainda aos formais (forma prescrita em lei); cujo desrespeito pode significar a nulidade absoluta ou relativa do negócio jurídico.

Além disso, é preciso verificar o implemento da cláusula resolutiva (quando houver) e o exercício do direito de arrependimento (quando pactuado). São causas que motivam a rescisão, decorrente da ineficácia do negócio jurídico, podendo ser:

a) **Nulidade absoluta:**

Pode ocorrer quando as partes transgridem uma norma de ordem pública ou falta algum elemento indispensável à validade do negócio jurídico, que pode ser declarada *ex officio* pelo juiz e produz efeitos *ex tunc*, isto é, retroage à situação anterior, de tal sorte que não produzirá efeitos desde a sua formação. Por ser matéria de ordem pública, pode ser arguida em qualquer tempo e por qualquer interessado (CC, art. 168)[1] e jamais se convalescerá com o decorrer do tempo (CC, art. 169).[2]

Exemplos: agente absolutamente incapaz, ilicitude do objeto, não observância da forma prescrita em lei (ver CC, art. 104 c/c art. 166, I, II e IV).

b) **Nulidade relativa:**

Nesse caso, trata-se de defeito de menor gravidade, podendo ser sanado e, diferentemente da nulidade absoluta, somente pode ser pleiteada pela parte a quem a lei protege, isto é, não pode ser declarada de ofício pelo juiz, nem pode ser alegado por qualquer um, somente pelos próprios envolvidos (CC, art. 177).[3] Esse tipo de nulidade pode ser sanado pelas partes (CC, art. 172),[4] como também pode ser convalidado pelo decurso de tempo, se não arguido em tempo hábil (CC, art. 178).[5]

---

1. CC, Art. 168. As nulidades dos artigos antecedentes podem ser alegadas por qualquer interessado, ou pelo Ministério Público, quando lhe couber intervir.

    Parágrafo único. As nulidades devem ser pronunciadas pelo juiz, quando conhecer do negócio jurídico ou dos seus efeitos e as encontrar provadas, não lhe sendo permitido supri-las, ainda que a requerimento das partes.

2. CC, Art. 169. O negócio jurídico nulo não é suscetível de confirmação, nem convalesce pelo decurso do tempo.

3. CC, Art. 177. A anulabilidade não tem efeito antes de julgada por sentença, nem se pronuncia de ofício; só os interessados a podem alegar, e aproveita exclusivamente aos que a alegarem, salvo o caso de solidariedade ou indivisibilidade.

4. CC, Art. 172. O negócio anulável pode ser confirmado pelas partes, salvo direito de terceiro.

5. CC, Art. 178. É de quatro anos o prazo de decadência para pleitear-se a anulação do negócio jurídico, contado:

    I – no caso de coação, do dia em que ela cessar;

    II – no de erro, dolo, fraude contra credores, estado de perigo ou lesão, do dia em que se realizou o negócio jurídico;

    III – no de atos de incapazes, do dia em que cessar a incapacidade.

Exemplo: negócio jurídico celebrado por agente relativamente incapaz, sem assistência do seu representante legal. Nesse caso o vício pode ser sanado bastando que o representante compareça, mesmo *a posteriori*, e coloque o seu "de acordo" no contrato já firmado.

Outro exemplo: negócio realizado contendo algum dos vícios de consentimento (erro, dolo, coação, estado de perigo etc.). Nesses casos, os contratos geram efeitos até que seja declarada a nulidade. Além disso, pode ser aperfeiçoado pelo decurso de tempo, bastando que a parte não exercite seu direito no prazo estipulado em lei (ver CC, arts. 177 e 178, já citados).

c) **Cláusula resolutiva:**

Se houver o descumprimento do contrato por uma das partes, a parte pontual poderá exigir seu cumprimento ou a resolução do contrato com eventuais perdas e danos. É o que chamamos de cláusula resolutiva, que pode ser expressa ou tácita, mas que está presente em todos os contratos. A expressa opera-se de pleno direito, já a tácita depende de interpelação (CC, art. 474).[6] Nessas circunstâncias abrem-se para a parte pontual, ante o inadimplemento da outra parte, três possibilidades, uma passiva e duas ativas, quais sejam (CC, art. 475):[7] (I) queda-se inerte, isto é, não faz nada e fica à espera de que a outra parte tome a atitude de exigir o cumprimento do contrato quando então poderá se defender, alegando a *exceptio non adimpleti contractus*; ou (II) resolve o contrato, pleiteando a resolução, com as eventuais perdas e danos, desde que prove os prejuízos advindos do inadimplemento; ou, por último, (III) exige o cumprimento do contrato, quando for possível exigir que o contrato seja cumprido, até mesmo forçadamente através do judiciário, manejando, para tanto, ação específica (ver CPC, arts. 497 a 501).

d) **Direito de arrependimento:**

As partes também podem ajustar o direito de arrependimento pelo qual qualquer delas pode rescindir o contrato por declaração unilateral, sujeitando-se à perda do sinal ou à devolução em dobro do que recebeu, que neste caso corresponderá à indenização da parte contrária, configurando-se nas arras penitenciais (CC, art. 420).[8]

---

6. CC, Art. 474. A cláusula resolutiva expressa opera de pleno direito; a tácita depende de interpelação judicial.

7. CC, Art. 475. A parte lesada pelo inadimplemento pode pedir a resolução do contrato, se não preferir exigir-lhe o cumprimento, cabendo, em qualquer dos casos, indenização por perdas e danos.

8. CC, Art. 420. Se no contrato for estipulado o direito de arrependimento para qualquer das partes, as arras ou sinal terão função unicamente indenizatória. Neste caso, quem as deu perdê-las-á em benefício

2.2 Causas supervenientes à formação do contrato

Algumas causas podem atingir o contrato após a sua formação, significando a sua resolução (dissolução), que pode ser dividida em:

2.2.1 Resolução por inexecução voluntária

A resolução por inexecução voluntária decorre de um comportamento culposo de uma das partes, com prejuízo para a outra parte, que autoriza assim proceder.

Nesse quadro se inserem **a exceção de contrato não cumprido** (*exceptio non adimpleti contractus*) e **a exigência de garantia de execução de obrigação a prazo**; vejamos as duas figuras:

a) **Exceção de contrato não cumprido** (*exceptio non adimpleti contractus*):

Significa em breves palavras que um dos contratantes não pode cobrar do outro a obrigação antes de cumprida a sua (CC, art. 476).[9] É uma exceção oponível nos contratos entre particulares que permite a um dos contratantes se recusar a cumprir com sua parte no acordo se a outra não cumprir com a sua. Quer dizer, cumpro minha parte se você primeiramente cumprir com a sua. É o famoso "toma lá, dá, cá".

Exemplo: se você contratar uma empreiteira para fazer uma reforma em sua casa e estipular no contrato que o pagamento somente será realizado depois de concluída a obra, ela não pode cobrar o pagamento sem antes realizar os serviços contratados. Se a empreiteira tentar cobrar, você pode se opor, alegando a exceção de contrato não cumprido (CPC, art. 787).[10]

b) **Garantia de execução de obrigação a prazo:**

Nesse quadro também se insere, como decorrência da reciprocidade das prestações nos contratos bilaterais, a garantia de execução de obrigação a prazo. A lei permite ao credor que, se após firmar o contrato,

---

da outra parte; e quem as recebeu devolvê-las-á, mais o equivalente. Em ambos os casos não haverá direito a indenização suplementar.

9. CC, Art. 476. Nos contratos bilaterais, nenhum dos contratantes, antes de cumprida a sua obrigação, pode exigir o implemento da do outro.

10. CPC, Art. 787. Se o devedor não for obrigado a satisfazer sua prestação senão mediante a contraprestação do credor, este deverá provar que a adimpliu ao requerer a execução, sob pena de extinção do processo.

Parágrafo único. O executado poderá eximir-se da obrigação, depositando em juízo a prestação ou a coisa, caso em que o juiz não permitirá que o credor a receba sem cumprir a contraprestação que lhe tocar.

uma das partes sofrer uma diminuição de patrimônio, capaz de tornar duvidoso o cumprimento da prestação, possa exigir garantias ou o pagamento antecipado antes de cumprir com a sua parte na obrigação (CC, art. 477).[11]

Exemplo: o vendedor está autorizado a não entregar a mercadoria vendida se algum fato posterior à celebração do contrato indicar que o patrimônio do comprador não será suficiente para adimplir a obrigação assumida, podendo o comprador exigir imediatamente o preço ou garantia suficiente para o adimplemento.

2.2.2 Resolução por inexecução involuntária

Pode também acontecer de o contrato não poder ser cumprido por fato que não se possa imputar a nenhuma das partes.

Tanto o caso fortuito quanto a força maior podem acabar por ser responsáveis pela inexecução e a consequente extinção de um determinado contrato, sem que isso implique em responsabilidade para as partes.

Aqui se encaixa ainda o fato de terceiro. Vejamos cada um dessas excludentes:

a) **Fato de terceiro:**

São os fatos imputáveis a pessoas estranhas à relação contratual, chamadas de terceiros, que possam ter dado azo à impossibilidade de cumprimento da obrigação.

b) **Caso fortuito ou de força maior:**

Nesse caso, o inadimplente fica desobrigado de indenizar as eventuais perdas e danos, a não ser que tenha por elas se responsabilizado (CC, arts. 393)[12] ou já estivesse em mora quando de sua ocorrência (CC, art. 399).[13]

---

11. CC, Art. 477. Se, depois de concluído o contrato, sobrevier a uma das partes contratantes diminuição em seu patrimônio capaz de comprometer ou tornar duvidosa a prestação pela qual se obrigou, pode a outra recusar-se à prestação que lhe incumbe, até que aquela satisfaça a que lhe compete ou dê garantia bastante de satisfazê-la.

12. CC, Art. 393. O devedor não responde pelos prejuízos resultantes de caso fortuito ou força maior, se expressamente não se houver por eles responsabilizado.

    Parágrafo único. O caso fortuito ou de força maior verifica-se no fato necessário, cujos efeitos não era possível evitar ou impedir.

13. CC, Art. 399. O devedor em mora responde pela impossibilidade da prestação, embora essa impossibilidade resulte de caso fortuito ou de força maior, se estes ocorrerem durante o atraso; salvo se provar isenção de culpa, ou que o dano sobreviria ainda quando a obrigação fosse oportunamente desempenhada.

c) Exceção à regra:

O devedor responderá pelos prejuízos do inadimplemento independentemente destas excludentes de responsabilidade nos casos de responsabilidade objetiva com risco integral ou nos casos em que assim expressamente a lei determine.

2.2.3 Resolução por onerosidade excessiva

É a chamada **teoria de imprevisão** ou **cláusula *rebus sic stantibus***, que veio a ser incorporada ao nosso ordenamento jurídico como uma forma de abrandamento do *pacta sunt servanda*, significando que os negócios jurídicos podem ser revistos, sem prejuízo da necessária segurança jurídica dos contratos, toda vez que um fato estranho às partes, crie um desequilíbrio na relação negocial tornando o pacto excessivamente oneroso para uma das partes e extremamente vantajoso para a outra (CC, art. 478).[14]

3. RESILIÇÃO

É o rompimento do vínculo contratual por declaração de vontade das partes, de forma unilateral ou bilateral, cujo significado é voltar atrás, desfazer.

De regra a resilição deve ser bilateral, decorrente do acordo de vontade (distrato), podendo excepcionalmente ocorrer por manifestação unilateral, somente em determinados contratos (denúncia).

3.1 Resilição bilateral pelo distrato

Distrato é o acordo de vontade entre as partes, com a finalidade de extinguir um contrato (CC, art. 472).[15]

Diz ainda a lei que o distrato deverá ser realizado pela mesma forma que o contrato que está sendo distratado, porém, isso não deve merecer uma interpretação férrea, tendo em vista que é possível celebrar um contrato de locação pela forma verbal, por exemplo, e promover o distrato por instrumento particular ou público. Por óbvio que se o contrato versa sobre direitos reais, por exemplo, a forma será exigência de lei, como no caso de compra e venda de imóveis, cujo

---

14. CC, Art. 478. Nos contratos de execução continuada ou diferida, se a prestação de uma das partes se tornar excessivamente onerosa, com extrema vantagem para a outra, em virtude de acontecimentos extraordinários e imprevisíveis, poderá o devedor pedir a resolução do contrato. Os efeitos da sentença que a decretar retroagirão à data da citação.
15. CC, Art. 472. O distrato faz-se pela mesma forma exigida para o contrato.

valor seja superior a 30 salários mínimos e cuja escritura pública é da essência do ato (ver CC, art. 108).

Vale registrar que o distrato somente se justifica quando ainda não houver expirado o prazo de vigência do contrato ou o mesmo ainda não tenha sido executado. Basta imaginar a seguinte situação: se Jojolino vendeu um imóvel para Juka Bill, outorgou a escritura e foi feita a transcrição no Cartório de Imóveis, tendo Jojolino recebido o preço, não se pode falar em distrato do contrato de compra e venda, mas sim noutro contrato, ainda que o preço seja o mesmo e se restituam as despesas.[16]

Grosso modo falando, o distrato é um contrato no sentido contrário, ou seja, é um contrato pelo qual as partes desfazem, de comum acordo, um contrato que haviam celebrado antes.

Os efeitos do distrato são *ex nunc*, quer dizer para o futuro, não alterando situações anteriores já consolidadas.

3.2   Resilição unilateral

Esta pode ocorrer por denúncia, revogação e renúncia. Esse instituto é mais restrito porque somente pode ocorrer em determinados contratos, como nos de execução continuada e por tempo indeterminado (cessão de uso, arrendamento, locação etc.), assim como nos contratos benéficos (comodato, doação).

No contrato de comodato por tempo indeterminado, por exemplo, o comodante pode denunciar o contrato fixando uma data final para seu termo.

Já quanto à revogação ou à renúncia, aplica-se tão somente aos contratos de mandato pelo qual o mandante pode revogar os poderes outorgados, assim como o mandatário pode renunciar aos poderes que lhes foram outorgados.[17]

4.   MORTE DE UM DOS CONTRAENTES

A morte somente extingue os contratos quando os mesmos forem personalíssimos, isto é, *intuitu personae*, já que não se poderá exigir do morto o seu cumprimento.

---

16. MIRANDA, Francisco Cavalcanti Pontes de. *Tratado de direito privado*. Rio de Janeiro: Borsói, 1975. v. 25, p. 326.
17. Em alguns manuais se encontra também o termo *resgate*, que era o modo de liberação unilateral do ônus real na enfiteuse, figura que constava no Código Civil de 1916 (art. 693), e não mais existe no novo *codex*.

Não sendo assim, as obrigações transmitem-se aos herdeiros e a herança responderá pelo seu eventual inadimplemento ou mesmo perdas e danos, até o limite do patrimônio deixado pelo *de cujus* (CC, art. 1.997, *caput*).[18]

5. RESCISÃO

O termo *rescisão* é normalmente usado como sinônimo de resolução e de resilição, porém deve somente ser empregado na dissolução de determinados contratos, como, por exemplo, aqueles celebrados em face de vícios de vontade (ver CC, art. 178, II).

6. TEORIA DO ADIMPLEMENTO SUBSTANCIAL

Está muito presente na doutrina e na jurisprudência a teoria do adimplemento substancial, cuja identificação decorre dos princípios gerais contratuais, especialmente os princípios da função social do contrato e o da boa-fé objetiva, atuando como limitação à aplicação do insculpido no art. 475 do Código Civil.

Por essa teoria, o judiciário tem decidido que não pode ser reconhecido o direito à resolução do contrato quando este foi substancialmente cumprido, quer dizer, quando o inadimplemento é mínimo.

Assim, se o contrato tiver sido cumprido na sua quase totalidade, não se poderá falar em sua extinção. Nesse caso, o contrato deverá ser mantido, aplicando-se as regras quanto ao inadimplemento com a aplicação de multa, juros, correções e outros acessórios se cabíveis.

> **Atente-se para o seguinte fato:** o credor não perde o direito de obter o restante do crédito inadimplido porque poderá ajuizar ação de cobrança para tanto.

---

18. CC, Art. 1.997. A herança responde pelo pagamento das dívidas do falecido; mas, feita a partilha, só respondem os herdeiros, cada qual em proporção da parte que na herança lhe coube.

§ 1º Quando, antes da partilha, for requerido no inventário o pagamento de dívidas constantes de documentos, revestidos de formalidades legais, constituindo prova bastante da obrigação, e houver impugnação, que não se funde na alegação de pagamento, acompanhada de prova valiosa, o juiz mandará reservar, em poder do inventariante, bens suficientes para solução do débito, sobre os quais venha a recair oportunamente a execução.

§ 2º No caso previsto no parágrafo antecedente, o credor será obrigado a iniciar a ação de cobrança no prazo de trinta dias, sob pena de se tornar de nenhum efeito a providência indicada.

PARTE II
DOS CONTRATOS REGULADOS PELO CÓDIGO CIVIL TÍPICOS OU NOMINADOS

Lição 11
DO CONTRATO DE COMPRA E VENDA

> **Sumário:** 1. Introdução ao tema – 2. Conceito do contrato de compra e venda – 3. Caráter obrigacional do contrato – 4. Natureza jurídica da compra e venda – 5. Elementos da compra e venda; 5.1 O consentimento enquanto acordo de vontades; 5.2 Preço; 5.3 Coisa ou o objeto – 6. Responsabilidade do vendedor – 7. Outras obrigações do vendedor – 8. Garantia do vendedor – 9. Limitação à compra e venda; 9.1 Venda de ascendente para descendente; 9.2 Compra por pessoa encarregada de zelar pelo interesse do vendedor; 9.3 Venda por condômino de parte da coisa indivisa; 9.4 Venda entre marido e mulher – 10. Tipos especiais de compra e venda; 10.1 Venda por amostras; 10.2 Venda *ad corpus*; 10.3 Venda *ad mesuram* – 11. Cláusulas especiais de compra e venda; 11.1 Retrovenda; 11.2 Venda a contento e venda sujeita à prova; 11.3 Preempção ou direito de preferência; 11.4 Venda com reserva de domínio; 11.5 Venda sobre documento.

1. INTRODUÇÃO AO TEMA

Cabe desde logo evidenciar a importância do contrato de compra e venda na vida moderna, tanto para a vida das pessoas físicas individualmente consideradas quanto para os grandes conglomerados e até mesmo para o Estado, na exata medida em que vivemos numa sociedade de consumo e a circulação de bens e riquezas vão se materializar através desse tipo de pacto.

Não temos dúvidas em afirmar que **a compra e venda é o mais importante dos contratos**, pouco importando se para o ocidente, oriente ou qualquer parte do mundo, pois é em torno das atividades mercantis que se desenvolvem os povos e as nações e que circulam as riquezas. Produtores, fabricantes, importadores e outros profissionais querem vender seus produtos e serviços, enquanto do outro lado da relação existe um contingente sem fim daqueles que necessitam comprar, e no encontro dessas vontades é que reside a finalização do contrato de compra e venda.

Nos primórdios da humanidade prevalecia o modo de aquisição de bens de consumo através da troca (permuta). O ser humano trocava o que sobrava de sua produção com outros seres humanos que produziam aquilo que ele não tinha ou não podia produzir. Por óbvio que um dos grandes entraves era a falta de equivalência entre os objetos a serem trocados.

Com a evolução da raça humana e para superar essa dificuldade de equivalência entre as coisas, foi criada uma mercadoria de troca que pudesse funcionar como unidade-padrão, representada primeiramente por cabeça de gado (*pecus* = pecúnia), depois pelos metais preciosos e finalmente pela moeda.

Esse tipo de contrato faz parte de nosso cotidiano e da vida em sociedade. **O contrato de compra e venda, seja escrito ou verbal, é a espécie mais comum dos contratos**. Muitas vezes não percebemos, mas no curso de um só dia de nossas vidas firmamos diversos contratos de compra e venda, como, por exemplo, quando pedimos um café no balcão de uma lanchonete ou quando vamos a um restaurante almoçar.

Mas não é só do cotidiano das pessoas físicas que esse contrato faz parte. Ele está incorporado à vida das pequenas, médias e grandes empresas, assim como das próprias nações, tendo em vista ser ele o maior instrumento de transferência de bens e, por conseguinte, de fortunas.

2. CONCEITO DO CONTRATO DE COMPRA E VENDA

Contrato de compra e venda é aquele em que ambas as partes assumem obrigações recíprocas: o vendedor estará obrigado a transferir o domínio[1] da coisa (tradição), enquanto o comprador estará obrigado a pagar o preço em dinheiro (CC, art. 481).[2]

3. CARÁTER OBRIGACIONAL DO CONTRATO

Os efeitos do contrato de compra e venda não são reais, mas sim obrigacionais, tendo em vista que **o contrato**, por si só, **não transfere o domínio** (ou propriedade) **da coisa vendida**, gerando para o vendedor a obrigação de entregá-la.

Quer dizer, **somente a tradição** (entrega) **é que irá transferir a propriedade da coisa**. Sendo móvel, ocorrerá pela entrega efetiva do bem (ver CC, arts. 1.226 e

---

1. Cumpre esclarecer que *domínio* e *propriedade* não são rigorosamente palavras sinônimas, mas complementares. Apesar disso, vamos utilizar as duas palavras como sinônimas porque assim também o faz o nosso Código Civil e a quase totalidade da doutrina.
2. CC, Art. 481. Pelo contrato de compra e venda, um dos contratantes se obriga a transferir o domínio de certa coisa, e o outro, a pagar-lhe certo preço em dinheiro.

LIÇÃO 11 • DO CONTRATO DE COMPRA E VENDA **93**

1.267) e, sendo imóvel, pela transcrição junto ao Cartório de Registro de Imóveis (ver CC, arts. 1.227 e 1.245).

> **Exemplo 1 (coisa móvel):** Jojolino compra uma máquina de lavar, paga à vista e a loja se compromete em entregar no dia seguinte, porém no percurso o caminhão é roubado. Pergunta-se: de quem é o prejuízo? Resposta: como não tinha havido a tradição, a propriedade da geladeira ainda era da loja, logo terá que entregar outra máquina de lavar ao comprador (prejuízo da loja).

> **Exemplo 2 (coisa imóvel):** Em se tratando de imóvel ocorre o mesmo. É só imaginar que você comprou um imóvel do Aly Kate no Jardim Robru e, por qualquer razão não transferiu o imóvel para o seu nome no Cartório de Registro de Imóveis (transcrição). Depois disso, Aly Kate é acionado na justiça por dívidas e o credor requer a penhora daquele imóvel. Certamente o juiz vai deferir a penhora. Resultado: o imóvel vai ser penhorado e você agora terá inúmeras dificuldades para provar que é terceiro adquirente de boa-fé.

> **(Lembrem-se**: para efeitos legais, enquanto não efetivada a transcrição, o imóvel é de propriedade do Aly Kate).[3]

4. NATUREZA JURÍDICA DA COMPRA E VENDA

O contrato de compra e venda tem a seguinte natureza jurídica: é consensual, sinalagmático ou bilateral, oneroso, em regra comutativo (exceto os aleatórios), normalmente não solene (exceto quando a lei determinar uma forma).

a) **Consensual:**

> Quer dizer, este tipo de contrato **estará perfeito e acabado pelo encontro das vontades concordantes das partes,** isto é, havendo consenso sobre a coisa e o preço, o contrato estará celebrado, independentemente da entrega da coisa ou de qualquer outra formalidade.

b) **Sinalagmático ou bilateral:**

> É bilateral por envolver **prestações recíprocas,** tendo em vista que o comprador deverá entregar o preço e o vendedor entregar a coisa.

---

3. O meio de defesa nesse caso será embargos de terceiros (ver CPC, art. 674 e ss), mas para isso terá que contratar advogado e conviver com a incerteza até o julgamento final da ação.

c) Oneroso:

Envolve sacrifício patrimonial para ambas as partes. O vendedor irá sofrer o desfalque da coisa em seu patrimônio e o comprador do dinheiro que entregará pela aquisição do bem.

d) Comutativo:

Como regra geral, **as partes podem antever as vantagens e os sacrifícios** a que irão se submeter, que geralmente se equivalem. Tanto o comprador quanto o vendedor normalmente sabem o que vão receber, exceto nos contratos aleatórios, onde o risco faz parte do negócio (por exemplo, compra e venda de colheita futura).

e) Não solene:

De regra, não é exigida nenhuma formalidade para plena validade do contrato de compra e venda, pois **prevalece no nosso ordenamento jurídico a liberdade de forma** (CC, art. 107).[4] Por exceção, pode a lei determinar uma forma especial, como, por exemplo, nos contratos de compra e venda de imóveis com valor acima de trinta salários mínimos, em que se exige escritura pública (ver CC, art. 108).

5. ELEMENTOS DA COMPRA E VENDA

Os elementos indispensáveis à validade do contrato de compra e venda são aqueles previstos no art. 482 do Código Civil,[5] quais sejam: consentimento (*consensus*), coisa (*res*) e preço (*pretium*):

5.1 O consentimento enquanto acordo de vontades

O consentimento representa o **encontro de vontades concordantes** sobre o objeto e seu preço. Para que o consentimento seja válido, é preciso que ele seja livre e consciente, e que vendedor e comprador tenham capacidade para realização do negócio (nunca esquecer os requisitos insculpidos no art. 104 do CC, já tantas vezes mencionado).

O consentimento deverá ser **livre e consciente** porque, se realizado mediante a utilização de qualquer artifício que diminua ou anule a livre manifestação de vontade, poderá ser anulada. Quer dizer, a vontade não pode ter sido manifestada com algum vício de consentimento (ver CC, arts. 138 a 157).

---

4. CC, Art. 107. A utilidade da declaração de vontade não dependerá de forma especial, senão quando a lei expressamente exigir.
5. CC, Art. 482. A compra e venda, quando pura, considerar-se-á obrigatória e perfeita, desde que as partes acordarem no objeto e no preço.

LIÇÃO 11 • DO CONTRATO DE COMPRA E VENDA **95**

Ainda para validade da compra e venda, requer **capacidade das partes** contratantes, valendo lembrar que a incapacidade dos arts. 3º e 4º do Código Civil é suprida pela representação, pela assistência ou pela autorização do juiz (ver CC, arts. 1.634, V; 1.691; 1.748 e 1.774).

5.2   Preço

Este **deverá ser sempre em dinheiro**, pois se for por outra forma poderá não ser um contrato de compra e venda, e sim uma troca. O preço também deve ser de valor significativo, isto é, que guarde uma certa equivalência com a coisa adquirida, pois se for de valor irrisório poderá caracterizar uma doação.

O preço **deverá ser fixado de comum acordo**, tendo em vista que se ficar a critério exclusivo de uma das partes não terá validade por ser cláusula potestativa, logo nula de pleno direito (CC, art. 489).[6]

Embora o preço deva ser, como regra geral, fixado pelas partes, nada impede possa ficar a critério de terceira pessoa que os contratantes logo designarem ou prometerem designar (CC, art. 485).[7] Pode também ser fixado a partir dos índices de mercado como, por exemplo, o da bolsa de mercadorias e futuros de São Paulo (CC, art. 486)[8] ou índice geral de preço da FGV (CC, art. 487).[9]

Por fim, o preço **deverá ser em moeda corrente nacional**, tendo em vista que é proibido fixar o preço em moeda estrangeira ou em ouro (CC, art. 318),[10] exceto nos casos expressamente autorizados por lei (importação por exemplo).

5.3   Coisa ou o objeto

É necessário que o vendedor tenha poder de disposição; que a coisa seja determinada, ou determinável, e que se trate de coisa que não esteja fora do comércio.

Dessa forma, não se pode celebrar compra e venda sobre coisas insusceptíveis de apropriação (venda de um terreno em Marte), nem sobre coisa legalmente

---

6. CC, Art. 489. Nulo é o contrato de compra e venda, quando se deixa ao arbítrio exclusivo de uma das partes a fixação do preço.

7. CC, Art. 485. A fixação do preço pode ser deixada ao arbítrio de terceiro, que os contratantes logo designarem ou prometerem designar. Se o terceiro não aceitar a incumbência, ficará sem efeito o contrato, salvo quando acordarem os contratantes designar outra pessoa.

8. CC, Art. 486. Também se poderá deixar a fixação do preço à taxa de mercado ou de bolsa, em certo e determinado dia e lugar.

9. CC, Art. 487. É lícito às partes fixar o preço em função de índices ou parâmetros, desde que suscetíveis de objetiva determinação.

10. CC, Art. 318. São nulas as convenções de pagamento em ouro ou em moeda estrangeira, bem como para compensar a diferença entre o valor desta e o da moeda nacional, excetuados os casos previstos na legislação especial.

inalienável (herança de pessoa vivia), bem como ninguém poderá transferir a outrem direito de que não seja titular (princípio basilar de direito).

A coisa também **deverá ser determinada ou pelo menos determinável** no momento do cumprimento do contrato. Admite-se, portanto, a compra e venda de coisa incerta, que deverá ser indicada ao menos pelo gênero e quantidade (CC, art. 243),[11] cuja indeterminação cessará quando da escolha. Da mesma forma, admite-se a venda alternativa, mas a indeterminação quanto ao modo de cumprimento cessará quando da concentração (CC, art. 252, *caput*).[12]

Atente-se ainda para o fato de ser perfeitamente possível e legal a **venda de coisa futura** (CC, art. 483).[13] Não confundir coisa futura com coisa aleatória. Futura é a coisa não existente no momento da celebração do contrato, mas que poderá vir a existir perfeitamente nos moldes avençados, como, por exemplo, a venda de um apartamento que ainda será construído. Tanto é assim que se a coisa não vier a existir o contrato será considerado nulo.

6. RESPONSABILIDADE DO VENDEDOR

O vendedor, além da responsabilidade no tocante à entrega do bem objeto da compra e venda, deverá também **responder pela boa utilização da coisa vendida**.

Assim, deverá se responsabilizar pelos vícios redibitórios (vícios ou defeitos ocultos), que a tornem imprópria ao uso a que é destinada, ou lhe diminuam o valor. (ver CC, arts. 441 a 446) e pela evicção (ver CC, arts. 447 a 457). Aliás, essas garantias independem de constar expressamente no contrato porquanto impostas por lei.

7. OUTRAS OBRIGAÇÕES DO VENDEDOR

Tendo em vista a autonomia da vontade, as partes podem pactuar de quem será a responsabilidade pelas despesas de contrato (CC, art. 490).[14] assim como

---

11. CC, Art. 243. A coisa incerta será indicada, ao menos, pelo gênero e pela quantidade.
12. CC, Art. 252. Nas obrigações alternativas, a escolha cabe ao devedor, se outra coisa não se estipulou.

    § 1º Não pode o devedor obrigar o credor a receber parte em uma prestação e parte em outra.

    § 2º Quando a obrigação for de prestações periódicas, a faculdade de opção poderá ser exercida em cada período.

    § 3º No caso de pluralidade de optantes, não havendo acordo unânime entre eles, decidirá o juiz, findo o prazo por este assinado para a deliberação.

    § 4º Se o título deferir a opção a terceiro, e este não quiser, ou não puder exercê-la, caberá ao juiz a escolha se não houver acordo entre as partes.
13. CC, Art. 483. A compra e venda pode ter por objeto coisa atual ou futura. Neste caso, ficará sem efeito o contrato se esta não vier a existir, salvo se a intenção das partes era de concluir contrato aleatório.
14. CC, Art. 490. Salvo cláusula em contrário, ficarão as despesas de escritura e registro a cargo do comprador, e a cargo do vendedor as da tradição.

LIÇÃO 11 • DO CONTRATO DE COMPRA E VENDA **97**

poderão reforçar, diminuir ou excluir a responsabilidade pela evicção (CC, art. 448),[15] bem como poderão inserir outras cláusulas alargando as responsabilidades do vendedor.

8. GARANTIA DO VENDEDOR

Embora o contrato de compra e venda seja sinalagmático e se suponha que a permuta seja simultânea, nem sempre isto é possível. Por isso o legislador, com o objetivo de aumentar a garantia do vendedor, estabeleceu que **só existirá a obrigação de entregar a coisa, após recebido o preço** (CC, art. 491).[16]

Quando tratar-se de venda a prazo, o vendedor poderá exigir maiores garantias antes de entregar a coisa, como, por exemplo, aval, hipoteca ou mesmo caução (CC, art. 477[17] c/c art. 495[18]).

9. LIMITAÇÃO À COMPRA E VENDA

Apesar da autonomia da vontade outorgada às pessoas, a lei impede a realização de determinados negócios em razão das pessoas envolvidas na compra e venda, por conta da relação dessas pessoas com o negócio que se pretende realizar.

São proibições de caráter ético visando garantir a lisura nos negócios jurídicos, evitando que pairem sobre o negócio realizado a dúvida quanto à idoneidade das pessoas envolvidas.

9.1 Venda de ascendente para descendente

Com o propósito de **evitar simulação fraudulenta**, pela qual se possa alterar a igualdade dos quinhões hereditários, a lei impõe condições a venda de ascendente para descendente. Quer dizer, a venda de pai para filho ou de avó para neto, por exemplo, poderá ser anulada se não houver manifestação de concordância de todos os possíveis interessados.

---

15. CC, Art. 448. Podem as partes, por cláusula expressa, reforçar, diminuir ou excluir a responsabilidade pela evicção.
16. CC, Art. 491. Não sendo a venda a crédito, o vendedor não é obrigado a entregar a coisa antes de receber o preço.
17. CC, Art. 477. Se, depois de concluído o contrato, sobrevier a uma das partes contratantes diminuição em seu patrimônio capaz de comprometer ou tornar duvidosa a prestação pela qual se obrigou, pode a outra recusar-se à prestação que lhe incumbe, até que aquela satisfaça a que lhe compete ou dê garantia bastante de satisfazê-la.
18. CC, Art. 495. Não obstante o prazo ajustado para o pagamento, se antes da tradição o comprador cair em insolvência, poderá o vendedor sobrestar na entrega da coisa, até que o comprador lhe dê caução de pagar no tempo ajustado.

Nesse caso, o negócio não é nulo, mas passível de anulação por provocação de qualquer um dos interessados. O prazo para propositura da ação visando declarar a nulidade é decadencial e será aquele de dois anos previsto no art. 179 do Código Civil, por inexistir norma específica.

Esse tipo de transação poderá ser plenamente válido desde logo, se contar com a expressa anuência dos demais herdeiros e do cônjuge (CC, art. 496).[19] Dispensa-se o consentimento do cônjuge se casados pelo regime de separação obrigatória de bens ou legal (ver CC, art. 1.641).

9.2 Compra por pessoa encarregada de zelar pelo interesse do vendedor

Nesse caso há uma proibição. Aqui se incluem os tutores, curadores, testamenteiros e outras pessoas encarregadas de zelar pelo interesse dos vendedores que ficam impedidos de adquirir aqueles bens que estejam sob sua administração (CC, art. 497).[20]

A **proibição é de caráter eminentemente ético** e não se restringe apenas às pessoas que estejam na administração dos bens envolvidos, atinge também outros possíveis interessados.

Há toda uma lógica para essa proibição, pois seria no mínimo duvidosa a lisura do procedimento se, por exemplo, um leiloeiro arrematasse um bem que ele mesmo levou a leilão. Da mesma forma, o perito que fez a avaliação do bem não poderá adquiri-lo, porquanto restará a suspeita de que tenha feito uma subavaliação visando seu próprio favorecimento.

A **proibição é absoluta** pouco importando se o adquirente pagou o preço justo ou não. Quer dizer, ainda que o comprador tenha agido com toda a lisura e seriedade, ainda assim o negócio estará contaminado pela nulidade.

---

19. CC, Art. 496. É anulável a venda de ascendente a descendente, salvo se os outros descendentes e o cônjuge do alienante expressamente houverem consentido.
    Parágrafo único. Em ambos os casos, dispensa-se o consentimento do cônjuge se o regime de bens for o da separação obrigatória

20. CC, Art. 497. Sob pena de nulidade, não podem ser comprados, ainda que em hasta pública:
    I – pelos tutores, curadores, testamenteiros e administradores, os bens confiados à sua guarda ou administração;
    II – pelos servidores públicos, em geral, os bens ou direitos da pessoa jurídica a que servirem, ou que estejam sob sua administração direta ou indireta;
    III – pelos juízes, secretários de tribunais, arbitradores, peritos e outros serventuários ou auxiliares da justiça, os bens ou direitos sobre que se litigar em tribunal, juízo ou conselho, no lugar onde servirem, ou a que se estender a sua autoridade;
    IV – pelos leiloeiros e seus prepostos, os bens de cuja venda estejam encarregados.
    Parágrafo único. As proibições deste artigo estendem-se à cessão de crédito.

LIÇÃO 11 • DO CONTRATO DE COMPRA E VENDA **99**

A proibição atinge também a cessão de crédito que tenha caráter oneroso (ver CC, art. 497, parágrafo único).

9.3 Venda por condômino de parte da coisa indivisa

O condômino tem a prerrogativa de dispor da coisa que é sua, porém, se for indivisa a propriedade, deverá oferecer primeiro aos demais condôminos, antes de poder vender sua quota-parte para terceiros estranhos ao condomínio (CC, art. 504).[21]

Se esse negócio for realizado à revelia dos demais coproprietários, o interessado poderá, no prazo de até 180 dias contados da data em que teve ciência, requerer ao juiz que lhe reconheça a preferência ou preempção (ver CC, arts. 513 a 520), depositando o preço equivalente ao que foi pago pelo estranho.

9.4 Venda entre marido e mulher

É também vedada a compra e venda entre marido e mulher que tenha por objeto bens que integrem a comunhão, tendo em vista que **ninguém pode adquirir o que já é seu**. Atente-se para o fato de que, com relação aos bens excluídos da comunhão (bens particulares de cada um dos cônjuges), nada obsta possa ser realizada essa operação (CC, art. 499).[22]

10. TIPOS ESPECIAIS DE COMPRA E VENDA

Podemos identificar no Código Civil duas modalidades de compra e venda que podemos chamar de especiais em face de suas peculiaridades no que se refere à forma pela qual vai se aperfeiçoar o negócio jurídico. Trata-se da venda por amostras e da venda *ad corpus* e *ad mesuram*; vejamos:

10.1 Venda por amostras

A venda por amostra é aquela realizada mediante apresentação pelo vendedor de uma amostra, um protótipo ou modelo cuja reprodução é exatamente

---

21. CC, Art. 504. Não pode um condômino em coisa indivisível vender a sua parte a estranhos, se outro consorte a quiser, tanto por tanto. O condômino, a quem não se der conhecimento da venda, poderá, depositando o preço, haver para si a parte vendida a estranhos, se o requerer no prazo de cento e oitenta dias, sob pena de decadência.

    Parágrafo único. Sendo muitos os condôminos, preferirá o que tiver benfeitorias de maior valor e, na falta de benfeitorias, o de quinhão maior. Se as partes forem iguais, haverão a parte vendida os comproprietários, que a quiserem, depositando previamente o preço.

22. CC, Art. 499. É lícita a compra e venda entre cônjuges, com relação a bens excluídos da comunhão.

igual à coisa que se pretender vender, com iguais características e qualidades, podendo ser apresentada em tamanho real ou em miniatura (CC, art. 484).[23]

Esse tipo de negócio é realizado com frequência em feiras e exposições, onde, por exemplo, um determinado fabricante expõe seus produtos, realiza a venda e promete que aquilo que vai ser entregue será exatamente igual ao que está expondo. Nesse mesmo tipo de venda se incluem aquelas realizadas por catálogos, modelos ou mesmo maquetes.

A coisa a ser entregue deverá ter perfeita identidade e qualidade em relação àquilo que foi demonstrado e que motivou a aquisição pelo adquirente, de sorte que o comprador poderá recusar a coisa se houver disparidades, sem prejuízo de eventuais perdas e danos.

Se a relação for de consumo, aplicam-se também as disposições do Código de Defesa do Consumidor (Lei nº 8.078/90), especialmente o art. 30, que dispõe que toda oferta ou publicidade obriga o fornecedor que a fizer veicular e integra o contrato a ser celebrado. Poderá também ser alegada a inadequação do produto em face da disparidade com as indicações constantes do recipiente ou de mensagens publicitárias, nos termos do art. 18 da lei consumerista.

10.2 Venda *ad corpus*

Na venda *ad corpus* (por inteiro), **o preço é estipulado em razão de um imóvel determinado**, independentemente de suas exatas dimensões, como, por exemplo, a compra da "Chácara do Sossego", do "Sítio da Morga" ou da "Fazenda Bonanza".

Há uma presunção, por assim dizer, de que o comprador adquiriu aquela área pelas suas próprias características de utilização e não pela metragem exata do terreno. Quer dizer, subentende-se que o adquirente vistoriou o imóvel, percorreu toda a sua extensão e verificou as divisas, de sorte que se satisfez com o que viu e conheceu, independentemente da metragem da área declarada.

Esse tipo de negócio é muito comum nas áreas rurais, até porque, em muitos casos, não se sabe com precisão se a área física corresponde às dimensões que se encontra na matrícula do imóvel.

Nesse tipo de venda, as medidas que constarão da escritura, assim como as referências e discriminação dos confrontantes, serão apenas enunciativas, ad-

---

23. CC, Art. 484. Se a venda se realizar à vista de amostras, protótipos ou modelos, entender-se-á que o vendedor assegura ter a coisa as qualidades que a elas correspondem.

Parágrafo único. Prevalece a amostra, o protótipo ou o modelo, se houver contradição ou diferença com a maneira pela qual se descreveu a coisa no contrato.

LIÇÃO 11 • DO CONTRATO DE COMPRA E VENDA **101**

mitindo-se variação entre o físico e o real. Significa dizer que, se for constatado *a posteriori* que o imóvel é menor do que a metragem que consta na escritura, isso não dará direito à indenização nem ao desfazimento do negócio (CC, art. 500, § 3º).[24]

10.3 Venda *ad mesuram*

Já a venda *ad mesuram* (por medida) **é aquela em que o preço é estipulado em razão das exatas dimensões da área do terreno**, como, por exemplo, o preço de X reais por alqueire, ou por hectare ou por metros quadrados.

Nesse caso, se posterior vistoria constatar disparidade entre o enunciado na escritura e a área física, o comprador poderá exigir do vendedor a complementação da área (ação *ex empto*), ou, se isso não for possível, de duas uma: reclamar o abatimento proporcional no preço (ação *quanti minoris*), ou poderá resolver o contrato, com a devolução do que pagou devidamente atualizado e corrigido (ação redibitória) e, se provar a má-fé do vendedor, reclamar também perdas e danos (ver CC, art. 500, *caput*).

A diferença de dimensão que autoriza reclamar precisa ser significativa, pois, se ela for de até 5% (cinco por cento), só autoriza o desfazimento se o comprador provar que não teria realizado o negócio se soubesse de tais circunstâncias (ver CC, art. 500, § 1º).

Por óbvio que, se a situação for inversa, isto é, a área for maior, o comprador é que terá direito de pleitear a complementação do preço ou a devolução da área excedente, tudo com fundamento na proibição do enriquecimento sem causa (CC, art. 884, *caput*),[25] porém deverá provar, e isso é ônus seu, que desconhecia essa circunstância (CC, art. 500, § 2º).

---

24. CC, Art. 500. Se, na venda de um imóvel, se estipular o preço por medida de extensão, ou se determinar a respectiva área, e esta não corresponder, em qualquer dos casos, às dimensões dadas, o comprador terá o direito de exigir o complemento da área, e, não sendo isso possível, o de reclamar a resolução do contrato ou abatimento proporcional ao preço.

    § 1º Presume-se que a referência às dimensões foi simplesmente enunciativa, quando a diferença encontrada não exceder de um vigésimo da área total enunciada, ressalvado ao comprador o direito de provar que, em tais circunstâncias, não teria realizado o negócio.

    § 2º Se em vez de falta houver excesso, e o vendedor provar que tinha motivos para ignorar a medida exata da área vendida, caberá ao comprador, à sua escolha, completar o valor correspondente ao preço ou devolver o excesso.

    § 3º Não haverá complemento de área, nem devolução de excesso, se o imóvel for vendido como coisa certa e discriminada, tendo sido apenas enunciativa a referência às suas dimensões, ainda que não conste, de modo expresso, ter sido a venda *ad corpus*.

25. CC, Art. 884. Aquele que, sem justa causa, se enriquecer à custa de outrem, será obrigado a restituir o indevidamente auferido, feita a atualização dos valores monetários.

Em ambos os casos, vendedor ou comprador, decaem do direito de ação no prazo de um ano a contar do registro do título. Quando tratar-se do comprador, esse prazo poderá ser contado da imissão na posse se houve atraso atribuível ao alienante (CC, art. 501).[26]

11. CLÁUSULAS ESPECIAIS DE COMPRA E VENDA

Ainda dentro do campo da liberdade outorgada às partes, é possível acrescer no contrato de compra e venda cláusulas incidentais, condicionando seus efeitos a evento futuro e incerto.

Dentre estas, o Código Civil disciplina a retrovenda, a venda a contento, a venda sujeita a prova, a preempção ou preferência, a venda com reserva de domínio e a venda sobre documentos.

Vejamos cada uma dessas modalidades.

11.1 Retrovenda

É uma cláusula acessória pela qual **aquele que vendeu um imóvel se reserva o direito de resgatar a coisa**, no prazo máximo de três anos, desde que pague o preço e reembolse todas as despesas realizadas pelo adquirente, bem como as benfeitorias necessárias que tenham sido realizadas (CC, art. 505).[27]

É o chamado direito de retrato, ou seja, direito de desfazer a venda realizada, retornando as partes ao *status* anterior. Esta cláusula acaba por significar que a venda é resolúvel (cláusula resolutiva expressa).

O prazo máximo para exercício desse direito é de três anos, que é decadencial, podendo ser fixado em menor espaço de tempo se as partes assim desejarem.

Na eventualidade de recusa pelo comprador em receber a quantia de volta e desfazer o negócio, o vendedor deverá ingressar em juízo e, depositando o preço, reivindicar o domínio do imóvel (CC, art. 506).[28]

Parágrafo único. Se o enriquecimento tiver por objeto coisa determinada, quem a recebeu é obrigado a restituí-la, e, se a coisa não mais subsistir, a restituição se fará pelo valor do bem na época em que foi exigido.

26. CC, Art. 501. Decai do direito de propor as ações previstas no artigo antecedente o vendedor ou o comprador que não o fizer no prazo de um ano, a contar do registro do título.

    Parágrafo único. Se houver atraso na imissão de posse no imóvel, atribuível ao alienante, a partir dela fluirá o prazo de decadência.

27. CC, Art. 505. O vendedor de coisa imóvel pode reservar-se o direito de recobrá-la no prazo máximo de decadência de três anos, restituindo o preço recebido e reembolsando as despesas do comprador, inclusive as que, durante o período de resgate, se efetuaram com a sua autorização escrita, ou para a realização de benfeitorias necessárias.

28. CC, Art. 506. Se o comprador se recusar a receber as quantias a que faz jus, o vendedor, para exercer o direito de resgate, as depositará judicialmente.

LIÇÃO 11 • DO CONTRATO DE COMPRA E VENDA **103**

Esse direito de resgate pode ser exercido pelo próprio contratante ou por seus herdeiros e legatários (CC, art. 507)[29] e, se mais de uma pessoa tiver o direito de retrato e só uma delas o exercer, deverá o comprador notificar as demais para com elas acordarem, ou não, prevalecendo o pacto em favor de quem haja efetuado o depósito, desde que integral (CC, art. 508).[30]

11.2 Venda a contento e venda sujeita à prova

A venda a contento, também chamada cláusula *ad gustum*, é um tipo de contrato de compra e venda que **não se aperfeiçoa pela tradição, mas sim pela manifestação de concordância do comprador**, desde que a coisa lhe tenha sido de seu agrado. Significa dizer que é uma venda sob condição suspensiva que não se considerará perfeita enquanto o adquirente não manifestar que a coisa tenha lhe agradado (CC, art. 509).[31]

Também a venda sujeita à prova ou experimentação é um tipo de cláusula que condiciona os efeitos do contrato a que o produto tenha as qualidades asseguradas pelo vendedor e seja apto aos fins aos quais se destina (CC, art. 510).[32] Quer dizer, há uma presunção de que a coisa atenda o gosto do cliente se possuir as qualidades anunciadas, desde que ela seja adequada aos fins a que se destina. Aos desatentos poderá parecer que esse tipo de venda só estaria perfeito quando a mercadoria fosse do gosto e agrado pessoal do adquirente, mas não é isso. A mercadoria atenderá suas finalidades se contiver as qualidades apregoadas pelo vendedor e a mesma seja apta aos fins a que se destina.

Em ambos os casos, **enquanto o comprador não manifestar sua concordância, a venda estará em suspenso** (condição suspensiva), de sorte que a simples tradição não terá o condão de transferir a propriedade.

Esse tipo de pacto acessório é utilizado principalmente para negócios envolvendo gênero alimentício, bebidas finas e roupas sob medida. Trata-se de cláusula especial sujeita à aprovação do adquirente.

Parágrafo único. Verificada a insuficiência do depósito judicial, não será o vendedor restituído no domínio da coisa, até e enquanto não for integralmente pago o comprador.

29. CC, Art. 507. O direito de retrato, que é cessível e transmissível a herdeiros e legatários, poderá ser exercido contra o terceiro adquirente.

30. CC, Art. 508. Se a duas ou mais pessoas couber o direito de retrato sobre o mesmo imóvel, e só uma o exercer, poderá o comprador intimar as outras para nele acordarem, prevalecendo o pacto em favor de quem haja efetuado o depósito, contanto que seja integral.

31. CC, Art. 509. A venda feita a contento do comprador entende-se realizada sob condição suspensiva, ainda que a coisa lhe tenha sido entregue; e não se reputará perfeita, enquanto o adquirente não manifestar seu agrado.

32. CC, Art. 510. Também a venda sujeita a prova presume-se feita sob a condição suspensiva de que a coisa tenha as qualidades asseguradas pelo vendedor e seja idônea para o fim a que se destina.

Atente-se para o seguinte detalhe: mesmo tendo recebido a mercadoria, o comprador será mero comodatário até que manifeste sua aceitação (CC, art. 511)[33] e, se não houver prazo estipulado para essa manifestação, o vendedor poderá intimá-lo, judicial ou extrajudicialmente, para que o faça em determinado prazo (CC, art. 512).[34]

Ambos os institutos são similares, porém há uma diferença fundamental entre eles. Na venda a contento o negócio só se aperfeiçoará quando o comprador manifestar seu agrado (condição suspensiva de caráter subjetiva). No tocante à venda sujeita à prova, essa subjetividade desaparece porque o critério não será o agrado do comprador, mas a certeza de que a coisa tem as qualidades apregoadas e que ela se destina adequadamente aos fins anunciados (condição suspensiva de caráter objetivo).

11.3 Preempção ou direito de preferência

Também chamado de prelação, é o pacto acessório pelo qual o comprador de coisa móvel ou imóvel se obriga a oferecer a coisa, primeiramente ao vendedor, tanto por tanto, na eventual hipótese de futuramente pretender vendê-la ou dar em pagamento (CC, art. 513, *caput*).[35]

De forma objetiva: é o direito do vendedor de ser preferido em igualdade de condições com qualquer outro terceiro, na eventualidade do atual adquirente pretender, no futuro, vender ou dar a coisa adquirida em pagamento.

O prazo para o exercício desse direito é limitado a 180 dias para coisa móvel e de dois anos para os imóveis (ver CC, art. 513, parágrafo único).

As condições para o exercício desse direito ficam subordinadas a que o atual comprador queira futuramente vender a coisa adquirida e que o atual vendedor, ou seja, o ex-dono, queira comprar e se disponha a pagar o mesmo preço pelo qual o bem foi oferecido a terceiro (CC, arts. 514 e 515). Perderá o direito ao exercício desse direito o vendedor que notificado não se manifestar no prazo de três dias em se tratando de coisa móvel ou de 60 dias quando se tratar de imóvel (CC, art. 516).[36]

---

33. CC, Art. 511. Em ambos os casos, as obrigações do comprador, que recebeu, sob condição suspensiva, a coisa comprada, são as de mero comodatário, enquanto não manifeste aceitá-la.

34. CC, Art. 512. Não havendo prazo estipulado para a declaração do comprador, o vendedor terá direito de intimá-lo, judicial ou extrajudicialmente, para que o faça em prazo improrrogável.

35. CC, Art. 513. A preempção, ou preferência, impõe ao comprador a obrigação de oferecer ao vendedor a coisa que aquele vai vender, ou dar em pagamento, para que este use de seu direito de prelação na compra, tanto por tanto.

    Parágrafo único. O prazo para exercer o direito de preferência não poderá exceder a cento e oitenta dias, se a coisa for móvel, ou a dois anos, se imóvel.

36. CC, Art. 514. O vendedor pode também exercer o seu direito de prelação, intimando o comprador, quando lhe constar que este vai vender a coisa.

    CC, Art. 515. Aquele que exerce a preferência está, sob pena de a perder, obrigado a pagar, em condições iguais, o preço encontrado, ou o ajustado.

Aspecto importante que devemos mencionar é o fato de que, **se o comprador desrespeitar o pacto de preferência, só restará ao vendedor a possibilidade de processá-lo por perdas e danos**, podendo eventualmente o adquirente ser solidariamente responsabilizado se procedeu com má-fé (CC, art. 518).[37] Quer dizer, se o negócio já foi realizado com terceiro, não existe a possibilidade de retomada do imóvel.

Existem duas espécies de preferência: a convencional, que é a mais comum e a que nos interessa; e a legal, representada pela desapropriação pelo poder público que, em não vindo a utilizar o bem para a finalidade expropriativa, concede ao expropriado o direito de preferência em reaver o imóvel (CC, art. 519).[38]

O **direito de preferência pode ser chamado de personalíssimo**, tendo em vista que o Código expressamente veda sua transmissibilidade por ato *inter vivos* ou *mortis causa* (CC, art. 520).[39]

11.4 Venda com reserva de domínio

Na venda com reserva de domínio, **o vendedor transmite a posse direta do bem móvel e conserva para si o domínio** e a posse indireta da coisa até que receba o preço (CC, art. 521).[40]

Para sua validade, a cláusula deverá estar expressa no contrato e exige-se seja o contrato levado a registro no Cartório de Títulos e Documentos do domicílio do comprador (CC, art. 522)[41] e que a coisa seja perfeitamente individuada e infungível (CC, art. 523).[42]

No eventual inadimplemento do comprador, abrem-se para o vendedor duas possibilidades: pleitear o recebimento das prestações vencidas e vincendas

---

CC, Art. 516. Inexistindo prazo estipulado, o direito de preempção caducará, se a coisa for móvel, não se exercendo nos três dias, e, se for imóvel, não se exercendo nos sessenta dias subsequentes à data em que o comprador tiver notificado o vendedor.

37. CC, Art. 518. Responderá por perdas e danos o comprador, se alienar a coisa sem ter dado ao vendedor ciência do preço e das vantagens que por ela lhe oferecem. Responderá solidariamente o adquirente, se tiver procedido de má-fé.

38. CC, Art. 519. Se a coisa expropriada para fins de necessidade ou utilidade pública, ou por interesse social, não tiver o destino para que se desapropriou, ou não for utilizada em obras ou serviços públicos, caberá ao expropriado direito de preferência, pelo preço atual da coisa.

39. CC, Art. 520. O direito de preferência não se pode ceder nem passa aos herdeiros.

40. CC, Art. 521. Na venda de coisa móvel, pode o vendedor reservar para si a propriedade, até que o preço esteja integralmente pago.

41. CC, Art. 522. A cláusula de reserva de domínio será estipulada por escrito e depende de registro no domicílio do comprador para valer contra terceiros.

42. CC, Art. 523. Não pode ser objeto de venda com reserva de domínio a coisa insuscetível de caracterização perfeita, para estremá-la de outras congêneres. Na dúvida, decide-se a favor do terceiro adquirente de boa-fé.

ou considerar o contrato rescindido e propor ação de reintegração de posse (CC, art. 526).[43] Cabe alertar que antes de exercer esse direito o vendedor deverá constituir o devedor em mora pelo protesto do título ou pela interpelação judicial (CC, art. 525).[44]

Características que se destacam no contrato com cláusula de reserva de domínio: só se aplica à venda a prazo; deve recair sobre objeto perfeitamente individualizado; independentemente do recebimento do preço, tão logo firmado o contrato, obriga-se o vendedor a entregar a posse ao comprador; obrigação do vendedor de transferir o domínio ao comprador, tão logo sejam quitadas todas as prestações.

Outro aspecto que releva comentar é que, embora a propriedade permaneça com o vendedor até que o preço seja integralizado, **o comprador é quem responde pelos riscos da coisa** desde o momento em que lhe foi entregue a posse (CC, art. 524).[45]

11.5   Venda sobre documento

É uma modalidade de contrato de compra e venda pela qual **o vendedor não entrega a coisa**, mas sim o documento que autoriza o comprador a retirar a coisa onde ela estiver (CC, art. 529).[46]

Assim, **a tradição é ficta**, pois o vendedor recebe o preço e não entrega coisa, mas um documento que autoriza o comprador a se apossar da coisa onde ela estiver (CC, art. 530).[47]

Entregue o documento ao comprador, o contrato de compra e venda estará aperfeiçoado, liberando-se o vendedor do dever de entregar a coisa que deverá

---

43. CC, Art. 526. Verificada a mora do comprador, poderá o vendedor mover contra ele a competente ação de cobrança das prestações vencidas e vincendas e o mais que lhe for devido; ou poderá recuperar a posse da coisa vendida.

44. CC, Art. 525. O vendedor somente poderá executar a cláusula de reserva de domínio após constituir o comprador em mora, mediante protesto do título ou interpelação judicial.

45. CC, Art. 524. A transferência de propriedade ao comprador dá-se no momento em que o preço esteja integralmente pago. Todavia, pelos riscos da coisa responde o comprador, a partir de quando lhe foi entregue.

46. CC, Art. 529. Na venda sobre documentos, a tradição da coisa é substituída pela entrega do seu título representativo e dos outros documentos exigidos pelo contrato ou, no silêncio deste, pelos usos.

    Parágrafo único. Achando-se a documentação em ordem, não pode o comprador recusar o pagamento, a pretexto de defeito de qualidade ou do estado da coisa vendida, salvo se o defeito já houver sido comprovado.

47. CC, Art. 530. Não havendo estipulação em contrário, o pagamento deve ser efetuado na data e no lugar da entrega dos documentos.

LIÇÃO 11 • DO CONTRATO DE COMPRA E VENDA **107**

ser exigida pelo comprador de um terceiro, normalmente, um armazém ou um depositário.

Pode ser intermediada por estabelecimento bancário, que verifica os documentos e paga pelo débito do comprador, sem se responsabilizar pela coisa vendida (CC, art. 532).[48]

Essa cláusula só pode ser inserida em contratos que envolvam coisas móveis, cuja tradição será representada por um título que, ao mesmo tempo, servirá como instrumento hábil a transferir o domínio da coisa. Por conseguinte, a entrega do documento acarreta a transferência dos riscos para o comprador mesmo antes de ele se apossar da coisa objeto da transação.

É um tipo de contrato muito utilizado nas transações internacionais.

> **Exemplo:** o vendedor importa determinado lote de produtos e, tendo desembaraçado a mercadoria importada, deixa-a depositada em um armazém. Ao vender esses produtos, entregará ao comprador o documento que autoriza o mesmo a retirar a mercadoria no depósito.

---

48. CC, Art. 532. Estipulado o pagamento por intermédio de estabelecimento bancário, caberá a este efetuá-lo contra a entrega dos documentos, sem obrigação de verificar a coisa vendida, pela qual não responde.

    Parágrafo único. Nesse caso, somente após a recusa do estabelecimento bancário a efetuar o pagamento, poderá o vendedor pretendê-lo, diretamente do comprador.

Lição 12
DA TROCA OU PERMUTA

Sumário: 1. Conceito de troca ou permuta – 2. Característica – 3. Natureza jurídica – 4. Diferenças com relação à compra e venda.

1. CONCEITO DE TROCA OU PERMUTA

Troca ou permuta é o contrato pelo qual as partes contratantes assumem a obrigação de entregar uma coisa, recebendo outra como contrapartida, que não seja exclusivamente dinheiro.

Assim, a troca poderá abranger dois ou mais bens de valores e espécies diferentes. Pode ser um imóvel por outros bens móveis; ou, bens por direitos; coisa corpórea por coisa incorpórea etc.

Quando não há equivalência entre os bens permutados, abre-se para os contratantes duas possibilidades:

a) **Complementa com dinheiro:**

Esta é forma mais comum de buscar-se a equivalência quando uma das partes cujo bem é de valor inferior completa a diferença em dinheiro.

Exemplo: Juka Bill vai até uma loja de veículos usados e propõe trocar seu Monza 82 por uma Saveiro 90. O vendedor concorda, mas diz que ele deverá dar, além do Monza, uma torna de R$ 5.000,00.

b) **Entrega outro bem em complemento:**

Poderá também ocorrer de a troca ter como interesse dois bens determinados e a disparidade de valor ser resolvida com a entrega de um ou mais bens para complementar.

Exemplo: Jojolino quer trocar sua motocicleta pelo Monza 82 de Juka Bill. Os dois têm interesse na troca, porém Juka diz que em face do valor do seu automóvel a troca estará feita se Jojolino entregar também seu imóvel localizado na cidade de Caraca's.

2. CARACTERÍSTICA

Assemelha-se à compra e venda, diferindo apenas no que diz respeito à prestação de cada uma das partes, que não pode envolver exclusivamente dinheiro.

O que diferencia mesmo o contrato de compra e venda do contrato de troca são os valores em dinheiro de torna que uma das partes deva entregar a outra. Se numa determinada troca as partes acordam que o bem mais valioso custa R$ 20.000,00, e o outro a ser trocado por ele custa R$ 5.000,00, e a diferença deve ser entregue em dinheiro, temos que essa diferença é de R$ 15.000,00. Diante disso, podemos dizer que essa transação, a bem verdade, é uma compra e venda, e não uma troca.

Assim, se além da entrega do bem uma das partes deve pagar de diferença um valor inferior a 50% do valor da transação, estaremos diante de uma troca. Se o valor da torna for maior que 50%, diremos que é uma compra e venda.

3. NATUREZA JURÍDICA

A troca tem a mesma natureza jurídica da compra e venda, tanto é assim que o legislador manda aplicar à troca tudo aquilo que for aplicado à compra e venda (CC, art. 533).[1]

Assim, o contrato de troca ou permuta é negócio consensual, sinalagmático ou bilateral, oneroso, em regra comutativo (exceto os aleatórios) normalmente não solene (exceto quando a lei determinar uma forma).

4. DIFERENÇAS COM RELAÇÃO À COMPRA E VENDA

Muito embora os dois institutos sejam bastante assemelhados, o próprio Código Civil aponta duas exceções, bem como a doutrina aponta mais duas, quais sejam:

a) **Despesas de contrato:**

Cada uma das partes contratantes pagará metade das despesas do contrato, salvo disposição em contrário (ver CC, art. 533, I).

---

1. CC, Art. 533. Aplicam-se à troca as disposições referentes à compra e venda, com as seguintes modificações:

   I – salvo disposição em contrário, cada um dos contratantes pagará por metade as despesas com o instrumento da troca;

   II – é anulável a troca de valores desiguais entre ascendentes e descendentes, sem consentimento dos outros descendentes e do cônjuge do alienante.

b) Troca de ascendentes com descendentes:

Prescreve o *Civile Codex* que é anulável a troca de bens cujos valores sejam desiguais entre ascendentes e descendentes, sem consentimento dos demais descendentes e do cônjuge do alienante (ver CC, art. 533, II).

c) Diferenças apontadas pela doutrina:

I) Na troca, ambas as prestações são em espécie (coisas são trocadas), enquanto na compra e venda a prestação do comprador é em dinheiro ou em dinheiro e outra coisa (a entrega do dinheiro seria um complemento ao pagamento feito mediante a entrega de uma coisa em valor menor ao da prestação estipulada).

II) Na compra e venda, o vendedor, uma vez entregue a coisa vendida, não poderá pedir-lhe a devolução no caso de não ter recebido o preço, enquanto na troca o tradente terá o direito de repetir o que deu se a outra parte não lhe entregar o objeto permutado.[2]

---

2. TARTUCE, Flávio. Teoria Geral dos Contratos e Contratos em Espécie", 2ª ed. São Paulo: Método, 2007, p. 288/289.

Lição 13
DO CONTRATO ESTIMATÓRIO (VENDA EM CONSIGNAÇÃO)[1]

Sumário: 1. Conceito – 2. Campo de utilização do instituto – 3. Importância para as partes – 4. Natureza jurídica – 5. Relação jurídica entre consignante e consignatário – 6. Distinção do contrato estimatório com outros contratos afins – 7. Responsabilidade pelo perecimento ou deterioração da coisa consignada – 8. Peculiaridades.

1. CONCEITO

Contrato estimatório, também conhecido como **"venda em consignação"**, é o contrato pelo qual o consignante (dono), conservando o seu domínio sobre a coisa, entrega um bem móvel de sua propriedade ao consignatário (vendedor), para que este proceda às tratativas necessárias à sua venda num determinado prazo, pelo preço mínimo previamente estimado pelo consignante, ou então, no caso de não conseguir vendê-lo, devolva-o ao proprietário consignante, ou ainda, caso tenha interesse, realize a compra para si próprio (CC, art. 534).[2]

A finalidade principal desse tipo de contrato é o consignatário receber o bem para vendê-lo para terceiros pelo preço ajustado com o consignante acrescido de uma comissão que será a sua remuneração. Isso é o que mais comumente acontece, porém nada impede que ele se interesse pelo bem e resolva adquiri-lo para si, pagando o preço fixado pelo consignante.

---

1. Para uma compreensão mais aprofundada do instituto, sugerimos a leitura de um artigo minucioso sobre o tema, escrito pelo nosso querido amigo Des. Carlos Alberto Garbi, disponível no *site* do TJSP em: <http://www.tjsp.jus.br/Institucional/SecaoDireitoPrivado/Doutrina/Doutrina.aspx?ID=526&f=7>.
2. CC, Art. 534. Pelo contrato estimatório, o consignante entrega bens móveis ao consignatário, que fica autorizado a vendê-los, pagando àquele o preço ajustado, salvo se preferir, no prazo estabelecido, restituir-lhe a coisa consignada.

2. CAMPO DE UTILIZAÇÃO DO INSTITUTO

É um contrato muito utilizado na vida cotidiana por particulares que pretendem vender algum tipo de bem e para isso procuram um comerciante especialista naquele tipo de produto e ali deixam o bem em exposição para venda, seja um automóvel, uma obra de arte, um instrumento musical, livros, enfim, qualquer tipo de bens móveis. Vejamos os exemplos:

> **Exemplo 1:** Jojolino deixa um veículo Monza 82 de sua propriedade em consignação numa loja de veículos usados, a fim de que os vendedores negociem o carro pelo preço mínimo de R$ 50.000,00.

> **Exemplo 2:** Setembrina deixa um quadro de arte consignado em restaurante/churrascaria, a fim de que os consumidores que frequentam o local negociem sua compra diretamente com o dono do estabelecimento, pelo preço mínimo pré-ajustado de R$ 500,00.

Também é muito utilizado por empresas que, desejando dar maior visibilidade a seus produtos, propõem deixá-los em consignação em revendedores que somente irão pagar pelos produtos depois que eles forem vendidos.

> **Exemplo 3:** a empresa "Treckos e Tralhas & Cia. Ltda." deixa em consignação em seus revendedores sua mais recente novidade, o "moedor de sal grosso".

3. IMPORTÂNCIA PARA AS PARTES

Este tipo de contrato é importante para ambas as partes, pois no mais das vezes permite ganhos e vantagens que as partes não teriam fora desse tipo de pactuação, senão vejamos:

a) **Para o consignante:**

> É importante porque no mais das vezes ele não exerce atividade empresarial, de sorte que consignando a coisa terá pelo menos três vantagens: não necessitará investir na promoção e venda; o produto terá uma vitrine de maior visibilidade do que se ficasse exposto em sua casa ou empresa; e, não correrá risco de visitas indesejáveis em sua casa/empresa sob o mote de interesse pela coisa.

b) **Para o consignatário:**

> Também é importante para o consignatário, normalmente um empresário e profissional das relações de mercado, que terá mais produtos em exposição sem a necessidade de investir recursos financeiros para

LIÇÃO 13 • DO CONTRATO ESTIMATÓRIO (VENDA EM CONSIGNAÇÃO) **115**

promover sua atividade, podendo obter proveito econômico através da diferença do preço estimado com o preço pago pelo comprador, ou ainda no final, se infrutíferas as negociações, restituir a coisa ao proprietário sem ônus algum.

4. NATUREZA JURÍDICA

É um contrato **oneroso**, pois propicia vantagens pecuniárias para ambas as partes; **bilateral**, na medida em que gera efeitos tanto para o consignante quanto para o consignatário; **comutativo**, tendo em vista que a prestação e a contraprestação são previamente determinadas; **não solene**, pois não se exige nenhuma forma especial para sua celebração; e de natureza **real**, tendo em vista que só se aperfeiçoa mediante a tradição da coisa.

5. RELAÇÃO JURÍDICA ENTRE CONSIGNANTE E CONSIGNATÁRIO

A relação jurídica que se estabelece entre consignante e consignatário é muito interessante porque subverte alguns conceitos jurídicos tradicionais; senão vejamos:

a) **Propriedade e posse da coisa consignada:**

O consignante continua sendo o proprietário da coisa consignada, mesmo após a sua tradição em favor do consignatário, que, por outro lado, adquire a posse direta do bem, com a faculdade de vender a quem quiser.

b) **Retomada do bem antes do prazo:**

Se o proprietário pretender, por qualquer que seja a razão, retirar a coisa da consignação antes do prazo contratado, o consignatário tem o direito de se negar a devolver e, se for o caso, poderá ajuizar ação de manutenção de posse para afastar a pretensão do consignante.

c) **Direito de disposição:**

Iremos estudar em direitos reais que o proprietário tem o direito de usar (*ius utendi*), gozar (*ius fruendi*) e dispor (*ius abutendi* ou *ius disponendi*) da coisa de sua propriedade. Ocorre que, após firmar o contrato de consignação, apesar de permanecer proprietário da coisa até ela ser efetivamente vendida ou devolvida, o consignante perde temporariamente o poder de disposição da coisa (CC, arts. 537).[3]

---

3. CC, Art. 537. O consignante não pode dispor da coisa antes de lhe ser restituída ou de lhe ser comunicada a restituição.

d) Liberdade de negociação do consignatário:

Ainda por decorrência da transferência temporária do direito de disposição da coisa, o consignante não pode intervir na atuação negocial do consignatário, que tem plena liberdade de realizar o negócio com quem bem lhe aprouver e da forma como lhe pareça melhor.

e) Perda ou deterioração da coisa:

Quem deverá arcar com os prejuízos da perda ou perecimento da coisa consignada é o consignatário, sendo essa uma exceção à regra do *res perit domino* (CC, art. 535).[4]

f) Impossibilidade de constrição por credores do consignatário:

Embora o consignatário possa dispor da coisa como se sua fosse, ele não é proprietário, apenas detém a posse. Sendo assim, seus credores não podem realizar a penhora ou o sequestro da coisa consignada, a não ser que o consignatário tenha exercido anteriormente a opção de compra e tenha pagado integralmente o preço ao consignante (CC, art. 536).[5]

6. DISTINÇÃO DO CONTRATO ESTIMATÓRIO COM OUTROS CONTRATOS AFINS

O contrato de consignação tem muita semelhança com outros contratos afins, tais como com a comissão, com o mandato, com a compra e venda e com o depósito. Vejamos cada uma delas.

a) Diferença com o contrato de comissão:

No contrato de comissão, o comissário em momento algum se compromete a comprar as mercadorias consigo depositadas, ao passo que na venda por consignação o consignatário pode comprar o bem para si.

b) Diferença com o contrato de mandato:

Também se diferencia do mandato porque neste o mandatário atua em nome do mandante; enquanto que na venda por consignação o consignatário atua em nome próprio, apresentando-se perante a terceiros como se fosse dono da coisa. Além disso, o consignatário terá direito à diferença entre o preço de venda e a estimativa feita pelo consignante, de sorte que o sobrepreço lhe pertence, algo não admissível no mandato.

---

4. CC, Art. 535. O consignatário não se exonera da obrigação de pagar o preço, se a restituição da coisa, em sua integridade, se tornar impossível, ainda que por fato a ele não imputável.
5. CC, Art. 536. A coisa consignada não pode ser objeto de penhora ou sequestro pelos credores do consignatário, enquanto não pago integralmente o preço.

LIÇÃO 13 • DO CONTRATO ESTIMATÓRIO (VENDA EM CONSIGNAÇÃO)

c) **Diferença com o contrato de compra e venda:**

Na compra e venda, o comprador trata diretamente com o vendedor ou com seu representante, recebendo deste a coisa adquirida. No contrato estimatório, o consignante transfere o poder de disposição da coisa para o consignatário, que poderá proceder à venda para terceiro, transferindo-lhe em caráter definitivo a posse e o domínio da coisa consignada. Além disso, na compra e venda é obrigação do comprador pagar o preço; na consignação, pagar o preço é uma opção do consignatário se desejar ficar com a coisa, findo o contrato.

Atenção: apenas circunstancialmente é que pode ocorrer a compra e venda, quando o consignatário optar por adquiri-la do consignante.

d) **Diferença com o contrato de depósito:**

No depósito a devolução do bem depositado é obrigatória em qualquer tempo, enquanto que na consignação a devolução é uma opção do consignatário.

7. RESPONSABILIDADE PELO PERECIMENTO OU DETERIORAÇÃO DA COISA CONSIGNADA

O consignatário assume todos os riscos sobre o perecimento ou deterioração da coisa consignada. Mesmo que a causa não decorra de nenhuma participação sua, como no caso fortuito ou de força maior (ver CC, art. 535). Quer dizer, a **responsabilidade é objetiva e integral**, pois não há excludentes.

Tal responsabilidade é imposta ao consignatário com a finalidade de evitar fraudes ou simulações, como, por exemplo, incêndio ou roubo proposital de um veículo.

Por isso é de todo recomendável que o consignatário faça o seguro da coisa consignada.

8. PECULIARIDADES

O contrato estimatório tem algumas vicissitudes, algumas delas já abordadas no texto acima, porém vale registrar as seguintes:

a) **Histórico legislativo:**

Este instituto não tinha previsão no Código Civil de 1916. A prática negocial reiterada desse tipo de negócio jurídico fez com que os elaboradores do Código Civil de 2002 criassem um regramento legal para o contrato estimatório. Sua inspiração foi o Código Civil Italiano, que regula essa matéria em seus arts. 1.556 a 1.558.

b) **Sua aplicação:**

O contrato estimatório apenas é possível para a negociação de coisas móveis e o exemplo mais marcante de utilização é na venda de automóveis.

c) **Responsabilidade pela não venda:**

Não há nenhuma responsabilidade para o consignatário pela não realização da venda do objeto consignado, bem como pela sua devolução ao consignante. Há toda uma lógica nisso, pois o consignatário não pode ser responsabilizado por não ter encontrado comprador, mesmo que se argumente que ele não se empenhou para isso.

d) **Uso da coisa consignada:**

O consignatário não poderá fazer uso da coisa consignada sob pena de rescisão do contrato e devolução imediata da coisa e eventuais perdas e danos. Mesmo o consignatário sendo responsável pela perda ou deterioração da coisa, entendemos que ele não pode usar da coisa consignada porque não é essa a finalidade do instituto.

e) **Prazo do contrato:**

Pode ser firmado o contrato de consignação por prazo certo, mas nada obsta seja realizado por prazo indeterminado, quando então caberá às partes notificar a outra quando pretenderem finalizá-lo.

f) **Confiança:**

Embora não seja um contrato de caráter personalíssimo, é um contrato que deve ser estribado na confiança, especialmente na pessoa do consignatário, pois, tendo ele a possibilidade de vender a coisa para posterior entrega do preço ao consignante, poderá fazer uso desse dinheiro e acabar por não conseguir cumprir com sua obrigação.

Lição 14
DA DOAÇÃO

Sumário: 1. Conceito – 2. Natureza jurídica – 3. Aceitação – 4. Espécies de doação – 5. Limites à liberdade de doar – 6. Revogação da doação – 7. Promessa de doação – 8. Liberalidade *versus* doação – 9. Algumas peculiaridades.

1. CONCEITO

O próprio Código Civil nos fornece o conceito de doação quando diz ser o contrato pelo qual uma pessoa, por liberalidade, transfere do seu patrimônio bens ou vantagens para o de outra, que a aceita (art. 538).[1]

Pelo texto legal, verifica-se que podem ser objeto de doação quaisquer bens, direitos e vantagens, de sorte a afirmar que pode recair em qualquer coisa que tenha expressão econômica ou passível de estimativa econômica. Assim, pode recair sobre coisas móveis ou imóveis, materiais ou imateriais, consumíveis ou inconsumíveis.

Para fazer doação, exige-se que a parte tenha capacidade civil, como de resto para qualquer outro tipo de negócio jurídico. Já para ser beneficiário não existem restrições, podendo ser donatários todos os que tenham capacidade civil, sejam pessoas físicas ou jurídicas, bem como o nascituro (CC, art. 542),[2] os absolutamente incapazes (CC, art. 543)[3] e até mesmo a prole eventual de um determinado casal (CC, art. 546).[4]

---

1. CC, Art. 538. Considera-se doação o contrato em que uma pessoa, por liberalidade, transfere do seu patrimônio bens ou vantagens para o de outra.
2. CC, Art. 542. A doação feita ao nascituro valerá, sendo aceita pelo seu representante legal.
3. CC, Art. 543. Se o donatário for absolutamente incapaz, dispensa-se a aceitação, desde que se trate de doação pura.
4. CC, Art. 546. A doação feita em contemplação de casamento futuro com certa e determinada pessoa, quer pelos nubentes entre si, quer por terceiro a um deles, a ambos, ou aos filhos que, de futuro, houverem um do outro, não pode ser impugnada por falta de aceitação, e só ficará sem efeito se o casamento não se realizar.

2. NATUREZA JURÍDICA

É contrato em regra **gratuito**, porque não se exige nenhuma contrapartida pecuniária para o doador, que faz uma liberalidade, e normalmente não se impõe nenhum ônus para o beneficiário; **unilateral**, pois envolve a prestação de uma só das partes; **consensual**, porque se aperfeiçoa pelo encontro de vontades concordantes; em regra **formal ou solene**, porque a lei lhe impõe forma escrita, seja por instrumento público ou particular (CC, art. 541).[5]

> **Exceções:** quanto à natureza jurídica, vimos acima quais são os elementos que identificam e distinguem esse tipo de contrato. Porém, como tudo no direito comporta exceção, veremos desde logo quais são as exceções à regra geral da doação.

a) **Pode ser onerosa:**

> Embora a regra seja a doação gratuita, existe também a doação chamada de onerosa, na qual, mesmo não havendo uma contrapartida para o doador, este impõe uma contraprestação para o donatário cumprir e assim fazer jus ao bem, como por exemplo a doação de um terreno em que se exige do donatário a construção, em parte dele, de um hospital para cães.

b) **Pode ser verbal:**

> É admitida para doações de bens móveis de pequeno valor, cuja entrega deve ser feita ato contínuo (ver CC, art. 541, parágrafo único).

c) **Será real:**

> Embora em regra o contrato de doação seja consensual, quando se tratar de coisas móveis de pequeno valor o contrato **só se aperfeiçoará com a efetiva entrega do bem**, de modo que a tradição é da essência do negócio (ver CC, art. 541, parágrafo único).

> **Esclarecimento importante:** embora possa haver divergências doutrinárias, o fato de a doação ser onerosa ou com encargos, ou ainda por determinado modo, não transforma esse contrato em bilateral porque não há um pagamento feito pelo donatário em retribuição pela doação. Quer dizer, o fato de o donatário ter que realizar algum sacrifício deve ser encarado como um ônus que lhe incumbe como condição de aperfeiçoamento da doação, não como uma contraprestação jurídica do negócio

---

5. CC, Art. 541. A doação far-se-á por escritura pública ou instrumento particular.
    Parágrafo único. A doação verbal será válida, se, versando sobre bens móveis e de pequeno valor, se lhe seguir incontinenti a tradição.

LIÇÃO 14 • DA DOAÇÃO **121**

em si. Ou seja, ainda que onerosa, a doação não perde seu caráter de liberalidade e de contrato unilateral (CC, art. 540).[6]

3. ACEITAÇÃO

Para aperfeiçoamento da doação, é necessário a concordância do dona-tário, que pode ser **expressa** (verbal, escrita ou por gestos) ou **tácita** (quando pratica atos que indicam ter aceitado a doação); **e, excepcionalmente, pre-sumida** quando a lei assim determinar (CC art. 539).[7] **Pode ainda ser ficta**, quando tratar-se de doação pura para pessoa absolutamente incapaz (CC, art. 543).[8]

É imprescindível para aperfeiçoamento do contrato de doação a aceitação do donatário, isso se justifica porque ninguém pode ser obrigado a aceitar alguma coisa sem que tenha interesse. Às vezes, a doação pode representar um verdadeiro "presente de grego", o que justificaria a sua recusa. Noutras, pode haver razões as mais diversas para a recusa, como, por exemplo, não querer ficar "devendo favores" ao doador.

Atenção: uma das poucas situações em que o silêncio vale alguma coisa é quando se trata de aceitação de doação, porquanto deve se presumir que o donatário aceitou se ele não se manifestar no prazo assinalado pelo doador, porém isso só vale se a doação for pura e simples, isto é, sem encargos (ver CC, art. 539). Significa dizer que essa presunção cai por terra quando se tratar de doação onerosa, pois nesse caso o silêncio deve ser interpretado como recusa.

4. ESPÉCIES DE DOAÇÃO

Embora o leigo só conheça um tipo de doação – a pura e simples –, existem várias outras modalidades de doação com implicações jurídicas diferentes con-forme seja o caso. Vejamos:

---

6. CC, Art. 540. A doação feita em contemplação do merecimento do donatário não perde o caráter de liberalidade, como não o perde a doação remuneratória, ou a gravada, no excedente ao valor dos serviços remunerados ou ao encargo imposto.

7. CC, Art. 539. O doador pode fixar prazo ao donatário, para declarar se aceita ou não a liberalidade. Desde que o donatário, ciente do prazo, não faça, dentro dele, a declaração, entender-se-á que aceitou, se a doação não for sujeita a encargo.

8. CC, Art. 543. Se o donatário for absolutamente incapaz, dispensa-se a aceitação, desde que se trate de doação pura.

a) **Pura, simples ou típica:**

É aquele tipo de doação que todos nós conhecemos em que o doador faz a doação e pronto. Não impõe nenhuma condição ou encargo ao donatário, isto é, não exige do donatário nenhuma contrapartida.

b) **Onerosa, modal, com encargo ou gravada:**

Reconhecemos este tipo de doação quando o doador impõe ao beneficiário alguma incumbência, ou que faça algo, ou ainda quando a doação fica condicionada a um evento futuro e incerto.

Exemplo: Jojolino recebe uma chácara em doação com o encargo de construir, em parte do terreno, um asilo para cães.

Atenção: o donatário é obrigado a cumprir os encargos da doação, seja ele imposto a favor do doador, em favor de terceira pessoa, ou do interesse geral. Nesse caso, quem terá legitimidade para exigir o cumprimento é o doador no primeiro caso e o terceiro indicado no segundo. Quando for do interesse geral, o MP terá legitimidade para exigir sua execução, porém somente depois da morte do doador, se este não tiver feito antes de morrer (CC, art. 553 e parágrafo único).[9]

c) **Remuneratória:**

Neste caso, a doação é feita em troca de serviços ou favores que foram prestados ao doador ou a pessoas que lhes são muito caras.

Exemplo: doação para uma pessoa que cuidou do doador com carinho durante um longo período de doença e convalescência sem nada cobrar.

Atenção: se a doação foi realizada para pagamento de dívida exigível, não será considerada doação, mas pagamento ou quiçá dação em pagamento.

d) **Contemplativa ou de merecimento:**

Este é o tipo de doação que é feita em razão dos méritos pessoais que o donatário possa revelar. Não se confunda com a doação remuneratória, porque nesta o beneficiário está recebendo o prêmio por ter se tornado uma pessoa renomada.

Exemplo: são exemplos desse tipo de doação os prêmios concedidos pelas várias academias às pessoas que se destacaram em determinados ramos do saber, cujo mais famoso é o Prêmio Nobel.

---

9. CC, Art. 553. O donatário é obrigado a cumprir os encargos da doação, caso forem a benefício do doador, de terceiro, ou do interesse geral.

Parágrafo único. Se desta última espécie for o encargo, o Ministério Público poderá exigir sua execução, depois da morte do doador, se este não tiver feito.

LIÇÃO 14 • DA DOAÇÃO **123**

e) **Ao nascituro:**

O nascituro tem legitimidade para receber doação, porém para ser válida depende de duas condições: ser aceita por seu representante legal e o titular nascer com vida. Quer dizer, o nascituro é titular de um direito eventual sob condição suspensiva.

f) **Em forma de subvenção periódica:**

É uma doação que mais se parece com uma pensão que pode ser estabelecida por prazo determinado ou mesmo vitalícia. Se vitalícia, termina com a morte do doador não se transferindo aos herdeiros, a não ser que o próprio doador tenha assim determinado no contrato. Mesmo que tenha sido estipulado que valeria para depois da morte do doador, não poderá ultrapassar o prazo de vida do donatário (CC, art. 545).[10]

g) **Em contemplação de casamento futuro:**

É a doação feita a determinada pessoa condicionada a que realize núpcias com certa e determinada outra pessoa. Este tipo de doação não pode ser impugnada por falta de aceitação porque esta se presume com a realização do casamento (CC, art. 546).[11]

Atenção: a doação ficará sem efeito se o casamento não se realizar, sendo essa uma condição suspensiva (ver CC, art. 546, parte final).

h) **Para prole eventual:**

Já vimos também que é perfeitamente possível fazer doação para filhos futuros de um casal, que é chamada juridicamente de prole eventual, cuja aceitação é também presumida (ver CC, art. 546).

Atenção: a doação ficará sem efeito se não correr o casamento ou mesmo ele tendo acontecido não sobrevier o nascimento do filho. Atentem para o fato de que são duas condições suspensivas que, em não vindo a ocorrer, obrigará o nubente a devolver a coisa recebida.

i) **De ascendente para descendente:**

Nesse caso é como se o doador estivesse realizando um adiantamento daquilo que o filho viria a herdar no caso de sua morte. Chamamos de **antecipação da legítima** (CC, art. 544).[12]

---

10. CC, Art. 545. A doação em forma de subvenção periódica ao beneficiado extingue-se morrendo o doador, salvo se este outra coisa dispuser, mas não poderá ultrapassar a vida do donatário.

11. CC, Art. 546. A doação feita em contemplação de casamento futuro com certa e determinada pessoa, quer pelos nubentes entre si, quer por terceiro a um deles, a ambos, ou aos filhos que, de futuro, houverem um do outro, não pode ser impugnada por falta de aceitação, e só ficará sem efeito se o casamento não se realizar.

12. CC, Art. 544. A doação de ascendentes a descendentes, ou de um cônjuge a outro, importa adiantamento do que lhes cabe por herança.

Atenção: diferentemente da compra e venda de ascendente para descendente, nesse caso a doação não necessita de anuência de ninguém. Isso se explica porque com a morte do doador o donatário deverá levar esse bem à colação no inventário para igualar os quinhões dos herdeiros.

j) **Entre cônjuges:**

Os cônjuges podem fazer doação entre si, porém isto só é possível sobre os bens particulares de cada um e, nesse caso, também significará adiantamento do que poderia lhe caber no caso da morte do outro (ver CC, art. 544).

Exemplo: no casamento pelo regime de separação total de bens, cada cônjuge é titular de seus próprios bens particulares que não se comunicam pelo casamento. Se ele quiser beneficiar o outro cônjuge, poderá fazê-lo através de doação, que, nesse caso, não entra no inventário porque o cônjuge sobrevivente, em princípio, não participa da sucessão do outro nesse regime de casamento.

k) **Conjuntiva:**

É a doação feita em comum para várias pessoas, subtendendo-se que cada uma recebeu uma quota por igual. Se feita a marido e mulher e sobrevindo a morte de um deles, a quota-parte do falecido não entrará na sua sucessão e o total da doação se consolidará nas mãos do sobrevivente (CC, art. 551 e parágrafo único).[13]

l) **Inoficiosa:**

É a doação feita que excede o limite legal que o doador poderia realizar livremente por testamento. Vamos estudar no momento oportuno que, se a pessoa tiver herdeiros necessários, somente poderá testar 50% de seus bens (CC, art. 1.789 c/c art. 1.846).

Atenção: será considerada **nula somente a parte que exceder esses 50%**, não a doação como um todo (CC, art. 549).[14]

m) **Com cláusula de reversão:**

Permite o nosso Código Civil que o doador estabeleça no contrato de doação que, se o donatário falecer antes dele, os bens retornem ao seu

---

13. CC, Art. 551. Salvo declaração em contrário, a doação em comum a mais de uma pessoa entende-se distribuída entre elas por igual.

    Parágrafo único. Se os donatários, em tal caso, forem marido e mulher, subsistirá na totalidade a doação para o cônjuge sobrevivo.
14. CC, Art. 549. Nula é também a doação quanto à parte que exceder à de que o doador, no momento da liberalidade, poderia dispor em testamento.

patrimônio. Esta cláusula somente pode ser imposta em favor do próprio doador, não sendo válida se beneficiar terceiros, isso porque não pode haver doações sucessivas (CC, art. 547).[15]

Atenção: esta é uma cláusula que, como condição resolutiva que é, cria uma situação *sui generis*. O donatário tão logo manifeste sua aceitação adquirirá todos os direitos sobre o bem doado podendo dele dispor como qualquer proprietário. Ocorre que o eventual adquirente terá a propriedade resolúvel, isto é, verificada a condição, o bem voltará para o patrimônio do doador (CC, art. 1.359),[16] com todas as benfeitorias e os frutos pendentes, bem como os colhidos por antecipação (CC, art. 1.214, parágrafo único).[17]

n) **Verbal:**

Já vimos que esse tipo de doação é admitido apenas e tão somente para coisa de pequeno valor, desde que se lhe siga a tradição (ver CC, art. 541 – NR-5). É considerado como se fosse um presente.

o) **Para entidade futura:**

Permite o nosso Código Civil que seja feita doação para uma entidade a ser criada, porém caducará se a mesma não for constituída no prazo de dois anos (CC, art. 554).[18]

5. LIMITES À LIBERDADE DE DOAR

Embora tenhamos no nosso ordenamento jurídico o princípio da autonomia da vontade, inclusive recepcionado pelo Código Civil, essa liberdade não é plena (CC, art. 421).[19]

---

15. CC, Art. 547. O doador pode estipular que os bens doados voltem ao seu patrimônio, se sobreviver ao donatário.
    Parágrafo único. Não prevalece cláusula de reversão em favor de terceiro.
16. CC, Art. 1.359. Resolvida a propriedade pelo implemento da condição ou pelo advento do termo, entendem-se também resolvidos os direitos reais concedidos na sua pendência, e o proprietário, em cujo favor se opera a resolução, pode reivindicar a coisa do poder de quem a possua ou detenha.
17. CC, Art. 1.214. O possuidor de boa-fé tem direito, enquanto ela durar, aos frutos percebidos.
    Parágrafo único. Os frutos pendentes ao tempo em que cessar a boa-fé devem ser restituídos, depois de deduzidas as despesas da produção e custeio; devem ser também restituídos os frutos colhidos com antecipação.
18. CC, Art. 554. A doação a entidade futura caducará se, em dois anos, esta não estiver constituída regularmente.
19. CC, Art. 421. A liberdade contratual será exercida nos limites da função social do contrato. (Redação dada pela Lei nº 13.874, de 2019)
    Parágrafo único. Nas relações contratuais privadas, prevalecerão o princípio da intervenção mínima e a excepcionalidade da revisão contratual. (Incluído pela Lei nº 13.874, de 2019).

Assim, o legislador impôs algumas restrições visando preservar os interesses da própria parte ou de terceiros; vejamos:

a) **De todos os bens do doador:**

A proibição tem como escopo garantir um mínimo necessário à sobrevivência digna do doador. Assim a lei considera nula a doação de todos os bens do doador (CC, art. 548),[20] a não ser que ele faça reserva de rendas para sua sobrevivência, como, por exemplo, doar com cláusula de usufruto.

b) **Da parte inoficiosa:**

Já vimos também que se o doador tiver herdeiros necessários não poderá dispor por testamento de todos os seus bens porque deverá preservar a legítima dos herdeiros (ver CC, art. 549 – NR14). Esse tipo de doação não é nulo porque a nulidade atinge somente a parte que exceder os 50% disponíveis.

c) **Do cônjuge adúltero para seu cúmplice:**

Essa proibição visa proteger a família e de outro lado reafirmar a repulsa ao adultério que, embora não seja mais crime, ainda é repudiado pela sociedade por atentar contra a moral e os bons costumes. Nesse caso, a doação não é nula, mas sim anulável, cabendo ao cônjuge traído ou aos herdeiros do doador manejar a respectiva ação visando a declaração de nulidade no prazo decadencial de dois anos após finda a sociedade conjugal (CC, art. 550).[21]

d) **De onde resulta prejuízo para os credores do doador:**

Essa proibição tem a ver com as manobras fraudulentas daquele que, encontrando-se insolvente ou prestes a se tornar insolvente, resolve dilapidar seu patrimônio, pois isso caracteriza fraude a credores (CC, art. 158).[22] Nesse caso poderá ser anulada a doação através da ação pauliana.

---

20. CC, Art. 548. É nula a doação de todos os bens sem reserva de parte, ou renda suficiente para a subsistência do doador.
21. CC, Art. 550. A doação do cônjuge adúltero ao seu cúmplice pode ser anulada pelo outro cônjuge, ou por seus herdeiros necessários, até dois anos depois de dissolvida a sociedade conjugal.
22. CC, Art. 158. Os negócios de transmissão gratuita de bens ou remissão de dívida, se os praticar o devedor já insolvente, ou por eles reduzido à insolvência, ainda quando o ignore, poderão ser anulados pelos credores quirografários, como lesivos dos seus direitos.

§ 1º Igual direito assiste aos credores cuja garantia se tornar insuficiente;

§ 2º Só os credores que já o eram ao tempo daqueles atos podem pleitear a anulação deles.

LIÇÃO 14 • DA DOAÇÃO **127**

6. REVOGAÇÃO DA DOAÇÃO

A revogação da doação pode se dar pelas mais variadas razões, mas necessita sempre de uma motivação jurídica, isto é, não pode ser realizada apenas e tão somente para atender os humores momentâneos do doador.

Qualquer que seja o motivo da revogação, isso somente ocorrerá por sentença judicial, em ação a ser movida pelo doador no prazo decadencial de um ano a partir do conhecimento do fato que autoriza o ingresso em juízo (CC, art. 559).[23]

O direito de revogar a doação é de caráter personalíssimo e não se transmite aos herdeiros, nem prejudica os herdeiros do donatário. Porém, se o doador vem a falecer depois de ter ingressado em juízo contra o donatário, podem seus herdeiros dar continuidade ao processo, sucedendo processualmente o falecido conforme estabelece o Código Civil (CC, art. 560)[24] e também o Código de Processo Civil (CPC, art. 110).[25] Excetua-se esse caráter personalíssimo quando tratar-se de homicídio doloso perpetrado pelo donatário contra o doador, quando então seus herdeiros poderão ingressar com a ação de revogação da liberalidade, exceto se antes de falecer o doador expressamente perdoou o ingrato (CC, art. 561).[26]

Qualquer que seja a situação, a revogação da doação não prejudicará direitos de terceiros, porque, enquanto não declarada a ingratidão, o donatário era o legítimo proprietário da coisa e dela poderia dispor livremente como qualquer proprietário. Porém, o donatário será obrigado a restituir o preço da coisa doada pelo seu valor médio atualizado, mais os frutos posteriores à citação (CC, art. 563).[27]

Aspecto interessante que prevê o Código Civil é a proibição de renúncia antecipada do direito de revogar a liberalidade por ingratidão do donatário. Isso ocorre por ser matéria de interesse social, pois contraria o senso comum alguém atentar contra a vida daquele que lhe fez um benefício e ele não poder

---

23. CC, Art. 559. A revogação por qualquer desses motivos deverá ser pleiteada dentro de um ano, a contar de quando chegue ao conhecimento do doador o fato que a autorizar, e de ter sido o donatário o seu autor.
24. CC, Art. 560. O direito de revogar a doação não se transmite aos herdeiros do doador, nem prejudica os do donatário. Mas aqueles podem prosseguir na ação iniciada pelo doador, continuando-a contra os herdeiros do donatário, se este falecer depois de ajuizada a lide.
25. CPC, Art. 110. Ocorrendo a morte de qualquer das partes, dar-se-á a sucessão pelo seu espólio ou pelos seus sucessores, observado o disposto no art. 313, §§ 1º e 2º.
26. CC, Art. 561. No caso de homicídio doloso do doador, a ação caberá aos seus herdeiros, exceto se aquele houver perdoado.
27. CC, Art. 563. A revogação por ingratidão não prejudica os direitos adquiridos por terceiros, nem obriga o donatário a restituir os frutos percebidos antes da citação válida; mas sujeita-o a pagar os posteriores, e, quando não possa restituir em espécie as coisas doadas, a indenizá-la pelo meio termo do seu valor.

se voltar contra o agressor por ter colocado no contrato, antecipadamente, uma cláusula abrindo mão desse direito (CC, art. 556).[28] Quer dizer, o doador pode até não exercitar o direito de pleitear o reconhecimento judicial da ingratidão, como, por exemplo, não exercer o direito de ação no prazo decadencial de um ano (ver CC, art. 559 – NR-23), mas não poderá antecipadamente renunciar a esse direito.

Vamos entender revogação como rescisão unilateral motivada. Sendo assim, veremos agora quais os motivos jurídicos que autorizam a revogação, considerando que no capítulo que trata da doação o legislador fez prevê duas causas (CC, art. 555),[29] às quais acrescentamos uma cláusula geral atinente a todos os negócios jurídicos; vejamos:

a) **Pelos motivos comuns aos contratos em geral:**

A primeira causa é aquela que pode anular qualquer dos negócios jurídicos, especialmente aqueles ligados às partes, ao objeto e à forma (ver CC, art. 104) e aos vícios de consentimento, como erro, dolo, coação, fraude contra credores etc. (ver CC, arts. 138 a 165), que pode justificar a anulação da doação através da ação anulatória (CC, art. 171, II).[30]

b) **Por ingratidão do donatário:**

A ingratidão considerada pela lei não são aquelas comumente assim consideradas pelo leigo. Quer dizer, não é o fato de o donatário não visitar mais o doador, nem lhe telefonar com frequência que irá caracterizar a ingratidão. Será considerado ingrato se atentar contra a vida do doador ou cometer homicídio doloso contra ele; da mesma forma se cometeu contra ele ofensa física; ou se o injuriou gravemente ou o caluniou; e, finalmente, se, podendo ministrar-lhe alimentos de que ele necessitava, recusou-se a fazê-lo (CC, art. 557).[31] A revogação também pode ocorrer quando o ofendido praticar os mesmos fatos contra

---

28. CC, Art. 556. Não se pode renunciar antecipadamente o direito de revogar a liberalidade por ingratidão do donatário.
29. CC, Art. 555. A doação pode ser revogada por ingratidão do donatário, ou por inexecução do encargo.
30. CC, Art. 171. Além dos casos expressamente declarados na lei, é anulável o negócio jurídico:
    I – por incapacidade relativa do agente;
    II – por vício resultante de erro, dolo, coação, estado de perigo, lesão ou fraude contra credores.
31. CC, Art. 557. Podem ser revogadas por ingratidão as doações:
    I – se o donatário atentou contra a vida do doador ou cometeu crime de homicídio doloso contra ele;
    II – se cometeu contra ele ofensa física;
    III – se o injuriou gravemente ou o caluniou;
    IV – se, podendo ministrá-los, recusou ao doador os alimentos de que este necessitava.

o cônjuge, ascendente, descendente, ainda que adotivo, ou irmão do doador (CC, art. 558).[32]

Atenção: não se revogam por ingratidão as doações puramente remuneratórias; as oneradas com encargo já cumprido; as que se fizerem em cumprimento de obrigação natural; e as feitas para determinado casamento (CC, art. 564).[33]

Importante: Os magistrados do Superior Tribunal de Justiça (STJ) têm entendido que o conceito de ingratidão previsto no Código Civil é aberto, visto que o rol de condutas elencadas no art. 557 do Código Civil seria meramente exemplificativo e não *numerus clausus*.[34]

c) **Por descumprimento do encargo:**

Prevê expressamente o Código Civil que o descumprimento do encargo é motivo apto e suficiente para revogação da doação autorizando o doador a ingressar em juízo e, comprovando a mora do donatário, obter uma sentença que lhe restitua o bem (CC, art. 562).[35]

7. PROMESSA DE DOAÇÃO

O Código Civil não trata da promessa de doação, mas ela pode existir como uma espécie de contrato preliminar (ver CC, arts. 462 a 466).

Embora haja divergências doutrinárias e jurisprudências, entendemos que é um contrato unilateral que tem caráter vinculante pelo qual o doador se obriga a aperfeiçoar o contrato definitivo em determinada data ou modo. Ou seja, pela promessa o doador assume o compromisso de realizar a liberalidade a que se comprometeu, podendo o donatário exigir o seu cumprimento, até forçadamente, como em qualquer outro contrato preliminar.

E não poderia ser diferente, pois se assim não for admitido estaríamos contrariando o princípio da boa-fé objetiva, que impede, tanto na fase pre-

---

32. CC, Art. 558. Pode ocorrer também a revogação quando o ofendido, nos casos do artigo anterior, for o cônjuge, ascendente, descendente, ainda que adotivo, ou irmão do doador.
33. CC, Art. 564. Não se revogam por ingratidão:
    I – as doações puramente remuneratórias;
    II – as oneradas com encargo já cumprido;
    III – as que se fizerem em cumprimento de obrigação natural;
    IV – as feitas para determinado casamento.
34. (STJ, Resp nº 1593857/MG, Rel. Min. Ricardo Villas Boas Cueva – 3ª T., DJe 28/06/2016).
35. CC, Art. 562. A doação onerosa pode ser revogada por inexecução do encargo, se o donatário incorrer em mora. Não havendo prazo para o cumprimento, o doador poderá notificar judicialmente o donatário, assinando-lhe prazo razoável para que cumpra a obrigação assumida.

ambular quanto na execução do contrato, que as partes possam ter atitudes contraditórias.

Exemplo: muito presente na vida cotidiana é a promessa de doação de imóveis feita pelos cônjuges nos divórcios consensuais, entre si ou em favor dos filhos comuns (com a cláusula de usufruto ou não), que, inclusive, permite execução forçada nos termos da lei processual, caso não cumprido espontaneamente (ver CPC, art. 501).

8. LIBERALIDADE *VERSUS* DOAÇÃO

Nem todo ato altruístico significa doação. Existem vários atos que podem ser encarados como de liberalidade, mas não são doações.

Para que haja doação, é preciso conjugar dois fatores: o objetivo e o subjetivo. O subjetivo é a manifestação de vontade do doador em fazer a liberalidade, chamada de *animus donandi*. O objetivo caracteriza-se pela diminuição do patrimônio do doador.

A renúncia a um determinado direito, por exemplo, é uma liberalidade e um ato que certamente irá beneficiar alguma pessoa, mas não se encaixa no conceito de doação porque ausentes os dois elementos: subjetivamente, na renúncia não há uma vontade de beneficiar alguém; e, subjetivamente, não causa a diminuição do patrimônio do devedor.

Assim também algumas outras situações que embora envolvam uma liberalidade do credor e possam favorecer alguém não são consideradas como doação, tais como o abandono de coisa, a indicação de alguém como beneficiário no seguro de vida, o empréstimo gratuito, as gorjetas etc.

9. ALGUMAS PECULIARIDADES

Além do que vimos acima, vale anotar alguns aspectos peculiares à doação. Vejamos:

Não existe doação *causa mortis* por lhe faltar a possibilidade de revogação que é inerente às liberalidades. Contudo, nada impede que a pessoa em vida destine bens por testamento para outra pessoa, porém isso não transforma o beneficiário em donatário, mas sim em herdeiro universal ou legatário conforme seja o caso.

O fato de fazer-se uma doação com a cláusula de usufruto não transforma essa doação em onerosa, pois a rigor não se exige do donatário nenhuma contrapartida para fazer por merecer a doação. Assim, **doação com cláusula de usufruto é do tipo pura e simples**.

Da mesma forma, não desnatura a doação o fato de ela ser feita com cláusulas de incomunicabilidade e de impenhorabilidade, apesar de serem gravames que limitam a livre disposição do bem.

Diferentemente da compra e venda ou da troca nos contratos de doação, não há falar-se em vícios redibitórios ou mesmo evicção, exceto em se tratado de doação em contemplação de casamento com determinada pessoa (CC, art. 552).[36]

---

36. CC, Art. 552. O doador não é obrigado a pagar juros moratórios, nem é sujeito às consequências da evicção ou do vício redibitório. Nas doações para casamento com certa e determinada pessoa, o doador ficará sujeito à evicção, salvo convenção em contrário.

LIÇÃO 15
DA LOCAÇÃO DE COISAS

Sumário: 1. Conceito – 2. Natureza jurídica – 3. Elementos para o aperfeiçoamento do contrato – 4. Obrigações do locador – 5. Deveres do locatário – 6. Direitos do locador – 7. Direitos do locatário – 8. Transferência do contrato *inter vivos* – 9. Transferência do contrato por morte do locador ou do locatário – 10. Extinção da locação – 11. Observações importantes.

1. CONCEITO

Locação de coisas é o contrato pelo qual uma das partes (locador) se obriga a ceder à outra (locatário), por tempo determinado ou não, o uso e gozo de coisa infungível (móvel ou imóvel), mediante certa retribuição (aluguel), que pode ser firmado por tempo determinado ou não (CC, art. 565).[1]

A locação regulamentada no Código Civil **aplica-se as coisas móveis**, tais como máquinas ou outro qualquer equipamento, animal de carga, veículo de passeio ou de carga etc. Também se **aplica aos imóveis rústicos**, que são aqueles situados fora das áreas urbanas das cidades, ou seja, imóveis que estão **situados na área rural**. No caso de imóveis rurais (rústicos), aplica-se também o Estatuto da Terra (Lei nº 4.505/64).

Aplica-se ainda o regramento previsto no Código Civil para as locações de vagas autônomas de garagem ou de espaços para estacionamento de veículos; os espaços destinados à publicidade; os apart-hotéis e seus equiparados; e os arrendamentos mercantis em quaisquer de suas modalidades (nesse sentido ver Lei nº 8.245/91, art. 1º, parágrafo único).

Quando tratar-se de locação de imóveis do Estado (União, Estados e Municípios e suas autarquias e fundações) não se aplicam as disposições do Código Civil porque isso deve ser regulado pelo direito administrativo. Aliás, quando se

---

1. CC, Art. 565. Na locação de coisas, uma das partes se obriga a ceder à outra, por tempo determinado ou não, o uso e gozo de coisa não fungível, mediante certa retribuição.

trata de locação de imóveis da União, os procedimentos estão regulamentados nos Decretos-Lei nº 6.874/44 e 9.760/46.

> **Atenção:** excluem-se da abrangência do Código Civil as locações de Imóveis Urbanos porque estas são reguladas por lei especial e serão objetos de nossos estudos na parte IV deste livro, que trata dos contratos especiais (ver Lei nº 8.245/91).

2. NATUREZA JURÍDICA

A natureza jurídica do contrato de locação não encontra maiores divergências na doutrina, que o considera consensual, bilateral ou sinalagmático, oneroso, comutativo, não solene e de execução continuada ou de trato sucessivo.

a) **Consensual:**

É contrato que se aperfeiçoa pelo encontro de vontades das partes, isto é, o contrato estará pronto e acabado quando as partes acordarem sobre todas as condições da locação, independentemente da entrega da coisa.

b) **Bilateral ou sinalagmático:**

É assim classificado porque cria obrigações para ambas as partes.

c) **Oneroso:**

É um contrato de caráter especulativo através do qual ambas as partes procuram obter proveitos e cada uma delas se submete a algum tipo de sacrifício, por isso oneroso.

d) **Comutativo:**

Desde o momento de sua celebração e até final do contrato, ambas as partes sabem quais são suas prestações, que não envolvem maiores riscos, sendo certo que cada parte pode avaliar a prestação a ser cumprida, não dependendo do acaso.

e) **Não solene:**

Não há exigência de forma para a celebração do contrato de locação, que pode ser escrito e mesmo verbal.

> **Atenção:** se houver a necessidade de fiança, o contrato deverá ser, obrigatoriamente, escrito já que não se admite fiança verbal (ver CC, art. 819).

f) **De execução continuada** (ou de trato sucessivo):

É o tipo de contrato que se prolonga no tempo com prestações periódicas, e a sua execução somente se extinguirá pelo advento do prazo final contratado.

3. ELEMENTOS PARA O APERFEIÇOAMENTO DO CONTRATO

Alguns elementos são necessários para a perfeita validade do contrato de locação, sendo os principais o consentimento válido, a capacidade das partes, o objeto e o preço. Além desses elementos identificamos outros; vejamos:

a) **Capacidade das partes:**

Esta é condição *sine qua non* para validade de qualquer negócio jurídico e é aquela exigida para os atos da vida civil (ver CC, art. 104, I). Porém, na locação de coisas aflora um aspecto bastante peculiar representado pelo fato de que **para ser locador basta ter poderes de administração**, isto é, não precisa ser necessariamente o proprietário da coisa. Aquele que simplesmente detém a posse, assim como o inventariante, o tutor, dentre outros, estão perfeitamente legitimados a figurar no contrato de locação como locador.

b) **Consentimento válido:**

O consentimento enquanto manifestação da vontade deve ser livre e consciente, isto é, sem vícios que o contamine. Deve ser recíproco representando o acordo completo dos contraentes com o intuito de obrigar-se, cada um, a certa prestação com relação ao outro.

c) **Cessão da posse do objeto locado:**

Como complemento do contrato o locador se obriga a entregar a coisa e garantir o uso pacífico pelo locatário. A coisa locada pode ser algo por inteiro ou em frações e, se o contrato nada estipular, ela abrange as pertenças, os acessórios e os frutos. A coisa tem que ser infungível, pois, se for fungível como, por exemplo, um saco de arroz, será um contrato de mútuo.

Atenção: em situações excepcionais, coisas fungíveis podem ser locadas para o uso, como, por exemplo, a locação de bolo de noivado para ornamentar a festa de casamento do Juka Bill com a Maryana.

d) **Preço:**

É o aluguel ou aluguer que normalmente é pago em dinheiro como contrapartida da utilização da coisa locada, que pode ser por dia, por semana, por quinzena, por mês, enfim pela periodicidade que as partes acordarem.

Atenção: nem sempre as partes têm liberdade para a fixação do preço do aluguel, tendo em vista que, em alguns serviços, é o poder público quem fixa o preço da locação, como, por exemplo, nos serviços de táxis. Além disso, quando tratar-se de locação para a fazenda pública, esse preço será fixado por concorrência pública.

4. OBRIGAÇÕES DO LOCADOR

O Código Civil começa tratando das obrigações do locador (CC, arts. 566[2] e 568[3]), que são as seguintes:

a) **Entregar a coisa ao locatário:**

Entregar a coisa locada é o adimplemento da principal obrigação do locador que, ademais, deve ser entregue com suas pertenças e os acessórios necessários à boa fruição e exploração do bem, a não ser que as partes convencionem diferentemente (ver CC, art. 566, I).

b) **Manter a coisa em bom estado:**

Deve o locador também garantir a manutenção da coisa, de sorte a mantê-la em bom estado, respondendo pelas obras necessárias à conservação da coisa locada (ver CC, art. 566, I, *in fine*).

c) **Garantir o uso pacífico da coisa:**

Quer dizer: não basta tão somente entregar a coisa, é necessário também que o locador, durante toda a locação, garanta o uso pacífico da coisa, isto é, não embaraçando ou turbando a posse do seu inquilino (ver CC, art. 566, II), nem permitindo que outros o façam (ver CC, art. 568, 1ª parte).

d) **Responder pelos vícios ocultos anteriores à locação:**

Além de garantir o uso pacífico da coisa locada, o locador deve também se responsabilizar pelos vícios ocultos anteriores à locação que possam comprometer o uso adequado do bem alugado (ver CC, art. 568, parte final).

e) **Fornecer recibo de pagamento dos alugueres:**

Esta é a contraprestação normal e esperada para aquele que cumpre com a sua obrigação. Quer dizer, é consequência natural do adimplemento da obrigação, a entrega do recibo de quitação como prova de que o pagamento se realizou (CC, art. 319).[4]

---

2. CC, Art. 566. O locador é obrigado:

   I – a entregar ao locatário a coisa alugada, com suas pertenças, em estado de servir ao uso a que se destina, e a mantê-la nesse estado, pelo tempo do contrato, salvo cláusula expressa em contrário;

   II – a garantir-lhe, durante o tempo do contrato, o uso pacífico da coisa.

3. CC, Art. 568. O locador resguardará o locatário dos embaraços e turbações de terceiros, que tenham ou pretendam ter direitos sobre a coisa alugada, e responderá pelos seus vícios, ou defeitos, anteriores à locação.

4. CC, Art. 319. O devedor que paga tem direito a quitação regular, e pode reter o pagamento, enquanto não lhe seja dada.

LIÇÃO 15 • DA LOCAÇÃO DE COISAS **137**

f) Indenizar as benfeitorias necessárias e úteis:

Esta também é uma consequência natural de qualquer contrato, tendo em vista que as benfeitorias necessárias são sempre indenizadas, independentemente da anuência do proprietário do bem. Também indenizará as benfeitorias úteis se as tiver autorizado, podendo o locatário exercer o direito de retenção em ambos os casos (CC, art. 578).[5]

5. DEVERES DO LOCATÁRIO

Em seguida, o Código Civil trata das obrigações do locatário (CC, art. 569[6] e 570[7]). Vale lembrar que, sendo contrato bilateral, haverá obrigações para ambas as partes.

Já vimos no item anterior as obrigações do locador, agora vejamos as do locatário.

a) Servir-se da coisa alugada para os fins convencionados:

Não pode o inquilino dar destinação diferente ao bem locado. Assim, se o imóvel foi alugado para fins residenciais, não pode o locatário resolver nele instalar um comércio. Da mesma forma, se o aluguel de um veículo é para passeio, não pode o locatário utilizá-lo para cargas (ver CC, art. 569, I). O desvio de uso é uma infração que autoriza a rescisão do contrato, podendo ainda o locador exigir eventuais perdas e danos (ver CC, art. 570).

b) Cuidar do bem como se fosse seu:

O locatário deve tratar a coisa como se sua fosse, isto é, tendo para com ela o zelo que se esperaria tivesse em relação às suas coisas (ver CC, art.

---

5. CC, Art. 578. Salvo disposição em contrário, o locatário goza do direito de retenção, no caso de benfeitorias necessárias, ou no de benfeitorias úteis, se estas houverem sido feitas com expresso consentimento do locador.
6. CC, Art. 569. O locatário é obrigado:
   I – a servir-se da coisa alugada para os usos convencionados ou presumidos, conforme a natureza dela e as circunstâncias, bem como tratá-la com o mesmo cuidado como se sua fosse;
   II – a pagar pontualmente o aluguel nos prazos ajustados, e, em falta de ajuste, segundo o costume do lugar;
   III – a levar ao conhecimento do locador as turbações de terceiros, que se pretendam fundadas em direito;
   IV – a restituir a coisa, finda a locação, no estado em que a recebeu, salvas as deteriorações naturais ao uso regular.
7. CC, Art. 570. Se o locatário empregar a coisa em uso diverso do ajustado, ou do a que se destina, ou se ela se danificar por abuso do locatário, poderá o locador, além de rescindir o contrato, exigir perdas e danos.

569, I). Se não o fizer e a coisa se deteriorar, isto autoriza a rescisão do contrato com todas as suas consequências, além das perdas e danos (ver CC, art. 570).

c) **Pagar pontualmente os alugueres:**

É elemento essencial à manutenção da locação. É a parte mais importante a ser cumprida pelo locatário e o seu inadimplemento autoriza a rescisão e a retomada do bem (ver CC, art. 569, II).

d) **Informar ao locador sobre as turbações de terceiros:**

É também dever do locatário levar ao conhecimento do locador as eventuais turbações de terceiros para que ele possa tomar as medidas judiciais cabíveis (ver CC, art. 569, III).

Atenção: o locatário, como detentor da posse direta da coisa, pode manejar as ações de interditos ou de manutenção na posse se houver turbação de terceiro, podendo manejar essa ação até mesmo contra o proprietário.

e) **Restituir a coisa finda a locação:**

Esta também é uma obrigação ínsita à locação. Quer dizer, findo o prazo pelo qual as partes estipularam a locação, deve o locatário proceder à devolução do bem no estado em que o recebeu, salvo as deteriorações normais de uso (ver CC, art. 569, IV).

6. DIREITOS DO LOCADOR

Dentre os direitos do locador, cabe destacar os seguintes:

a) **Receber o pagamento do aluguel:**

É a contraprestação pelo uso da coisa pelo locatário. É preço a ser pago pelo uso que pode ser estipulado para ser realizado de forma diária, mensal, anual ou mesmo estipulado em um único pagamento para todo o prazo da locação. Naturalmente que o não pagamento dos alugueres autoriza a rescisão do contrato.

b) **Reaver a coisa alugada depois de cessada a locação:**

Se a locação é por prazo determinado, ela finda no prazo estabelecido no contrato independentemente de qualquer notificação ou outra providência (CC, art. 573).[8]

---

8. CC, Art. 573. A locação por tempo determinado cessa de pleno direito findo o prazo estipulado, independentemente de notificação ou aviso.

LIÇÃO 15 • DA LOCAÇÃO DE COISAS — 139

c) Autorizar por escrito a cessão ou sublocação:

Se não constar do contrato original a permissão para que o locatário possa ceder o uso da coisa para terceiros, necessitará obter do locador a permissão para tal finalidade, sob pena de dar causa ao rompimento do contrato.

7. DIREITOS DO LOCATÁRIO

Como ambas as partes têm direitos e obrigações, veremos agora de forma sucinta quais são os direitos do locatário.

a) Exigir do locador a entrega da coisa:

O locatário tem o direito de receber a coisa em condições de uso para bem fruir suas utilidades pelo tempo que durar a locação.

b) Pedir ao locador relação do estado da coisa:

O locatário tem o direito de exigir do locador um laudo discriminando o estado em que a coisa se encontra no momento da entrega para uso. Deverá fazer isso até como uma forma de garantia de que não será obrigado a pagar por deteriorações a que não deu causa.

c) Exigir garantia de uso pacífico da coisa locada:

Durante toda a locação, o locatário tem direito ao uso pacífico e continuado da coisa, garantias essas que devem ser dadas pelo locador.

d) Reter o bem pelas benfeitorias realizadas:

É regra comezinha de direito que as benfeitorias necessárias devem ser sempre indenizadas, independentemente de autorização do proprietário. Assim, se o locatário teve que fazer benfeitorias para conservar o bem, deverá ser indenizado. Caso contrário, poderá exercer o direito de retenção até se pagar pelo dispêndio realizado, tanto pelas benfeitorias necessárias quanto pelas úteis que tenham sido autorizadas (ver CC, art. 578 – NR-5).

8. TRANSFERÊNCIA DO CONTRATO *INTER VIVOS*

É perfeitamente possível prever no contrato original a possibilidade de transferência da locação. Mesmo não existindo essa previsão, nada impede seja ela adicionada por aditamento.

Fora essas previsões, nada impede que, na eventualidade de ser necessária a transferência, possa o locador anuir aceitando que a coisa seja transferida para uso de terceiro, podendo assumir as formas de cessão, sublocação ou mesmo empréstimo.

9. TRANSFERÊNCIA DO CONTRATO POR MORTE DO LOCADOR OU DO LOCATÁRIO

Sendo a locação por tempo determinado, o contrato não se altera pela ocorrência de morte de qualquer das partes, sendo transferido aos herdeiros ou sucessores os direitos e deveres da locação original (CC, art. 577).[9]

10. EXTINÇÃO DA LOCAÇÃO

A extinção do contrato de locação pode ocorrer por várias formas, quais sejam:

a) **Vencimento do prazo contratual:**

É a forma mais comum de extinção do contrato de locação. Findo o prazo contratualmente acertado pelas partes, o locatário devolve o bem ou se não o fizer autoriza o locador a promover a ação de despejo para a retomada do bem (ver CC, art. 573 – NR-8).

b) **Distrato ou resilição bilateral:**

É o acordo entre as partes para pôr fim antecipadamente à locação, podendo ser realizado sem a imposição de ônus para nenhuma das partes, como também pode prever eventuais ressarcimentos ou compensações pela extinção antecipada do contrato.

c) **Implemento de cláusula resolutória expressa:**

Pode ser que o contrato seja realizado para determinado fim ou modo de sorte que sua ocorrência resolve o contrato de pleno direito. Vamos imaginar que alguém alugou uma fazenda pelo prazo de um ano para exposição e venda de gado e no contrato colocou uma cláusula que se todos os animais fossem vendidos antes do prazo a locação se resolveria.

d) **Perda total da coisa locada:**

Esta é outra cláusula de extinção antecipada do contrato, pois, se o bem não mais existe, por conclusão lógica o contrato de locação também não mais existe.

e) **Perda parcial ou deterioração:**

Nesse caso o locatário pode considerar finda a locação como também poderá optar por mantê-la exigindo um desconto proporcional à diminuição do uso da coisa (CC, art. 567).[10]

---

9. CC, Art. 577. Morrendo o locador ou o locatário, transfere-se aos seus herdeiros a locação por tempo determinado.

10. CC, Art. 567. Se, durante a locação, se deteriorar a coisa alugada, sem culpa do locatário, a este caberá pedir redução proporcional do aluguel, ou resolver o contrato, caso já não sirva a coisa para o fim a que se destinava.

LIÇÃO 15 • DA LOCAÇÃO DE COISAS — 141

f) Morte do locatário se ele não tiver sucessores:

Se o locatário falecer e tiver herdeiros, seus sucessores são responsáveis pela continuação da locação (ver CC, art. 577). Se, de outro lado, não tiver sucessores, a locação estará extinta.

g) Resilição unilateral:

Ninguém é obrigado a manter-se vinculado a outra pessoa por contrato. Assim, tanto locatário quanto locador podem pôr termo ao contrato antes do vencimento desde que indenize as perdas e danos da parte contrária, o que normalmente já está previsto em contrato, a título de cláusula penal, prevendo multa pela rescisão antecipada (CC, art. 571).[11]

11. OBSERVAÇÕES IMPORTANTES

Além dos aspectos que já foram abordados, há alguns outros também importantes que destacamos:

a) Multa excessiva:

Se na rescisão antecipada a obrigação de pagar a multa for excessiva para o locatário, poderá o juiz reduzi-la equitativamente, tomando como base, por exemplo, o prazo restante do contrato a ser cumprido (CC, art. 572).[12]

b) Prorrogação do contrato por prazo indeterminado:

Vencido o prazo da locação, se o locatário permanecer no uso do bem sem oposição do locador presumir-se-á que houve prorrogação e, nesse caso, por tempo indeterminado (CC, art. 574).[13]

c) Fim da locação por prazo indeterminado:

Se a locação se tornou por prazo indeterminado conforme acima e o locador não tem mais interesse na manutenção dessa situação, deverá então notificar o locatário assinando-lhe um prazo para entrega do bem. Se o locatário não restituir a coisa no prazo assinalado, continuará a pagar alugueres, agora arbitrado pelo locador, e ainda responderá pelos

---

11. CC, Art. 571. Havendo prazo estipulado à duração do contrato, antes do vencimento não poderá o locador reaver a coisa alugada, senão ressarcindo ao locatário as perdas e danos resultantes, nem o locatário devolvê-la ao locador, senão pagando, proporcionalmente, a multa prevista no contrato.
Parágrafo único. O locatário gozará do direito de retenção, enquanto não for ressarcido.

12. CC, Art. 572. Se a obrigação de pagar o aluguel pelo tempo que faltar constituir indenização excessiva, será facultado ao juiz fixá-la em bases razoáveis.

13. CC, Art. 574. Se, findo o prazo, o locatário continuar na posse da coisa alugada, sem oposição do locador, presumir-se-á prorrogada a locação pelo mesmo aluguel, mas sem prazo determinado.

danos que a coisa venha a sofrer, independentemente de sua culpa (CC, art. 575).[14]

d) Venda da coisa locada:

Se durante a locação a coisa for alienada, o adquirente não ficará obrigado a respeitar o contrato, a não ser que nele conste expressamente a sua vigência no caso de alienação e esteja registrado no Cartório de Títulos e Documentos do domicílio do locador, quando a coisa for móvel ou no Registro de Imóveis da respectiva circunscrição, quando imóvel (CC, art. 576).[15]

Atenção: na locação de coisas não há direito de preferência.

---

14. CC, Art. 575. Se, notificado o locatário, não restituir a coisa, pagará, enquanto a tiver em seu poder, o aluguel que o locador arbitrar, e responderá pelo dano que ela venha a sofrer, embora proveniente de caso fortuito.

Parágrafo único. Se o aluguel arbitrado for manifestamente excessivo, poderá o juiz reduzi-lo, mas tendo sempre em conta o seu caráter de penalidade.

15. CC, Art. 576. Se a coisa for alienada durante a locação, o adquirente não ficará obrigado a respeitar o contrato, se nele não for consignada a cláusula da sua vigência no caso de alienação, e não constar de registro.

§ 1º O registro a que se refere este artigo será o de Títulos e Documentos do domicílio do locador, quando a coisa for móvel; e será o Registro de Imóveis da respectiva circunscrição, quando imóvel.

§ 2º Em se tratando de imóvel, e ainda no caso em que o locador não esteja obrigado a respeitar o contrato, não poderá ele despedir o locatário, senão observado o prazo de noventa dias após a notificação.

LIÇÃO 16
DO EMPRÉSTIMO: MÚTUO E COMODATO

Sumário: I – Do empréstimo – 1. Conceito de empréstimo – 2. Espécies de empréstimo – II – Do comodato – 3. Conceito de comodato – 4. Características e natureza jurídica – 5. Responsabilidade do comodatário – 6. Solidariedade – 7. Extinção do comodato – III – Do mútuo – 8. Conceito de mútuo – 9. Principais características – 10. Mútuo feneratício ou oneroso – 11. Capacidade e legitimidade das partes – 12. Exigência de garantias de restituição – 13. Diferenças entre mútuo e comodato.

I – DO EMPRÉSTIMO

1. CONCEITO DE EMPRÉSTIMO

Empréstimo é o contrato pelo qual uma das partes entrega um bem (móvel ou imóvel) à outra para que dela se sirva, com o compromisso de devolver o mesmo bem (se for coisa infungível) ou o equivalente (coisa fungível), podendo ser gratuito ou oneroso.

O empréstimo nas suas origens era um contrato tipicamente gratuito, através do qual as pessoas se ajudavam mutuamente. Com o decorrer do tempo, a prática do empréstimo na modalidade mútuo passou a despertar a cobiça, especialmente dos bancos, e atualmente predomina no mercado a modalidade onerosa nas suas mais variadas formas, desde o empréstimo de dinheiro, de veículos de passeio ou de carga, de bicicleta, equipamentos eletrônicos etc.

O empréstimo (comodato ou mútuo) é um contrato de natureza real, tendo em vista que somente se aperfeiçoa pela entrega efetiva do bem. Enquanto não entregue o bem para uso, teremos no máximo uma promessa de empréstimo.

2. ESPÉCIES DE EMPRÉSTIMO

O Código Civil trata no mesmo capítulo e pelo título de empréstimo de duas espécies, que são: **o comodato e o mútuo**.

Veremos que o comodato é um empréstimo para uso, portanto envolvendo coisas infungíveis; e o mútuo um empréstimo para consumo, recaindo sobre coisas fungíveis.

II – DO COMODATO

3. CONCEITO DE COMODATO

É o empréstimo gratuito de coisa não fungível, pelo qual o comodatário recebe a coisa emprestada para uso próprio, devendo devolvê-la quando do final do prazo pactuado em contrato (CC, art. 579).[1]

O contrato de comodato pode ser escrito ou verbal, por prazo determinado ou indeterminado. Se for por prazo determinado, o comodante não poderá retomar o bem antes do prazo contratualmente acertado. Se for por prazo indeterminado e o comodante desejar pôr fim ao contrato, deverá notificar o comodatário assinando-lhe prazo para devolução da coisa (CC, art. 581).[2] Depois de escoado o prazo, se o comodatário permanecer inerte, o comodante poderá ingressar em juízo para a retomada do bem.

Outro aspecto que releva comentar é que, além da capacidade geral para os atos da vida civil, o nosso legislador prevê que algumas pessoas, embora tenham capacidade, não têm legitimidade para entregar bens em comodato, a não ser se autorizadas por quem de direito. São elas os tutores, os curadores, os inventariantes, os depositários, enfim, os administradores de bens de terceiros em geral (CC, art. 580).[3]

---

1. CC, Art. 579. O comodato é o empréstimo gratuito de coisas não fungíveis. Perfaz-se com a tradição do objeto.
2. CC, Art. 581. Se o comodato não tiver prazo convencional, presumir-se-lhe-á o necessário para o uso concedido; não podendo o comodante, salvo necessidade imprevista e urgente, reconhecida pelo juiz, suspender o uso e gozo da coisa emprestada, antes de findo o prazo convencional, ou o que se determine pelo uso outorgado.
3. CC, Art. 580. Os tutores, curadores e em geral todos os administradores de bens alheios não poderão dar em comodato, sem autorização especial, os bens confiados à sua guarda.

4. CARACTERÍSTICAS E NATUREZA JURÍDICA

No contrato de comodato, podemos identificar as seguintes características:

a) **Gratuidade:**

Essa talvez seja a característica mais importante e existe em face da própria natureza do negócio, pois se fosse oneroso seria locação. Se não houver gratuidade, estaremos diante de qualquer outro negócio jurídico, menos comodato. O fato de impor algum ônus ao comodatário para o uso do bem não desnatura o contrato

Exemplo 1: Jojolino empresta sua casa em Alphavella para Juka com a condição de que ele pague os tributos e o condomínio incidentes sobre o imóvel. Embora haja ônus para Juka, as despesas para uso da coisa não é uma contraprestação ao proprietário pela cessão do imóvel.

Exemplo 2: da mesma forma se a empresa Treckos & Thralhas cede em comodato máquinas de café, porém exige do comodatário que compre sua marca de café com exclusividade, isso também não desnatura o contrato de comodato.

b) **Infungibilidade do objeto:**

Essa também é uma característica essencial do contrato *sub oculum*, tendo em vista a obrigatoriedade de devolução da própria coisa ao final do contrato. Assim, como regra, o comodato somente pode recair sobre coisas não consumíveis, porque se recair sobre coisas consumíveis estaremos diante de mútuo.

Exceção: em situações muito específicas, bens consumíveis podem assumir a condição de inconsumíveis por vontade das partes. O dinheiro é a coisa mais fungível/consumível do mundo, porém se tenho uma coleção de moedas raras e as empresto para uma exposição, vou querer receber de volta as mesmas moedas raras, pois, embora o dinheiro seja fungível, nesse caso não vou querer receber o dinheiro que o valor delas representa.

c) **Real:**

Porque somente se aperfeiçoa pela tradição, isto é, a entrega efetiva da coisa. Enquanto não houver a entrega da coisa, há apenas uma promessa de comodato, típico contrato preliminar.

d) **Unilateral:**

É unilateral porque, feita a tradição, ele passa a gerar obrigações somente para o comodatário.

e) **Intuitu personae:**

Isso porque o objeto é cedido ao comodatário para seu uso próprio, e não poderá ceder a terceiro sob mesmo título. Logo, contrato personalíssimo.

f) Temporário:

Ainda que o contrato não preveja uma data para validade (prazo indeterminado), ainda assim o comodato não se desnatura como contrato temporário, tendo em vista que, se não houver data estabelecida, presume-se pelo tempo necessário ao uso da coisa (ver CC, art. 581). **Não se admite comodato vitalício ou perpétuo.**

g) Não solene:

A lei não exige nenhuma forma específica para sua realização, podendo ser celebrada até verbalmente.

5. RESPONSABILIDADE DO COMODATÁRIO

As responsabilidades do comodatário são várias e dentre elas cabe registrar que se inclui até o pagamento de despesas decorrentes do uso da coisa, e isto, repita-se, não desnatura o contrato porque não lhe retira o caráter de gratuidade.

Vejamos quais são as obrigações do comodatário:

a) Cuidar da coisa:

O comodatário deverá cuidar e conservar a coisa emprestada com o mesmo zelo que cuidaria se ela fosse dele próprio, sob pena de ser responsabilizado por perdas e danos (CC, art. 582).[4]

b) Assumir as despesas de conservação e uso:

Deverá o comodatário arcar com as despesas necessárias à guarda e conservação do bem, assim como pelas decorrentes do próprio uso, tais como as despesas de água, luz, condomínio etc., sem direito de recobrá-las do comodante (CC, art. 584).[5]

---

4. CC, Art. 582. O comodatário é obrigado a conservar, como se sua própria fora, a coisa emprestada, não podendo usá-la senão de acordo com o contrato ou a natureza dela, sob pena de responder por perdas e danos. O comodatário constituído em mora, além de por ela responder, pagará, até restituí-la, o aluguel da coisa que for arbitrado pelo comodante.
5. CC, Art. 584. O comodatário não poderá jamais recobrar do comodante as despesas feitas com o uso e gozo da coisa emprestada.

c) Usar a coisa para o fim estipulado no contrato:

Deverá utilizar a coisa para o fim pactuado, não podendo emprestar ou ceder a coisa para outrem, sob pena de responder por perdas e danos (ver CC, art. 582, *in fine*).

d) Devolver a coisa findo o contrato:

O comodatário deverá restituir a coisa emprestada findo o prazo estipulado no contrato ou, se por prazo indeterminado, após o prazo estipulado na notificação.

Atenção: se o comodatário permanecer com a coisa depois de constituído em mora, o contrato se transmuda, por assim dizer, em "locação", tendo em vista que agora ele deverá pagar aluguel pelo tempo que permanecer irregularmente com a coisa emprestada (ver CC, art. 582, parte final).

e) Dever de salvar primeiro a coisa dada em comodato:

Na eventualidade de estar em risco a coisa dada em comodato e as coisas do comodatário, manda a lei que ele salve primeiro a coisa que recebeu em comodato e depois as suas, sob pena de responder pelo dano ocorrido, ainda que por caso fortuito ou de força maior (CC, art. 583).[6]

6. SOLIDARIEDADE

Diz ainda o nosso *Civilis Codex* que, se uma coisa for dada em comodato a duas ou mais pessoas, todas elas ficarão solidariamente responsáveis para com o comodante (CC, art. 585).[7]

7. EXTINÇÃO DO COMODATO

O contrato de comodato pode ser extinto pelas mais variadas formas.

Vejamos:

a) Fim do prazo convencionado:

Esta é a forma mais comum de extinção do contrato de comodato, quando o comodatário devolve a coisa tão logo termine o prazo que lhe foi concedido para uso do bem.

---

6. CC, Art. 583. Se, correndo risco o objeto do comodato juntamente com outros do comodatário, antepuser este a salvação dos seus abandonando o do comodante, responderá pelo dano ocorrido, ainda que se possa atribuir a caso fortuito, ou força maior.

7. CC, Art. 585. Se duas ou mais pessoas forem simultaneamente comodatárias de uma coisa, ficarão solidariamente responsáveis para com o comodante.

b) Descumprimento do contrato:

Também será motivo de encerramento do contrato o desvio de uso ou de finalidade, bem como a falta de zelo e cuidados que possa comprometer a coisa emprestada.

c) Morte do comodatário:

Sendo contrato de caráter personalíssimo, como já mencionamos, não se admite seja ele transferido nem *inter vivos* nem *causa mortis*, de sorte que a morte do comodatário também é causa de extinção do contrato.

d) Perecimento do objeto:

Por óbvio que, se a coisa pereceu, não mais existindo, o contrato também estará extinto pela perda de seu objeto. Isso não ilide a eventual apuração de responsabilidade do comodatário pelo perecimento da coisa.

III – DO MÚTUO

8. CONCEITO DE MÚTUO

É o empréstimo de bens fungíveis para consumo, pelo qual o mutuário se obriga a devolver ao mutuante o que dele recebeu em coisa do mesmo gênero, qualidade e quantidade, no prazo estipulado no contrato (CC, art. 586).[8]

Após realizada a tradição, o mutuário passa a ter o domínio da coisa emprestada, que passa a ser sua, razão por que responde por todos os riscos que possa incidir sobre ela (CC, art. 587).[9]

9. PRINCIPAIS CARACTERÍSTICAS

As características que identificam o mútuo são as seguintes:

a) Empréstimo para consumo:

É típico empréstimo de coisa para ser consumida, de sorte que o mutuário pode fazer o que bem entender com a coisa mutuada. Pode vendê-la, emprestá-la ou mesmo abandoná-la, tendo em vista que não fica obri-

---

8. CC, Art. 586. O mútuo é o empréstimo de coisas fungíveis. O mutuário é obrigado a restituir ao mutuante o que dele recebeu em coisa do mesmo gênero, qualidade e quantidade.

9. CC, Art. 587. Este empréstimo transfere o domínio da coisa emprestada ao mutuário, por cuja conta correm todos os riscos dela desde a tradição.

gado a restituir a própria coisa, mas algo do mesmo gênero, qualidade e quantidade.

Esclarecendo melhor: o mutuário tem que devolver coisa do mesmo gênero, qualidade e quantidade. Se fosse para restituir coisa diversa, não seria mútuo, mas sim troca. Se fosse para devolver em dinheiro em troca de outra coisa, não seria mútuo, mas uma perfeita compra e venda.

b) **Fungibilidade da coisa emprestada:**

Essa é uma característica indispensável ao mútuo, tendo em vista que, se a coisa for infungível, não será mútuo, mas sim comodato.

c) **Real:**

É um contrato de natureza real porque somente se aperfeiçoa com a entrega da coisa, isto é, não basta o consenso.

d) **Gratuito:**

O mútuo é como regra um contrato gratuito. Por exceção pode ser oneroso quando se trata de empréstimo de dinheiro, denominado mútuo feneratício, que veremos a seguir.

e) **Unilateral:**

Entregue a coisa ao mutuário, somente ele passa a ter obrigações a cumprir, daí a unilateralidade desse contrato.

f) **Não solene:**

A lei não exige nenhuma forma especial para sua celebração, podendo ser verbal ou escrito.

g) **Temporário:**

Deverá ter sempre um prazo, mesmo que indeterminado. O próprio Código Civil estabelece regras para os contratos sem prazo estipulado, ao prever que esse prazo será: o da próxima colheita, se o mútuo for de produtos agrícolas, seja para consumo, ou mesmo para semeadura; de 30 dias, se for empréstimo de dinheiro; e do prazo que o mutuante fixar na notificação, se for mútuo de qualquer outra coisa fungível (CC, art. 592).[10]

---

10. CC, Art. 592. Não se tendo convencionado expressamente, o prazo do mútuo será:

   I – até a próxima colheita, se o mútuo for de produtos agrícolas, assim para o consumo, como para semeadura;

   II – de trinta dias, pelo menos, se for de dinheiro;

   III – do espaço de tempo que declarar o mutuante, se for de qualquer outra coisa fungível.

10. MÚTUO FENERATÍCIO OU ONEROSO

O nosso Código Civil, em consonância com o que acontece na nossa realidade, prevê a hipótese de que o mútuo possa ser oneroso, quando se tratar de empréstimo para fins econômicos, sendo possível a cobrança de juros a título de retribuição pelo uso da coisa (CC, art. 591).[11]

Se no passado longínquo os empréstimos eram feitos por amizade e cortesia, esta realidade foi substituída pelo comércio de financiamentos de bens para consumo, que assumiu, nos dias atuais, as mais variadas formas. Nesse cenário, ninguém imagina um banco ou financeira emprestando dinheiro aos seus clientes gratuitamente. Contudo, o Código Civil estabelece limites às práticas usurárias, pois pela dicção da lei os juros não poderiam ser superiores à taxa que estiver em vigor para a mora do pagamento de impostos devidos à Fazenda Nacional, ou seja, não poderia ser superior à "taxa Selic" (CC, art. 406).[12]

> **Curiosidade:** o termo feneratício refere-se à usura ou às práticas usurárias, quer dizer, emprestado com usura.

11. CAPACIDADE E LEGITIMIDADE DAS PARTES

Vale rememorar que, para a realização de qualquer contrato válido, é exigida a capacidade civil das partes envolvidas, sob pena de nulidade ou de anulabilidade (ver CC, art. 166, I e 171, I).

Ademais, considerando que pelo contrato de mútuo o mutuante transfere o domínio do bem para o mutuário, conclusão que exsurge é que somente o proprietário da coisa é que tem legitimidade para emprestá-la.

---

11. CC, Art. 591. Destinando-se o mútuo a fins econômicos, presumem-se devidos juros. (Redação dada pela Lei nº 14.905, de 2024)
Parágrafo único. Se a taxa de juros não for pactuada, aplica-se a taxa legal prevista no art. 406 deste Código. (Incluído pela Lei nº 14.905, de 2024)
12. CC, Art. 406. Quando não forem convencionados, ou quando o forem sem taxa estipulada, ou quando provierem de determinação da lei, os juros serão fixados de acordo com a taxa legal. (Redação dada pela Lei nº 14.905, de 2024)
§ 1º A taxa legal corresponderá à taxa referencial do Sistema Especial de Liquidação e de Custódia (Selic), deduzido o índice de atualização monetária de que trata o parágrafo único do art. 389 deste Código. (Incluído pela Lei nº 14.905, de 2024)
§ 2º A metodologia de cálculo da taxa legal e sua forma de aplicação serão definidas pelo Conselho Monetário Nacional e divulgadas pelo Banco Central do Brasil. (Incluído pela Lei nº 14.905, de 2024)
§ 3º Caso a taxa legal apresente resultado negativo, este será considerado igual a 0 (zero) para efeito de cálculo dos juros no período de referência. (Incluído pela Lei nº 14.905, de 2024)

Nada obsta que seja entregue em mútuo algo a pessoa menor, porém nesse caso deverá ela estar assistida ou representada, conforme seja o caso, pelo seu representante legal, sob pena de nulidade ou anulabilidade. Nesse sentido dispõe o Código Civil que o mútuo feito a pessoa menor, sem prévia autorização daquele sob cuja guarda estiver, não pode ser reavido nem do menor, nem de quem o represente legalmente (CC, art. 588).[13]

Como toda regra tem exceção, no art. 589[14] o legislador fez prever hipóteses em que é possível ao mutuante exigir a restituição da coisa emprestada que são as seguintes: se a pessoa, de cuja autorização necessitava o mutuário para contrair o empréstimo, o ratificar posteriormente (é a confirmação do negócio); se o menor, estando ausente seu representante legal, se viu obrigado a contrair o empréstimo para os seus alimentos habituais (nesse caso há uma justificativa plausível, a sobrevivência do menor); se o menor tiver bens ganhos com o seu trabalho (porém, somente até o limite de seu patrimônio); se o empréstimo reverteu em benefício do menor (isto para evitar o enriquecimento sem causa); e, finalmente, se o menor obteve o empréstimo maliciosamente (ninguém pode se beneficiar de sua própria torpeza).

12. EXIGÊNCIA DE GARANTIAS DE RESTITUIÇÃO

O Código Civil ainda prevê a hipótese de o mutuante poder exigir garantias de restituição do bem mutuado, antes mesmo do vencimento do contrato, nos casos em que o mutuário sofrer notória mudança em sua situação econômica (CC, art. 590).[15]

Se o mutuário não oferecer a garantia solicitada, o mutuante pode considerar a dívida vencida por antecipação e manejar os instrumentos processuais aptos a lhe outorgar a satisfação de seu crédito.

---

13. CC, Art. 588. O mútuo feito a pessoa menor, sem prévia autorização daquele sob cuja guarda estiver, não pode ser reavido nem do mutuário, nem de seus fiadores.

14. CC, Art. 589. Cessa a disposição do artigo antecedente:

    I – se a pessoa, de cuja autorização necessitava o mutuário para contrair o empréstimo, o ratificar posteriormente;

    II – se o menor, estando ausente essa pessoa, se viu obrigado a contrair o empréstimo para os seus alimentos habituais;

    III – se o menor tiver bens ganhos com o seu trabalho. Mas, em tal caso, a execução do credor não lhes poderá ultrapassar as forças;

    IV – se o empréstimo reverteu em benefício do menor;

    V – se o menor obteve o empréstimo maliciosamente.

15. CC, Art. 590. O mutuante pode exigir garantia da restituição, se antes do vencimento o mutuário sofrer notória mudança em sua situação econômica.

13. DIFERENÇAS ENTRE MÚTUO E COMODATO

Embora comodato e mútuo sejam espécies do gênero empréstimo, há diferenças marcantes entre os dois institutos. Vejamos.

a) **Quanto ao uso:**

O comodato é empréstimo para uso, enquanto que o mútuo é empréstimo de coisa para consumo.

b) **Quanto à fungibilidade:**

O comodato recai sobre coisas infungíveis, enquanto que o mútuo tem por objeto coisas fungíveis.

c) **Quanto à devolução da coisa:**

O comodatário se obriga a devolver a própria coisa que foi emprestada, enquanto que o mutuário se obriga a devolver coisa da mesma espécie, qualidade e quantidade recebida.

d) **Quanto ao domínio:**

No mútuo há a transferência do domínio com a tradição, enquanto que no comodato isso não ocorre.

e) **Quanto à transferência da coisa:**

No mútuo o mutuante, junto com a tradição, transfere também o domínio da coisa para o mutuário, que fica livre para dispor da coisa como lhe aprouver, podendo alienar ou emprestar a coisa recebida; enquanto que no comodato é proibida a transferência da coisa a terceiro.

f) **Quanto à onerosidade:**

O comodato só admite a forma gratuita, enquanto que o mútuo, quando tratar-se de dinheiro, permite seja oneroso com a estipulação de juros (mútuo feneratício).

LIÇÃO 17
DA PRESTAÇÃO DE SERVIÇOS E DA EMPREITADA

Sumário: I – Da prestação de serviços – 1. Conceito de prestação de serviços e seu campo de incidência – 2. Natureza jurídica – 3. Duração do contrato – 4. Limitação à liberdade de distratar – 5. Extinção do contrato – II – Da empreitada – 6. Conceito de empreitada – 7. Natureza jurídica – 8. A subempreitada – 9. Responsabilidade do empreiteiro – 10. Extinção da empreitada – 11. Diferenças entre prestação de serviços e empreitada – 12. Prescrição.

I – DA PRESTAÇÃO DE SERVIÇOS

1. CONCEITO DE PRESTAÇÃO DE SERVIÇOS E SEU CAMPO DE INCIDÊNCIA

É o contrato pelo qual se pode contratar o trabalho braçal ou intelectual de uma pessoa, executado sem habitualidade, com autonomia técnica e sem subordinação, mediante remuneração (CC, art. 594).[1]

Em princípio, toda espécie de serviço ou trabalho material ou imaterial, desde que lícito, pode ser contratada mediante retribuição.

Porém, se a prestação de serviços envolver habitualidade, houver dependência técnica e o prestador de serviço se subordinar às ordens do tomador, estaremos diante de uma prestação de serviços albergada pela CLT (Decreto-Lei nº 5.452/43).

Se, de outro lado, a prestação de serviço for caracterizada como uma relação de consumo, isto é, tivermos de um lado um consumidor e de outro um fornecedor

---

1. CC, Art. 594. Toda a espécie de serviço ou trabalho lícito, material ou imaterial, pode ser contratada mediante retribuição.

(CDC, arts. 2º e 3º), estaremos diante de uma relação de consumo, e as regras a serem aplicadas serão aquelas do CDC (Lei nº 8.078/90).

Pelo acima exposto, verifica-se que esse tipo de contrato regulado no Código Civil é, atualmente, de uso bastante restrito, tendo em vista que iremos nos servir dele de forma residual, isto é, nos casos em que a prestação dos serviços não possa ser enquadrada como regida pela CLT, pelo CDC ou por outras leis especiais (CC, art. 593).[2]

2. NATUREZA JURÍDICA

No que diz respeito à natureza jurídica do contrato de prestação de serviços, vejamos o que o caracteriza.

a) **Bilateral ou sinalagmático:**

Isso porque irá gerar obrigações para ambas as partes, já que um se compromete a prestar o serviço e outro a remunerar a atividade desenvolvida.

b) **Oneroso:**

Será sempre oneroso porque não se pode admitir seja gratuito, senão estaríamos diante de trabalho escravo. Tanto é assim que a lei prescreve que, mesmo na ausência de estipulação a respeito da remuneração ou se não houver acordo, a remuneração deverá fixada por arbitramento, levando-se em conta os costumes do lugar, o tempo de serviço e sua qualidade (CC, art. 596).[3]

c) **Consensual:**

É o tipo de contrato que se aperfeiçoa pelo acordo de vontade das partes.

d) **Personalíssimo:**

É contrato que não se transfere nem mesmo com a morte do prestador de serviços (CC, art. 607),[4] o que demonstra seu caráter *intuitu personae*. Se dúvida restar, veja-se a expressa proibição de transferir a

---

2. CC, Art. 593. A prestação de serviço, que não estiver sujeita às leis trabalhistas ou a lei especial, reger-se-á pelas disposições deste Capítulo.

3. CC, Art. 596. Não se tendo estipulado, nem chegado a acordo as partes, fixar-se-á por arbitramento a retribuição, segundo o costume do lugar, o tempo de serviço e sua qualidade.

4. CC, Art. 607. O contrato de prestação de serviço acaba com a morte de qualquer das partes. Termina, ainda, pelo escoamento do prazo, pela conclusão da obra, pela rescisão do contrato mediante aviso prévio, por inadimplemento de qualquer das partes ou pela impossibilidade da continuação do contrato, motivada por força maior.

LIÇÃO 17 • DA PRESTAÇÃO DE SERVIÇOS E DA EMPREITADA **155**

prestação de serviços a terceiros, bem como de se substituir o prestador (CC, art. 605).[5]

e) **Não solene:**

A lei não exige nenhuma forma, podendo ser celebrado por escrito ou verbalmente. Se for por escrito e uma das partes não souber ler nem escrever, o contrato poderá ser assinado a rogo na presença de duas testemunhas (CC, art. 595).[6]

3. DURAÇÃO DO CONTRATO

O Código Civil fixa o prazo máximo de 4 (quatro) anos para esse tipo de contratação, mesmo que o contrato tenha por causa o pagamento de dívida de quem o presta, ou se destine à execução de certa e determinada obra (CC, art. 598).[7]

Independentemente das circunstâncias, decorridos quatro anos, o contrato estará findo de pleno direito. A ideia é de que o contrato não se eternize, oportunizando às partes repactuarem os termos do mesmo na eventualidade do interesse na continuação dos serviços. Significa dizer que nada impede que, após o término deste prazo, seja fixado outro contrato por tempo igual.

Se de outro lado não houver prazo estipulado no contrato, não se podendo depreender qual seja esse prazo em razão da natureza do contrato, ou do costume do lugar, qualquer das partes pode resolver o contrato, bastando para tanto notificar a outra parte, concedendo prazo de oito dias, se a forma de pagamento for mensal; ou com antecipação de quatro dias, se o pagamento for semanal ou quinzenal; e, de véspera, quando se tenha contratado por menos de sete dias (CC, art. 599).[8]

---

5. CC, Art. 605. Nem aquele a quem os serviços são prestados, poderá transferir a outrem o direito aos serviços ajustados, nem o prestador de serviços, sem aprazimento da outra parte, dar substituto que os preste.

6. CC, Art. 595. No contrato de prestação de serviço, quando qualquer das partes não souber ler, nem escrever, o instrumento poderá ser assinado a rogo e subscrito por duas testemunhas.

7. CC, Art. 598. A prestação de serviço não se poderá convencionar por mais de quatro anos, embora o contrato tenha por causa o pagamento de dívida de quem o presta, ou se destine à execução de certa e determinada obra. Neste caso, decorridos quatro anos, dar-se-á por findo o contrato, ainda que não concluída a obra.

8. CC, Art. 599. Não havendo prazo estipulado, nem se podendo inferir da natureza do contrato, ou do costume do lugar, qualquer das partes, a seu arbítrio, mediante prévio aviso, pode resolver o contrato. Parágrafo único. Dar-se-á o aviso:

I – com antecedência de oito dias, se o salário se houver fixado por tempo de um mês, ou mais;

II – com antecipação de quatro dias, se o salário se tiver ajustado por semana, ou quinzena;

III – de véspera, quando se tenha contratado por menos de sete dias.

Assim, quando o contrato for por prazo indeterminado qualquer das partes pode pôr fim ao contrato sem maiores problemas, bastando para isso respeitar os prazos de prévio aviso acima mencionados. Não respeitar esses prazos poderá implicar em perdas e danos para quem deu azo a rescisão.

4. LIMITAÇÃO À LIBERDADE DE DISTRATAR

Se o contrato for por prazo determinado ou se a contratação foi para realização de determinada obra, as partes não podem unilateralmente rescindir o contrato, antes de preenchido o tempo, ou concluída a obra, a não ser por justa causa (CC, art. 602).[9]

Se a quebra do contrato se der sem justa causa por qualquer das partes, o prestador de serviço terá direito à remuneração dos serviços já prestados e a parte que deu causa à rescisão deverá arcar com as perdas e danos em favor da outra (ver CC, art. 602, parágrafo único).

Quebrando a aparente igualdade entre tomador e prestador e até em aparente antagonia, o art. 603[10] prescreve que se o prestador de serviço for despedido sem justa causa, a outra parte será obrigada a pagar-lhe por inteiro a retribuição vencida, e por metade a que lhe tocaria da data da rescisão até a data do fim do contrato.

5. EXTINÇÃO DO CONTRATO

O próprio Código Civil disciplina as formas de extinção desse tipo de contrato (ver CC, art. 607 – NR-4), quais sejam:

a) **Morte dos contratantes:**

Já falamos que essa é uma das razões que tornam o contrato de prestação de serviços personalíssimo. Nesse caso, a morte de qualquer das partes é motivo de extinção do contrato.

b) **Fim do prazo ou conclusão da obra:**

É a forma natural de término do contrato. Quer dizer, a extinção normal decorre do cumprimento direto da obrigação.

---

9. CC, Art. 602. O prestador de serviço contratado por tempo certo, ou por obra determinada, não se pode ausentar, ou despedir, sem justa causa, antes de preenchido o tempo, ou concluída a obra.

Parágrafo único. Se se despedir sem justa causa, terá direito à retribuição vencida, mas responderá por perdas e danos. O mesmo dar-se-á, se despedido por justa causa.

10. CC, Art. 603. Se o prestador de serviço for despedido sem justa causa, a outra parte será obrigada a pagar-lhe por inteiro a retribuição vencida, e por metade a que lhe tocaria de então ao termo legal do contrato.

LIÇÃO 17 • DA PRESTAÇÃO DE SERVIÇOS E DA EMPREITADA **157**

c) Rescisão do contrato mediante aviso prévio:

Conforme vimos no item 4, esta também é uma forma de extinção do contrato, tendo em vista que, não havendo prazo estipulado, nem se podendo inferir da natureza do contrato, ou do costume do lugar, qualquer das partes, a seu arbítrio, mediante prévio aviso, pode resolver o contrato.

d) Por inadimplemento:

Se qualquer das partes descumprir o contrato, autoriza a outra a rescindir o mesmo, pondo fim ao contrato. A resolução refere-se à inexecução culposa ou involuntária do acordado.

e) Impossibilidade da continuação do contrato:

Pode ocorrer de se tornar impossível o cumprimento do contrato por motivo de força maior. Se isso ocorrer, o contrato também estará extinto.

II – DA EMPREITADA

6. CONCEITO DE EMPREITADA

É o contrato através do qual uma das partes (empreiteiro), cobrando uma remuneração a ser paga pela outra parte (dono da obra), se obriga a realizar determinada obra nos moldes do projeto apresentado, pessoalmente ou por meio de terceiros (sem subordinação), podendo envolver, além da mão de obra, o fornecimento de materiais.

Podemos identificar dois tipos de empreitadas: aquela que envolve somente a mão de obra, também chamada de lavor; e, a empreitada mista, que envolve materiais e mão de obra (CC, art. 610).[11]

A obrigação de fornecer os materiais não se presume; resulta da lei ou da vontade das partes. Além disso, o contrato para elaboração de um projeto não implica a obrigação de executá-lo, ou de fiscalizar lhe a execução (ver CC, art. 610, §§ 1º e 2º).

---

11. CC, Art. 610. O empreiteiro de uma obra pode contribuir para ela só com seu trabalho ou com ele e os materiais.

§ 1º A obrigação de fornecer os materiais não se presume; resulta da lei ou da vontade das partes.

§ 2º O contrato para elaboração de um projeto não implica a obrigação de executá-lo, ou de fiscalizar-lhe a execução

7. NATUREZA JURÍDICA

O contrato de empreitada tem a seguinte natureza jurídica: é contrato bilateral ou sinalagmático, consensual, comutativo, oneroso, não solene, de execução continuada ou execução diferida.

a) Bilateral ou sinalagmático:

Esse tipo de contrato faz surgir obrigações recíprocas para ambas as partes: para o empreiteiro, a realização da obra; para o proprietário, o pagamento do preço ajustado.

b) Consensual:

É um contrato que se aperfeiçoa pelo encontro das vontades.

c) Comutativo:

Tendo em vista que ambas as partes podem antever o que cada um obterá de vantagem, e assim aferir a devida equivalência.

d) Oneroso:

Ambas as partes obtêm proveito e se submetem a sacrifícios.

e) De execução continuada ou diferida:

Esse tipo de contrato é realizado mediante atos continuados e, embora não sendo de prestações periódicas, necessita de um certo espaço de tempo para sua conclusão.

8. A SUBEMPREITADA

É perfeitamente possível transferir o cumprimento do contrato a terceiro, total ou parcialmente, o que lhe retira o caráter personalíssimo, de tal sorte a concluir que não se trata de contrato *intuitu personae*.

Contudo, podem as partes inserir no contrato uma cláusula proibitiva em face das especialidades ou qualidades do empreiteiro, quando então se tornará personalíssimo (CC, art. 626).[12]

9. RESPONSABILIDADE DO EMPREITEIRO

O empreiteiro responde por diversos aspectos no tocante à obra, dentre estes:

a) Quanto aos riscos da obra:

Nesse caso temos duas situações distintas: se forneceu somente mão de obra, não responderá pela deterioração da obra, desde que não tenha

---

12. CC, Art. 626. Não se extingue o contrato de empreitada pela morte de qualquer das partes, salvo se ajustado em consideração às qualidades pessoais do empreiteiro.

LIÇÃO 17 • DA PRESTAÇÃO DE SERVIÇOS E DA EMPREITADA **159**

incorrido em culpa (CC, art. 612);[13] se de outro lado forneceu também o material, correm por sua conta os riscos até o momento da entrega da obra, a contento de quem a encomendou (CC, art. 611).[14]

b) **Quanto à solidez e segurança do prédio:**

Sendo a empreitada de edifícios ou outras de construções consideráveis, o empreiteiro de materiais e execução responderá, durante o prazo de 5 (cinco) anos, pela solidez e segurança do trabalho, assim em razão dos materiais, como do solo (CC, art. 618).[15] Esse prazo é de garantia e a culpa do construtor é presumida.

Atenção: para exercer esse direito a parte deve promover a ação no prazo decadencial de 180 (cento e oitenta) dias, contado do aparecimento do vício ou defeito.

c) **Quanto à perfeição da obra:**

O empreiteiro tem a obrigação de entregar a obra a contento do dono, que poderá recusá-la se ele não a fez segundo os planos ou as normas técnicas aplicáveis à espécie (CC, art. 615)[16] ou aceitá-la no estado reclamando um abatimento no preço (CC, art. 616).[17]

d) **Quanto à responsabilidade pelos materiais:**

Se a empreitada é somente de lavor, o empreiteiro responde pelos materiais que recebeu se os mesmos se perderem ou se inutilizarem por sua imperícia ou imprudência (CC, art. 617).[18]

---

13. CC, Art. 612. Se o empreiteiro só forneceu mão-de-obra, todos os riscos em que não tiver culpa correrão por conta do dono.

14. CC, Art. 611. Quando o empreiteiro fornece os materiais, correm por sua conta os riscos até o momento da entrega da obra, a contento de quem a encomendou, se este não estiver em mora de receber. Mas se estiver, por sua conta correrão os riscos.

15. CC, Art. 618. Nos contratos de empreitada de edifícios ou outras construções consideráveis, o empreiteiro de materiais e execução responderá, durante o prazo irredutível de cinco anos, pela solidez e segurança do trabalho, assim em razão dos materiais, como do solo.
    Parágrafo único. Decairá do direito assegurado neste artigo o dono da obra que não propuser a ação contra o empreiteiro, nos cento e oitenta dias seguintes ao aparecimento do vício ou defeito.

16. CC, Art. 615. Concluída a obra de acordo com o ajuste, ou o costume do lugar, o dono é obrigado a recebê-la. Poderá, porém, rejeitá-la, se o empreiteiro se afastou das instruções recebidas e dos planos dados, ou das regras técnicas em trabalhos de tal natureza.

17. CC, Art. 616. No caso da segunda parte do artigo antecedente, pode quem encomendou a obra, em vez de enjeitá-la, recebê-la com abatimento no preço.

18. CC, Art. 617. O empreiteiro é obrigado a pagar os materiais que recebeu, se por imperícia ou negligência os inutilizar.

e) Quanto aos danos causados a terceiros:

Pode haver solidariedade entre o construtor e o proprietário quando se tratar de danos causados aos vizinhos (rachaduras, desmoronamento etc.). Já com relação a terceiro não vizinho, a responsabilidade é exclusiva do empreiteiro (queda de material, desabamento etc.).

10. EXTINÇÃO DA EMPREITADA

A empreitada como qualquer outro contrato pode ser extinto pelas mais variadas formas; vejamos:

a) Execução da obra:

É a forma regular de extinção do contrato quando o empreiteiro consegue cumprir integralmente o contrato e entrega a obra a contento do proprietário.

b) Resilição bilateral:

Pode o contrato ser extinto sem responsabilidade para nenhuma das partes se de comum acordo resolvem distratar o que tinha contratado.

c) Resilição unilateral por qualquer das partes:

Pode o proprietário resilir o contrato a qualquer tempo, sem nenhuma causa que justifique, desde que pague os serviços realizados e indenize as perdas e danos do empreiteiro (CC, art. 623).[19] Da mesma forma o empreiteiro, que responderá por perdas e danos (CC, art. 624).[20]

d) Culpa do dono ou força maior:

Autoriza o Código Civil a rescisão unilateral do contrato por parte do empreiteiro se a obra não puder ser continuada por culpa do proprietário ou por motivo de força maior (CC, art. 625, I).[21]

---

19. CC, Art. 623. Mesmo após iniciada a construção, pode o dono da obra suspendê-la, desde que pague ao empreiteiro as despesas e lucros relativos aos serviços já feitos, mais indenização razoável, calculada em função do que ele teria ganho, se concluída a obra.

20. CC, Art. 624. Suspensa a execução da empreitada sem justa causa, responde o empreiteiro por perdas e danos.

21. CC, Art. 625. Poderá o empreiteiro suspender a obra:

    I – por culpa do dono, ou por motivo de força maior;

    II – quando, no decorrer dos serviços, se manifestarem dificuldades imprevisíveis de execução, resultantes de causas geológicas ou hídricas, ou outras semelhantes, de modo que torne a empreitada excessivamente onerosa, e o dono da obra se opuser ao reajuste do preço inerente ao projeto por ele elaborado, observados os preços;

    III – se as modificações exigidas pelo dono da obra, por seu vulto e natureza, forem desproporcionais ao projeto aprovado, ainda que o dono se disponha a arcar com o acréscimo de preço.

LIÇÃO 17 • DA PRESTAÇÃO DE SERVIÇOS E DA EMPREITADA — 161

e) **Por onerosidade excessiva:**

É também motivo de rescisão unilateral se o empreiteiro encontrar dificuldades imprevistas durante a execução da obra, que não puderam ser previstas, resultantes de causas geológicas ou hídricas, ou outras semelhantes, de modo que torne a empreitada excessivamente onerosa, e se o dono da obra não aceitar fazer o reajustamento do preço (ver CC, art. 625, II).

f) **Modificações desproporcionais:**

Esta também pode ser causa de extinção do contrato porque o empreiteiro não é obrigado a assumir os caprichos do proprietário que resolve, sem justificativa plausível, alterar o projeto previamente aprovado onerando e desequilibrando substancialmente o contrato (ver CC, art. 625, III).

11. DIFERENÇAS ENTRE PRESTAÇÃO DE SERVIÇOS E EMPREITADA

Agora, para encerrar essa lição vamos ver quais são as principais diferenças entre os contratos de prestação de serviços e empreitada.

a) **Quanto ao objeto:**

O objeto da prestação de serviços é a realização de uma atividade; enquanto que na empreitada é a promessa de conclusão da obra.

b) **Quanto à obrigação:**

Na prestação de serviços o prestador assume uma obrigação de meio; enquanto que na empreitada a obrigação é de resultado.

c) **Quanto ao pagamento:**

O prestador de serviços será remunerado pelo tempo de serviço prestado ou, excepcionalmente, pode ser adiantado ou por parcelas (CC, art. 597);[22] enquanto que o empreiteiro só recebe em razão das etapas ou da conclusão da obra, conforme seja o contrato (CC, art. 614).[23]

---

22. CC, Art. 597. A retribuição pagar-se-á depois de prestado o serviço, se, por convenção, ou costume, não houver de ser adiantada, ou paga em prestações.

23. CC, Art. 614. Se a obra constar de partes distintas, ou for de natureza das que se determinam por medida, o empreiteiro terá direito a que também se verifique por medida, ou segundo as partes em que se dividir, podendo exigir o pagamento na proporção da obra executada.

§ 1º Tudo o que se pagou presume-se verificado.

§ 2º O que se mediu presume-se verificado se, em trinta dias, a contar da medição, não forem denunciados os vícios ou defeitos pelo dono da obra ou por quem estiver incumbido da sua fiscalização.

d) Quanto à supervisão:

A prestação de serviços é realizada sob a supervisão do tomador; enquanto que na empreitada é o empreiteiro quem direciona e supervisiona os trabalhos.

e) Quanto aos riscos:

Na prestação de serviços os riscos são do contratante; enquanto que na empreitada os riscos são do empreiteiro.

12. PRESCRIÇÃO

Cumpre esclarecer inicialmente que o prazo estabelecido no art. 618 do Código Civil vigente é de garantia, e, não, prescricional ou decadencial. O evento danoso, para caracterizar a responsabilidade da construtora, deve ocorrer dentro dos 5 (cinco) anos previstos no retro citado artigo.

O prazo prescricional para o exercício do direito de ação visando indenização pelos defeitos da obra inicia-se depois de esgotados o referido prazo de garantia e pode ser exercido pelo prazo de 10 (dez) anos (ver CC, art. 205).

Lição 18
DO DEPÓSITO

Sumário: 1. Conceito – 2. Características – 3. Espécies de depósito; 3.1 Depósito voluntário; 3.2 Depósito necessário; 3.3 Depósito irregular; 3.4 Depósito judicial – 4. Obrigações do depositário – 5. Direitos do depositário – 6. Obrigações do depositante – 7. Direitos do depositante – 8. Curiosidades interessantes.

1. CONCEITO

É o contrato pelo qual uma das partes (depositante) entrega a outra (depositário) coisa móvel para ser guardada com a obrigação de ser restituída no prazo estabelecido no contrato ou quando for reclamada (CC, art. 627).[1]

2. CARACTERÍSTICAS

A essência principal do contrato de depósito é a guarda temporária de coisa alheia, porém é possível destacar outros traços característicos, tais como:

a) **A coisa não pode ser usada pelo depositário:**

O depositário recebe a coisa com a função de guardá-la para devolver ao proprietário assim que reclamada e não para uso, nem seu nem de terceiro, a não ser que seja expressamente autorizado (CC, art. 640).[2]

b) **O contrato se aperfeiçoa pela tradição:**

Para configurar o contrato de depósito, é necessária a entrega efetiva da coisa, pois não basta o encontro das vontades, tendo em vista ser um contrato de natureza real.

---

1. CC, Art. 627. Pelo contrato de depósito recebe o depositário um objeto móvel, para guardar, até que o depositante o reclame.
2. CC, Art. 640. Sob pena de responder por perdas e danos, não poderá o depositário, sem licença expressa do depositante, servir-se da coisa depositada, nem a dar em depósito a outrem.

    Parágrafo único. Se o depositário, devidamente autorizado, confiar a coisa em depósito a terceiro, será responsável se agiu com culpa na escolha deste.

Atenção: pode excepcionalmente ocorrer de a tradição ser ficta quando, por exemplo, o proprietário da coisa vende-a e o novo proprietário pede que ele permaneça com o bem até segunda ordem. A isso se denomina "constituto possessório".

c) **Só para coisas móveis:**

Pela dicção do Código Civil, o contrato de depósito aplica-se somente às coisas móveis (ver CC, art. 627).

Exceção: os bens imóveis podem ser objeto de depósito em ação judicial como resultado de penhora (ver CPC, art. 840, II e III), bem como em todo e qualquer processo em que a coisa imóvel tenha se tornada litigiosa, mas isso é uma ficção jurídica (ver item 3.4 dessa lição).

d) **Obrigação de restituição da coisa quando reclamada:**

Ainda que o contrato seja por prazo determinado, é um contrato marcado tipicamente pela temporariedade já que o depositante pode a qualquer tempo pedir a coisa de volta e o depositário terá a obrigação de devolvê-la (CC, art. 633).[3]

Exceção: o depositário pode reter a coisa se tiver direito de se ver indenizado pelas despesas realizadas para conservação do bem (CC, art. 644);[4] ou se o objeto tiver sido judicialmente embargado ou se sobre ele penda execução; ou ainda se houver motivo razoável de suspeita que a coisa foi dolosamente obtida (ver CC, art. 633, *in fine*).

e) **Gratuidade como regra geral:**

Diz expressamente o Código Civil que o contrato de depósito é gratuito, podendo ser, excepcionalmente, remunerado (CC, art. 628).[5] Na vida

---

3. CC, Art. 633. Ainda que o contrato fixe prazo à restituição, o depositário entregará o depósito logo que se lhe exija, salvo se tiver o direito de retenção a que se refere o art. 644, se o objeto for judicialmente embargado, se sobre ele pender execução, notificada ao depositário, ou se houver motivo razoável de suspeitar que a coisa foi dolosamente obtida.

4. CC, Art. 644. O depositário poderá reter o depósito até que se lhe pague a retribuição devida, o líquido valor das despesas, ou dos prejuízos a que se refere o artigo anterior, provando imediatamente esses prejuízos ou essas despesas.

    Parágrafo único. Se essas dívidas, despesas ou prejuízos não forem provados suficientemente, ou forem ilíquidos, o depositário poderá exigir caução idônea do depositante ou, na falta desta, a remoção da coisa para o Depósito Público, até que se liquidem.

5. CC, Art. 628. O contrato de depósito é gratuito, exceto se houver convenção em contrário, se resultante de atividade negocial ou se o depositário o praticar por profissão.

    Parágrafo único. Se o depósito for oneroso e a retribuição do depositário não constar de lei, nem resultar de ajuste, será determinada pelos usos do lugar, e, na falta destes, por arbitramento.

LIÇÃO 18 • DO DEPÓSITO

prática acontece exatamente o contrário, ou seja, na vida de relações o contrato de depósito é oneroso.

Atenção: sendo gratuito, o contrato será considerado unilateral (obrigações só para o depositário); e, em sendo oneroso, será bilateral (obrigações para ambas as partes).

3. ESPÉCIES DE DEPÓSITO

O Código Civil disciplina de maneira direta duas formas de contrato de depósito, que são o voluntário e o necessário. Por vias transversas, equipara a guarda de bagagens dos viajantes e hóspedes a depósito necessário.

Temos ainda o depósito judicial, que encontra previsão no Código de Processo Civil.

A doutrina ainda identifica outra modalidade de depósito, chamado de irregular por recair em coisas fungíveis.

Vejamos cada uma dessas espécies.

3.1 Depósito voluntário

É aquele que é livremente pactuado entre as partes (regulado no Código Civil, nos arts. 627 a 646).

Para firmar esse contrato, é necessário que ambas as partes sejam capazes, como de resto para qualquer outro negócio jurídico válido (ver CC, art. 104, I), admitindo-se excepcional que os menores relativamente incapazes possam realizar alguns tipos de depósitos, desde que autorizados por seus representantes legais (depósito e movimentação em contas bancárias, por exemplo).

O depósito não precisa ser necessariamente realizado pelo proprietário da coisa, podendo ser realizado por terceira pessoa até mesmo a pedido do dono. Qualquer um pode fazer o depósito em nome próprio ou em nome do depositante. Para entender melhor, é só você pensar nos depósitos bancários; na guarda de um veículo em estacionamento; no depósito de malas de viagens no guarda-volumes do aeroporto etc.

Embora seja um contrato que não necessita de forma especial para sua validade, por questão de segurança jurídica o legislador fez consignar que **o depósito voluntário provar-se-á por escrito** (CC, art. 646).[6]

---

6. CC, Art. 646. O depósito voluntário provar-se-á por escrito.

3.2 Depósito necessário

Necessário é o depósito decorrente de imposição de lei ou decorrente de calamidades, quando o depositante se vê com a necessidade premente de deixar seus bens com alguém que os guarde.

Ambos estão previstos no art. 647[7] do Código Civil. Vejamos:

a) **Depósito legal:**

Como já mencionamos, são aqueles que ocorrem por imposição legal, isto é, não ocorre por acordo de vontade entre as partes. É exemplo típico desse tipo de depósito aquele previsto no art. 1.233[8] do Código Civil, que manda aquele que encontrar coisa alheia perdida, não podendo restituí-la ao dono ou não podendo encontrá-lo, deverá entregar a coisa achada à autoridade competente. Outros exemplos podem ser encontrados no mesmo diploma legal nos arts. 345, 635, 641, 1.435 etc.

b) **Depósito miserável:**

É o depósito que se efetua em virtude de alguma calamidade pública, como o incêndio, a inundação, o terremoto, o naufrágio ou o saque. O que caracteriza esse tipo de depósito é a urgente necessidade do depositante em colocar a salvo seus pertences. Mesmo diante dessa necessidade, o Código Civil dispõe que ele não se presume gratuito, logo devendo ser remunerado (CC, art. 651).[9] Outro aspecto que releva comentar é que **o depósito miserável pode ser provado por qualquer meio de prova** (CC, art. 648, parágrafo único).[10]

c) **Depósito necessário por equiparação:**

O Código Civil equipara a depósito necessário as bagagens das pessoas que se hospedam em hotéis ou pensões (CC, art. 649),[11] cuja remunera-

---

7. CC, Art. 647. É depósito necessário:

   I – o que se faz em desempenho de obrigação legal;

   II – o que se efetua por ocasião de alguma calamidade, como o incêndio, a inundação, o naufrágio ou o saque.

8. CC, Art. 1.233. Quem quer que ache coisa alheia perdida há de restituí-la ao dono ou legítimo possuidor.

   Parágrafo único. Não o conhecendo, o descobridor fará por encontrá-lo, e, se não o encontrar, entregará a coisa achada à autoridade competente.

9. CC, Art. 651. O depósito necessário não se presume gratuito. Na hipótese do art. 649, a remuneração pelo depósito está incluída no preço da hospedagem.

10. CC, Art. 648. O depósito a que se refere o inciso I do artigo antecedente, reger-se-á pela disposição da respectiva lei, e, no silêncio ou deficiência dela, pelas concernentes ao depósito voluntário.

    Parágrafo único. As disposições deste artigo aplicam-se aos depósitos previstos no inciso II do artigo antecedente, podendo estes certificarem-se por qualquer meio de prova.

11. CC, Art. 649. Aos depósitos previstos no artigo antecedente é equiparado o das bagagens dos viajantes ou hóspedes nas hospedarias onde estiverem.

LIÇÃO 18 • DO DEPÓSITO **167**

ção se presume esteja embutida no preço da hospedagem (ver CC, art. 651). Os hospedeiros responderão objetivamente pelos furtos e roubos que forem praticados por seus funcionários ou terceiros, somente se isentando se provar que os fatos prejudiciais aos viajantes ou hóspedes não podiam ter sido evitados, como o caso fortuito ou de força maior (CC, art. 650).[12]

Atenção: a doutrina tem entendido que tal preceito se aplica também aos colégios, internatos, hospitais e outros locais que forneçam acomodações e estadia para sua clientela.

3.3 Depósito irregular

Denominamos de depósito irregular aquele que envolve coisas fungíveis, isto é, coisas que podem ser consumidas, devendo o depositário se responsabilizar por devolver ao depositante coisa da mesma espécie, quantidade e qualidade. Nesse caso, manda o nosso Código Civil que, na eventualidade de discórdia, seja aplicada as regras do mútuo (CC, art. 645).[13]

> **Exemplo:** caso típico do depósito bancário onde o depositante entrega seu dinheiro para o banco guardar com o compromisso de devolver igual quantidade quando pretender sacar a quantia depositada, no todo ou em parte.

> **Outro exemplo:** é o depósito de mercadorias em armazéns, onde a empresa depositária emite um certificado de depósito (também chamado de *warrant*), pelo qual se compromete a devolver, quando requerida, mesma quantidade e qualidade da coisa depositada.

3.4 Depósito judicial

É aquele depósito que surge por determinação judicial com a finalidade de preservar a coisa litigiosa, até a solução da lide. Podendo recair em bens móveis ou imóveis; que pode ser remunerado e confere poderes de administração ao depositário. Nesse caso, o juiz nomeará um depositário, cuja função será a de conservar a coisa para evitar seu perecimento ou deterioração, de forma a não

---

Parágrafo único. Os hospedeiros responderão como depositários, assim como pelos furtos e roubos que perpetrarem as pessoas empregadas ou admitidas nos seus estabelecimentos.

12. CC, Art. 650. Cessa, nos casos do artigo antecedente, a responsabilidade dos hospedeiros, se provarem que os fatos prejudiciais aos viajantes ou hóspedes não podiam ter sido evitados.

13. CC, Art. 645. O depósito de coisas fungíveis, em que o depositário se obrigue a restituir objetos do mesmo gênero, qualidade e quantidade, regular-se-á pelo disposto acerca do mútuo.

trazer prejuízo aos direitos do interessado pela eventual demora na apreciação judicial.

É um instituto que decorre da atividade jurisdicional, não se confundindo com o depósito regulado no Código Civil, tendo em vista que neste tipo de negócio, o depositário cumpre o papel de auxiliar do juízo.

É um instituto muito utilizado, pois em todo o processo em que haja litígio sobre determinada coisa certamente haverá uma decisão nomeando alguém depositário até que se resolva a quem pertence o bem em disputa.

Para se ter uma ideia, nas ações de execução por quantia certa, quando o executado não satisfaz o crédito e o credor é obrigado a promover a penhora dos bens do devedor (móveis ou imóveis), o juiz nomeará alguém como depositário destes bens, até que haja o praceamento dos mesmos (CPC, art. 840).[14]

Ademais, no curso de qualquer processo é perfeitamente possível que haja a determinação judicial de depósito de bens quando se tratar de processo de execução para entrega de coisa, no arresto, no sequestro, dentre outros.

4. OBRIGAÇÕES DO DEPOSITÁRIO

As principais obrigações do depositário são as de guardar e conservar a coisa como se sua fosse para restituí-la em perfeitas condições quando solicitado pelo depositante (CC, art. 629).[15]

Além dessas, podemos destacar as seguintes:

---

14. CPC, Art. 840. Serão preferencialmente depositados:

I – as quantias em dinheiro, os papéis de crédito e as pedras e os metais preciosos, no Banco do Brasil, na Caixa Econômica Federal ou em banco do qual o Estado ou o Distrito Federal possua mais da metade do capital social integralizado, ou, na falta desses estabelecimentos, em qualquer instituição de crédito designada pelo juiz;

II – os móveis, os semoventes, os imóveis urbanos e os direitos aquisitivos sobre imóveis urbanos, em poder do depositário judicial;

III – os imóveis rurais, os direitos aquisitivos sobre imóveis rurais, as máquinas, os utensílios e os instrumentos necessários ou úteis à atividade agrícola, mediante caução idônea, em poder do executado.

§ 1º No caso do inciso II do caput, se não houver depositário judicial, os bens ficarão em poder do exequente.

§ 2º Os bens poderão ser depositados em poder do executado nos casos de difícil remoção ou quando anuir o exequente.

§ 3º As joias, as pedras e os objetos preciosos deverão ser depositados com registro do valor estimado de resgate

15. CC, Art. 629. O depositário é obrigado a ter na guarda e conservação da coisa depositada o cuidado e diligência que costuma com o que lhe pertence, bem como a restituí-la, com todos os frutos e acrescidos, quando o exija o depositante.

LIÇÃO 18 • DO DEPÓSITO **169**

a) **Poderá responder pelos danos:**

Nesse caso, poderá ser responsabilizado por culpa ou dolo no caso da coisa se deteriorar ou perecer, somente se exonerando se provar caso fortuito ou força maior (CC, art. 642).[16]

b) **Dever de sigilo:**

Se a coisa lhe foi entregue fechada, lacrada ou selada não poderá violar seu conteúdo (CC, art. 630).[17]

c) **Restituir os frutos e acrescidos:**

O depositário se obriga a restituir a coisa com os frutos e acrescidos que eventualmente tenham rendido enquanto a coisa esteve depositada (ver CC, art. 629, 2ª parte).

5. DIREITOS DO DEPOSITÁRIO

Assim como tem obrigações o depositário também tem direitos assegurados pelo Código Civil e são eles:

a) **Reembolso das despesas e prejuízos:**

Independentemente de o depósito ser gratuito ou oneroso, o depositário tem o direito de receber as despesas necessárias realizadas para a conservação da coisa, bem como os prejuízos que o depósito possa lhe ter causado (CC, art. 643).[18]

Exemplo: Vamos imaginar que Juka deixou seu cão Jack com o Jojolino. Quando Juka vai buscar o seu cão Jojolino lhe apresenta a conta da ração consumida pelo animal no período (despesas), acrescido do que teve que dispor para consertar o sofá que o Jack rasgou (prejuízo).

b) **Exercer o direito de retenção:**

Poderá exercer o direito de retenção, recusando-se a devolver a coisa depositada até que o depositante lhe reembolse de todos os valores devidos, a título de retribuição ou mesmo dos prejuízos (ver CC, art. 644 – NR-4).

---

16. CC, Art. 642. O depositário não responde pelos casos de força maior; mas, para que lhe valha a escusa, terá de prová-los.
17. CC, Art. 630. Se o depósito se entregou fechado, colado, selado, ou lacrado, nesse mesmo estado se manterá.
18. CC, Art. 643. O depositante é obrigado a pagar ao depositário as despesas feitas com a coisa, e os prejuízos que do depósito provierem.

c) Receber a remuneração se o depósito é oneroso:

Sendo o depósito oneroso, o depositário pode exigir a remuneração contratada, ou, na falta de previsão, pelos usos e costumes do lugar ou por arbitramento (ver CC, art. 628, *caput* e parágrafo único – NR-5).

d) Depositar judicialmente a coisa:

Quando não mais puder guardar a coisa ou o depositante se recuse em recebê-la, poderá o depositário requerer o depósito judicial (CC, art. 635).[19] Essa faculdade também poderá ser exercida nos casos em que o depositário tenha se tornado incapaz e o seu administrador tenha que promover a devolução do bem depositado, quando então poderá depositar em juízo se houver recusa ou se o depositante não puder receber a coisa (CC, 641).[20]

6. OBRIGAÇÕES DO DEPOSITANTE

Quando se trata das obrigações do depositante, temos que distinguir três situações diversas:

a) Se o depósito é oneroso:

Quando o depósito é oneroso, o contrato será bilateral e o depositante terá a obrigação de pagar a remuneração convencionada.

b) Se o depósito é gratuito:

Sendo gratuito, portanto, unilateral, somente o depositário é que terá obrigações.

c) Obrigação eventual:

Nos dois casos, podem ocorrer obrigações para o depositante, porém posteriores ao pacto, tais como reembolsar as despesas realizadas para guarda e conservação da coisa; e indenizar o depositário pelos prejuízos que o depósito possa ter lhe causado (ver CC, art. 643 – NR-18).

7. DIREITOS DO DEPOSITANTE

No contrato de depósito, o depositante, assim como tem obrigações, também tem direitos que são os seguintes:

---

19. CC, Art. 635. Ao depositário será facultado, outrossim, requerer depósito judicial da coisa, quando, por motivo plausível, não a possa guardar, e o depositante não queira recebê-la.
20. CC, Art. 641. Se o depositário se tornar incapaz, a pessoa que lhe assumir a administração dos bens diligenciará imediatamente restituir a coisa depositada e, não querendo ou não podendo o depositante recebê-la, recolhê-la-á ao Depósito Público ou promoverá nomeação de outro depositário.

LIÇÃO 18 • DO DEPÓSITO

a) Exigir a restituição da coisa a qualquer tempo:

Independentemente de prazo ajustado, o depositante tem o direito de exigir a devolução da coisa a qualquer tempo, com todos os seus acessórios e melhoramentos (ver CC, art. 629 – NR-15).

b) Impedir o uso da coisa:

A coisa depositada não poderá ser utilizada pelo depositante nem por terceiros (ver CC, art. 640 – NR-2).

c) Exigir a conservação da coisa:

O contrato de depósito impõe ao depositário o dever de cuidar e zelar da coisa como se dele fosse, por consequência é direito do depositante exigir que a coisa seja mantida no estado em que foi entregue (ver CC, art. 629, 1ª parte).

8. CURIOSIDADES INTERESSANTES

Além dos aspectos que já foram estudados, vale destacar algumas observações que poderão ser úteis.

a) Gratuidade do depósito:

Embora o Código Civil privilegie a forma gratuita nos contratos de depósito (ver CC, art. 628 – NR-5), a vida moderna nos mostra exatamente ao contrário, pois a prática diária permite às pessoas a celebração dos mais diversos contratos de depósito pela forma remunerada, dentre os quais se destacam os depósitos bancários.

b) Ação para reaver o bem depositado:

Na eventual recusa do depositário em devolver a coisa, o depositante terá direito de mover uma ação com a finalidade específica de reaver a coisa depositada. Nesta ação de procedimento comum, é possível ao autor requerer a tutela de evidência para, liminarmente, retomar a coisa depositada (CPC, art. 311, III).[21]

---

21. CPC, Art. 311. A tutela da evidência será concedida, independentemente da demonstração de perigo de dano ou de risco ao resultado útil do processo, quando:

(omissis)...

III – se tratar de pedido reipersecutório fundado em prova documental adequada do contrato de depósito, caso em que será decretada a ordem de entrega do objeto custodiado, sob cominação de multa; (...).

c) Prisão civil do depositário:

A prisão civil do depositário, chamado de infiel, embora prevista no Código Civil (art. 652), assim como na Constituição Federal (art. 5º, LXVII), não tem mais nenhuma eficácia, tendo sido, por assim dizer, derrogada pela edição da Súmula Vinculante nº 25, de seguinte teor: "É ilícita a prisão civil de depositário infiel, qualquer que seja a modalidade do depósito."

Atenção: depois da edição da Súmula Vinculante nº 25, no Brasil atual só se admite a prisão civil do devedor de pensão alimentícia, assim mesmo se voluntário e inescusável (CF, art. 5º, LXVII). Isso se fundamenta no fato de o Brasil ter aderido ao Pacto Internacional dos Direitos Civis e Políticos (art. 11) e à Convenção Americana sobre Direitos Humanos – "Pacto de San José da Costa Rica" (art. 7º, 7). Com isso, não há mais base legal no Brasil para a aplicação da parte final do art. 5º inciso LXVII, da Constituição, ou seja, para a prisão civil do depositário infiel, que foi derrogado por esses tratados internacionais.[22]

---

22. (STF – RE 466.343 (*DJe* 5.6.2009) – Rel. Min. Cezar Peluso (trecho do voto do Min. Gilmar Mendes – Tribunal Pleno, j. 03/12/2008).

LIÇÃO 19
DO MANDATO

Sumário: 1. Conceito – 2. Denominação das partes – 3. Os tipos de representantes (mandatários) – 4. Atos que podem ser praticados por procuração – 5. Atos que não podem ser praticados por procuração – 6. Características do mandato – 7. A procuração – 8. Espécies de mandato – 9. Mandato outorgado a duas ou mais pessoas – 10. Ato praticado com excesso pelo mandatário – 11. Obrigações do mandatário – 12. Obrigações do mandante – 13. Extinção do mandato – 14. Mandato em causa própria – 15. O mandato judicial.

1. CONCEITO

Dá-se o nome de mandato ao contrato pelo qual uma pessoa (o mandatário) recebe poderes de outra (mandante) para, em seu nome, praticar atos ou administrar seus bens ou interesses, vinculando-a ao ato praticado como se ela mesma o tivesse realizado (CC, art. 653).[1]

O vocábulo tem sua origem na expressão latina *manu datum*, que significava o aperto de mãos pelo qual as pessoas selavam um acordo, prometendo cumprir o que lhe era outorgado. Outros dizem que deriva de *mandare*, no sentido de mando ou ordem para alguém fazer algo em nome de quem manda.

Muitas vezes vamos encontrar a palavra *mandato* como sinônimo de procuração, mas não se deve com esta confundir, pois ela é o instrumento que prova de existência do mandato (ver CC, art. 653, parte final).

Atenção: **não confundir mandato** (outorga de poderes de representação) **com mandado** (ordem para cumprir uma determinação judicial).

---

1. CC, Art. 653. Opera-se o mandato quando alguém recebe de outrem poderes para, em seu nome, praticar atos ou administrar interesses. A procuração é o instrumento do mandato.

2. DENOMINAÇÃO DAS PARTES

Quem confere os poderes é chamado de **mandante** e quem recebe o mandato é chamado de **mandatário**, que passa à condição de representante de quem outorgou.

3. OS TIPOS DE REPRESENTANTES (MANDATÁRIOS)

Os representantes, enquanto pessoas autorizadas a agir em nome de outra pessoa e por elas realizarem negócios ou atos jurídicos, podem ser:

a) **Legais:**

Àqueles aos quais a lei confere os poderes para administrar bens e interesses de outrem, tais como os pais, tutores e curadores, que irão administrar os interesses dos filhos, tutelados ou curatelados, respondendo por eles perante terceiros.

b) **Judiciais:**

Aqueles que são nomeados pelo juiz para, dentro de determinado processo, agir como administrador, tais como o inventariante e o síndico da massa falida.

c) **Convencionais:**

Aqueles que se originam da livre escolha das pessoas, em face dos interesses que os possam mover em dadas circunstâncias que é, em verdade, o que nos interessa.

4. ATOS QUE PODEM SER PRATICADOS POR PROCURAÇÃO

Quase a totalidade dos atos da vida civil podem ser praticados por procuradores, desde que o objeto seja lícito e não contrarie os bons costumes e a moral.

Tanto serve para a defesa de interesses patrimoniais, como também para interesses não patrimoniais, tais como o reconhecimento de filho e o casamento, dentre outros.

5. ATOS QUE NÃO PODEM SER PRATICADOS POR PROCURAÇÃO

Somente os atos personalíssimos é que não podem ser praticados por representantes, tais como o testamento (ver CC, art. 1.858), a adoção (ver ECA, art. 39, § 2º), o depoimento pessoal (ver CPC, art. 385), dentre outros.

Assim também aqueles atos que, além de serem personalíssimos, são incompatíveis, por sua própria natureza, com a transferência para outra pessoa, somente podendo ser praticados pelo próprio interessado, tais como a prestação de serviço militar, a participação em concurso público ou mesmo o exercício do direito de voto numa eleição.

6. CARACTERÍSTICAS DO MANDATO

O mandato é um contrato de caráter personalíssimo, consensual, não solene, unilateral e, via de regra, gratuito:

a) **Personalíssimo ou *intuitu personae*:**

Porque se baseia na ideia de confiança técnica ou moral entre as pessoas envolvidas, consideradas aptas e capazes de delegar como também de praticar o ato desejado.

b) **Consensual:**

Este tipo de contrato se aperfeiçoa com o acordo de vontade entre as partes.

c) **Não solene:**

Como regra a lei não exige uma forma determinada, tanto que é perfeitamente possível o mandato verbal e até mesmo o tácito (CC, art. 656).[2]

Exceção: quando tratar-se de ato que a lei impõe uma determinada formalidade, o mandato deverá ser outorgado pela mesma forma, assim como se o ato a ser praticado for por escrito (CC, art. 657).[3] É o caso, por exemplo, da compra e venda de imóvel de valor superior a 30 salários mínimos, tendo em vista a exigência legal de ser realizada por instrumento público (ver CC, art. 108). Nesse caso, a procuração deve ser outorgada pela mesma forma, isto é, por instrumento público.

d) **Gratuito:**

Como regra geral, o mandato é gratuito em face da própria presunção legal (CC, art. 658),[4] podendo ser, eventualmente, oneroso.

---

2. CC, Art. 656. O mandato pode ser expresso ou tácito, verbal ou escrito.
3. CC, Art. 657. A outorga do mandato está sujeita à forma exigida por lei para o ato a ser praticado. Não se admite mandato verbal quando o ato deva ser celebrado por escrito.
4. CC, Art. 658. O mandato presume-se gratuito quando não houver sido estipulada retribuição, exceto se o seu objeto corresponder ao daqueles que o mandatário trata por ofício ou profissão lucrativa.

Exceção: exclui-se da regra geral aqueles que foram conferidos a determinadas pessoas em razão de profissão ou ofício que exerçam, como, por exemplo, **o mandato outorgado a advogado, ao corretor de imóveis, ao despachante, ao leiloeiro** etc. **Estes se presumem sempre onerosos** tanto que se não houver retribuição prevista em lei ou no contrato, será ela determinada pelos usos e costumes do lugar ou por arbitramento (ver CC, art. 658, parágrafo único).

e) **Unilateral:**

Tendo em vista que o contrato é gratuito, como regra geral, somente gera obrigações para o mandatário.

Exceção: quando o mandato for oneroso, o contrato passa a ser bilateral.

7. A PROCURAÇÃO

É o instrumento pelo qual se prova a existência do mandato e dos poderes conferidos ao mandatário, quando for outorgada por escrito (ver CC, art. 656 – NR-2).

A procuração pode ser *ad negocia* e *ad judicia*. Dizemos que a procuração é outorgada *ad negotia* quando é concedida para decisões a serem tomadas de caráter extrajudicial, quer dizer, para os negócios em geral. A *ad judicia* é específica para nomear advogado que irá ingressar em juízo em nome do mandante.

Ainda com relação à procuração, cabe destacar os seguintes aspectos:

a) **Quem pode outorgar:**

Qualquer pessoa que esteja na plenitude de sua capacidade para os atos da vida civil pode outorgar mandato, que valerá desde que contenha a assinatura do mandante (CC, art. 654).[5] Assim também as pessoas jurídicas.

b) **Quem não pode outorgar:**

As pessoas que sejam incapazes, tanto os absoluta quanto os relativamente, não podem outorgar procuração. Os relativamente incapazes podem outorgar procuração por instrumento público e desde que assistidos

---

Parágrafo único. Se o mandato for oneroso, caberá ao mandatário a retribuição prevista em lei ou no contrato. Sendo estes omissos, será ela determinada pelos usos do lugar, ou, na falta destes, por arbitramento.

5. CC, Art. 654. Todas as pessoas capazes são aptas para dar procuração mediante instrumento particular, que valerá desde que tenha a assinatura do outorgante.

§ 1º O instrumento particular deve conter a indicação do lugar onde foi passado, a qualificação do outorgante e do outorgado, a data e o objetivo da outorga com a designação e a extensão dos poderes conferidos.

§ 2º O terceiro com quem o mandatário tratar poderá exigir que a procuração traga a firma reconhecida

por quem os representem legalmente. O mandato em nome de pessoa absolutamente incapaz é outorgado pelo seu representante legal e pode ser por instrumento particular.

c) **Quem pode receber:**

Todas as pessoas capazes podem receber procuração, até mesmo alguns relativamente incapazes, como, por exemplo, o menor de 18 e maior de 16 anos, com a ressalva de que o mandante não tem ação contra ele por eventuais excessos (CC, art. 666);[6] o pródigo, vez que a limitação de suas capacidades somente tem a ver com a disposição de seus próprios bens (ver CC, art. 1782); da mesma forma o "falido", que também estará tão somente impedido de dispor de seus próprios bens, sendo apto para os demais atos da vida civil.

d) **Pode ser substabelecida a terceiro:**

O substabelecimento é a transferência pelo mandatário dos poderes que lhe foram outorgados pelo mandante, em parte ou no todo, para outra pessoa (o substabelecido). Pode ser realizado por instrumento particular, ainda que a originária tenha sido outorgada por instrumento público (CC, art. 655),[7] com reserva ou com iguais poderes.

Atenção: se houver proibição de substabelecer na procuração, os atos praticados pelo substabelecido não obrigarão ao mandante, salvo se depois for por ele ratificado (ver CC, art. 667, § 3º – NR-12).

e) **Reconhecimento de firma:**

Não há necessidade de proceder-se ao reconhecimento de firma de quem outorga a procuração, porém o terceiro com quem se contrata tem o direito de fazer essa exigência (CC, art. 654, § 2º – NR-5).

f) **Quanto ao analfabeto e ao cego:**

O analfabeto por não ter como assinar, somente outorgará procuração pela forma pública. Da mesma forma o cego.

8. ESPÉCIES DE MANDATO

Tendo em vista a extensão dos poderes que serão conferidos ao mandatário, a procuração pode ser:

---

6. CC, Art. 666. O maior de dezesseis e menor de dezoito anos não emancipado pode ser mandatário, mas o mandante não tem ação contra ele senão de conformidade com as regras gerais, aplicáveis às obrigações contraídas por menores.

7. CC, Art. 655. Ainda quando se outorgue mandato por instrumento público, pode substabelecer-se mediante instrumento particular.

a) Especial:

Aquela que é outorgada para a realização de um ou mais negócios bem especificados, como, por exemplo, para a venda de um determinado imóvel (CC, art. 660).[8]

b) Em termos gerais:

Aquela que se estende a todos os negócios do mandante, porém sofre uma restrição legal, tendo em vista que somente conferirá ao mandatário poderes de administração, isto é, poderes de gerência (CC, art. 661, *caput*).[9]

c) Poderes especiais e expressos:

São poderes atribuídos ao mandatário, de maneira expressa pelo mandante, para a realização de determinado negócio jurídico que vai além da simples administração, como os poderes outorgados ao mandatário para hipotecar o imóvel da rua X nº Y, na cidade tal. Quer dizer, esses poderes devem ser expressos e especialmente para a realização de um determinado negócio cujo objeto deve estar descrito e bem individualizado (ver CC, art. 661, § 1º).

9. MANDATO OUTORGADO A DUAS OU MAIS PESSOAS

Quando isso ocorrer, presume-se que a outorga é simultânea, permitindo que qualquer deles possa atuar e substabelecer separadamente, a não ser que haja cláusula expressa dizendo que determinados atos somente podem ser praticados conjuntamente (CC, art. 672).[10]

10. ATO PRATICADO COM EXCESSO PELO MANDATÁRIO

Estabelece a lei que o mandatário somente pode agir nos limites dos poderes que lhes foram conferidos, porém, na ocorrência de atos praticados sem mandato ou que extrapolem os poderes conferidos, poderão ser ratificados pelo

---

8. CC, Art. 660. O mandato pode ser especial a um ou mais negócios determinadamente, ou geral a todos os do mandante.
9. CC, Art. 661. O mandato em termos gerais só confere poderes de administração.
   § 1º Para alienar, hipotecar, transigir, ou praticar outros quaisquer atos que exorbitem da administração ordinária, depende a procuração de poderes especiais e expressos.
   § 2º O poder de transigir não importa o de firmar compromisso.
10. CC, Art. 672. Sendo dois ou mais os mandatários nomeados no mesmo instrumento, qualquer deles poderá exercer os poderes outorgados, se não forem expressamente declarados conjuntos, nem especificamente designados para atos diferentes, ou subordinados a atos sucessivos. Se os mandatários forem declarados conjuntos, não terá eficácia o ato praticado sem interferência de todos, salvo havendo ratificação, que retroagirá à data do ato.

LIÇÃO 19 • DO MANDATO **179**

mandante, desde que de forma expressa ou pela prática de atos inequívocos de aprovação (CC, art. 662).[11]

11. OBRIGAÇÕES DO MANDATÁRIO

Ao aceitar o mandato, o mandatário assume a obrigação de bem e fielmente executar a vontade do mandante, e mais:

a) **Limitar sua atuação:**

Deve atuar nos limites das instruções e dos poderes que lhe foram conferidos pelo mandante, pois se exceder esses limites poderá ser responsabilizado pelos danos que sua atuação possa ter causado (CC, art. 679).[12]

b) **Cumprir o mandato com diligência:**

Deve executar o mandato com a diligência que se esperaria que ele dedicasse na realização do seu próprio interesse, sob pena de ter que indenizar o mandante pelos prejuízos causados por sua culpa ou daqueles a quem substabeleceu sem autorização (CC, art. 667).[13]

c) **Prestar contas:**

Deverá prestar contas dos atos praticados em nome do mandante, transferindo-lhe os frutos e vantagens que o mandato tenha permitido gerar (CC, art. 668).[14]

---

11. CC, Art. 662. Os atos praticados por quem não tenha mandato, ou o tenha sem poderes suficientes, são ineficazes em relação àquele em cujo nome foram praticados, salvo se este os ratificar.

    Parágrafo único. A ratificação há de ser expressa, ou resultar de ato inequívoco, e retroagirá à data do ato.

12. CC, Art. 679. Ainda que o mandatário contrarie as instruções do mandante, se não exceder os limites do mandato, ficará o mandante obrigado para com aqueles com quem o seu procurador contratou; mas terá contra este ação pelas perdas e danos resultantes da inobservância das instruções.

13. CC, Art. 667. O mandatário é obrigado a aplicar toda sua diligência habitual na execução do mandato, e a indenizar qualquer prejuízo causado por culpa sua ou daquele a quem substabelecer, sem autorização, poderes que devia exercer pessoalmente.

    § 1º Se, não obstante proibição do mandante, o mandatário se fizer substituir na execução do mandato, responderá ao seu constituinte pelos prejuízos ocorridos sob a gerência do substituto, embora provenientes de caso fortuito, salvo provando que o caso teria sobrevindo, ainda que não tivesse havido substabelecimento.

    § 2º Havendo poderes de substabelecer, só serão imputáveis ao mandatário os danos causados pelo substabelecido, se tiver agido com culpa na escolha deste ou nas instruções dadas a ele.

    § 3º Se a proibição de substabelecer constar da procuração, os atos praticados pelo substabelecido não obrigam o mandante, salvo ratificação expressa, que retroagirá à data do ato.

    § 4º Sendo omissa a procuração quanto ao substabelecimento, o procurador será responsável se o substabelecido proceder culposamente.

14. CC, Art. 668. O mandatário é obrigado a dar contas de sua gerência ao mandante, transferindo-lhe as vantagens provenientes do mandato, por qualquer título que seja.

d) Mudança de estado do mandante:

Independentemente da morte ou interdição do mandante, deverá o mandatário concluir o negócio, desde que já tenha sido entabulado, se houver perigo de dano na eventual demora (CC, art. 674).[15]

12. OBRIGAÇÕES DO MANDANTE

São várias as obrigações do mandante e de diversas naturezas (ver CC, arts. 675 a 681), cabendo destacar as seguintes:

a) Cumprir as obrigações assumidas pelo mandatário:

O mandante está obrigado a cumprir com todas as obrigações assumidas pelo mandatário em seu nome, desde que dentro dos poderes a ele conferidos (CC, art. 675).[16]

b) Arcar com as despesas de execução do mandato:

Deve o mandante responder pelas despesas necessárias à execução do mandato, bem como adiantar a importância das despesas necessárias à execução dele, quando o mandatário lho pedir (ver CC, art. 675 c/c art. 676).

c) Pagar os honorários:

Se o mandato não é gratuito, deve o mandante pagar a remuneração ajustada no mandato, ainda que o negócio não tenha sido realizado com sucesso, exceto se o mandatário teve culpa (CC, art. 676).[17]

d) Indenizar os prejuízos do mandatário:

Deverá também indenizar os eventuais prejuízos resultantes da execução do mandato, desde que não resultem de culpa do próprio mandatário ou de excesso de poderes (ver CC, art. 678).[18]

---

15. CC, Art. 674. Embora ciente da morte, interdição ou mudança de estado do mandante, deve o mandatário concluir o negócio já começado, se houver perigo na demora.

16. CC, Art. 675. O mandante é obrigado a satisfazer todas as obrigações contraídas pelo mandatário, na conformidade do mandato conferido, e adiantar a importância das despesas necessárias à execução dele, quando o mandatário lho pedir.

17. CC, Art. 676. É obrigado o mandante a pagar ao mandatário a remuneração ajustada e as despesas da execução do mandato, ainda que o negócio não surta o esperado efeito, salvo tendo o mandatário culpa.

18. CC, Art. 678. É igualmente obrigado o mandante a ressarcir ao mandatário as perdas que este sofrer com a execução do mandato, sempre que não resultem de culpa sua ou excesso de poderes.

Direito de retenção: o mandatário poderá exercer o direito de retenção da coisa objeto da operação (CC, art. 664)[19] ou sobre a coisa que tenha a posse em razão do mandato (CC, art. 681),[20] como forma de se ver ressarcido por todos os prejuízos advindos da execução do mandato.

13. EXTINÇÃO DO MANDATO

O Código Civil prevê quatro formas distintas para extinção do mandato (CC, art. 682);[21] são elas:

a) Por vontades das partes:

Esta é a forma mais comum, podendo ser por consenso das partes ou mesmo por ato unilateral através da revogação ou da renúncia (ver CC, art. 682, I).

Atenção: quando houver cláusula de irrevogabilidade e o mandante revogar o mandato, pagará perdas e danos (CC, art. 683).[22]

b) Pela morte ou interdição de qualquer das partes:

Considerando que o mandato é um típico contrato *intuitu personae*, a morte de qualquer um dos contratantes trará como consequência a impossibilidade de continuidade à execução do contrato, sendo causa automática de resilição. Da mesma forma, a interdição que por modificar o estado de capacidade das partes é causa também de extinção do mandato.

Exceção: nas procurações em "causa própria" esta regra não se aplica (ver item 14).

Atenção: extingue-se o mandato, mas não os compromissos anteriormente assumidos, que serão plenamente válidos e cujas obrigações se transmitem aos herdeiros (ver como exemplos o disposto no Código Civil, arts. 690 e 691).

---

19. CC, Art. 664. O mandatário tem o direito de reter, do objeto da operação que lhe foi cometida, quanto baste para pagamento de tudo que lhe for devido em consequência do mandato.

20. CC, Art. 681. O mandatário tem sobre a coisa de que tenha a posse em virtude do mandato, direito de retenção, até se reembolsar do que no desempenho do encargo despendeu.

21. CC, Art. 682. Cessa o mandato:

    I – pela revogação ou pela renúncia;

    II – pela morte ou interdição de uma das partes;

    III – pela mudança de estado que inabilite o mandante a conferir os poderes, ou o mandatário para os exercer;

    IV – pelo término do prazo ou pela conclusão do negócio.

22. CC, Art. 683. Quando o mandato contiver a cláusula de irrevogabilidade e o mandante o revogar, pagará perdas e danos.

c) Pela mudança de estado:

Sobrevindo alteração no estado de capacidade de qualquer das partes envolvidas, o contrato estará extinto, tendo em vista a perda da capacidade de outorgar ou receber, ressalvados os direitos do terceiro de boa-fé (CC, art. 689).[23]

d) Pelo término do prazo da outorga ou pela conclusão do negócio:

A procuração pode ser outorgada por tempo determinado, bem como pode ser outorgada para a realização de determinado negócio. Assim, sobrevindo o prazo estipulado, o mandato se extingue. Da mesma forma se o negócio for concluído.

14. MANDATO EM CAUSA PRÓPRIA

Diferentemente dos tipos de procuração que estudamos, este tipo de procuração é outorgado pelo mandante não para a defesa do seu interesse, mas no interesse exclusivamente do mandatário.

É muito utilizado nas alienações de imóveis quando por qualquer conveniência as partes postergam a efetiva transferência do bem para data futura. Assim, o alienante juntamente com o compromisso de compra e venda, outorga a procuração que confere poderes ao adquirente de transferir o imóvel para seu nome.

É comum essa procuração ser concedida juntamente com os famosos "**contratos de gaveta**", especialmente quando envolve imóveis financiados por órgãos públicos e o mutuário resolve transferir para outrem seus direitos de aquisição, sem a participação do agente financeiro.

Como é uma procuração no exclusivo interesse do mandatário, o Código Civil diz que ele é irrevogável e que não se extinguirá pela morte de qualquer das partes e, como seria natural, o mandatário fica dispensado de prestar contas, podendo transferir para o seu nome os bens móveis ou imóveis objeto do mandato, devendo apenas obedecer às formalidades legais (CC, art. 685).[24]

---

23. CC, Art. 689. São válidos, a respeito dos contratantes de boa-fé, os atos com estes ajustados em nome do mandante pelo mandatário, enquanto este ignorar a morte daquele ou a extinção do mandato, por qualquer outra causa.

24. CC, Art. 685. Conferido o mandato com a cláusula "em causa própria", a sua revogação não terá eficácia, nem se extinguirá pela morte de qualquer das partes, ficando o mandatário dispensado de prestar contas, e podendo transferir para si os bens móveis ou imóveis objeto do mandato, obedecidas as formalidades legais.

15. O MANDATO JUDICIAL

Este é um tipo especial de mandato pelo qual o mandante investe alguém legalmente habilitado de poderes para representá-lo em juízo.

Por suas características, pode ser, a um só tempo, mandato e contrato de prestação de serviços, estando regulada no Código Civil (CC, art. 692),[25] no Novo Código de Processo Civil (CPC, art. 105), bem como no Estatuto da OAB (Lei nº 8.906/94, arts. 4º, 36, 37 e 38).

A procuração *ad judicia* pode ser concedida por instrumento público ou particular, mesmo quando envolva incapaz, e sendo particular, que é o mais comum, não há necessidade de reconhecimento de firma.

---

25. CC, Art. 692. O mandato judicial fica subordinado às normas que lhe dizem respeito, constantes da legislação processual, e, supletivamente, às estabelecidas neste Código.

Lição 20
DA COMISSÃO, DA AGÊNCIA E DISTRIBUIÇÃO E DA CORRETAGEM

Sumário: I – Da comissão – 1. Conceito do contrato de comissão – 2. As partes – 3. Objeto do contrato – 4. Natureza jurídica – 5. Remuneração do comissário – 6. Comissão *del credere* – 7. Diferenças com relação ao mandato e outros institutos afins – 8. Utilização – II – Da agência e distribuição – 9. Conceito do contrato de agência – 10. Do conceito do contrato de distribuição – 11. Características – 12. Importância – 13. Cláusula *del credere* – 14. Remuneração – 15. Exemplos – III – Da corretagem – 16. Conceito de corretagem – 17. Papel do corretor – 18. Tipos de corretores – 19. Natureza jurídica – 20. Remuneração do corretor.

I – DA COMISSÃO

1. CONCEITO DO CONTRATO DE COMISSÃO

É o contrato pelo qual uma das partes, chamada comissário, se obriga a realizar negócios de compra ou venda ou a realização de mútuo ou mesmo qualquer outro negócio jurídico de crédito em nome de outra pessoa, denominado comitente, seguindo as instruções deste, obrigando-se perante terceiro em nome próprio (CC, art. 693).[1]

Diante de terceiros com os quais transacione, o comissário vai atuar em nome próprio, independentemente de participação do comitente. Quer dizer, quando o comissário realiza negócios o faz como parte e se obriga perante terceiros que, mais das vezes, não necessitam nem saber quem é o comitente.

---

1. CC, Art. 693. O contrato de comissão tem por objeto a compra ou venda de bens ou a realização de mútuo ou outro negócio jurídico de crédito pelo comissário, em seu próprio nome, à conta do comitente. (Redação dada pela Lei nº 14.690, de 2023)

Dessa forma o comitente fica completamente isento de qualquer responsabilidade pelos atos negociais realizados pelo comissário com terceiros, não podendo cobrá-los ou ser cobrado por eles (CC, art. 694).[2]

2. AS PARTES

Vejamos quais são as partes que intervêm nesse tipo de contrato que, a rigor, são duas: comitente e comissário.

a) **Comitente:**

É a parte que atribui o encargo ou ordena a compra ou a venda de bens segundo as suas instruções e no seu interesse.

b) **Comissário:**

É a parte que se obriga a comprar ou vender mercadorias em seu próprio nome, nos limites das instruções recebidas, em favor do comitente, mediante uma comissão, devendo para isso aplicar toda a sua diligência (CC, art. 696).[3]

3. OBJETO DO CONTRATO

Embora o texto legal não mencione, só pode constituir objeto da comissão a celebração de contratos de compra ou venda de bens móveis, **não podendo recair jamais em bens imóveis**, tendo em vista que para a transmissão da propriedade imóvel exige-se instrumento público e posterior registro no Cartório de Registro de Imóveis, atos estes que impossibilitam manter o vendedor ou comprador no anonimato ou mesmo afastado do fechamento do contrato.

4. NATUREZA JURÍDICA

Quanto à natureza jurídica o contrato de comissão é:

a) **Bilateral ou sinalagmático:**

Porque faz nascer obrigações para ambas as partes. O comissário se obriga a realizar a alienação ou aquisição a que se obrigou perante o comitente; e este se obriga a pagar a remuneração convencionada.

---

2. CC, Art. 694. O comissário fica diretamente obrigado para com as pessoas com quem contratar, sem que estas tenham ação contra o comitente, nem este contra elas, salvo se o comissário ceder seus direitos a qualquer das partes.
3. CC, Art. 696. No desempenho das suas incumbências o comissário é obrigado a agir com cuidado e diligência, não só para evitar qualquer prejuízo ao comitente, mas ainda para lhe proporcionar o lucro que razoavelmente se podia esperar do negócio.

   Parágrafo único. Responderá o comissário, salvo motivo de força maior, por qualquer prejuízo que, por ação ou omissão, ocasionar ao comitente.

LIÇÃO 20 • DA COMISSÃO, DA AGÊNCIA E DISTRIBUIÇÃO E DA CORRETAGEM 187

b) **Consensual:**

É um tipo de contrato que se aperfeiçoa pelo simples consenso, independentemente de qualquer tradição ou repasse de coisas entre as partes.

c) **Comutativo:**

As partes sabem desde o início do negócio quais são suas obrigações e responsabilidades recíprocas.

d) **Oneroso:**

Porque ambas as partes perseguem resultados vantajosos, mas se sujeitam a sacrifícios para obtê-los.

e) **Não solene:**

Não há na lei exigência de forma ou solenidade especial para a contratação da comissão, podendo até ser verbal.

f) **Personalíssimo ou *intuitu personae*:**

É contrato realizado em razão da confiança que o comitente deposita no comissário com competência e habilidade profissional para a realização do negócio pretendido.

5. REMUNERAÇÃO DO COMISSÁRIO

A remuneração nesse tipo de contrato é quase sempre em percentual sobre os valores da compra e venda realizada, porém se não houver sido estipulada será conforme os usos e costumes do lugar (CC, art. 701).[4]

Se ocorrer a morte do comitente quando o negócio ainda não estava finalizado, ou, quando, por motivo de força maior, não se puder concluir o negócio, ainda assim o comissário fará jus a uma remuneração proporcional aos trabalhos realizados (CC, art. 702).[5]

Também fará jus à remuneração o comissário que for dispensado com justa causa antes de finalizado o negócio, ressalvado o direito do comitente em se ver ressarcido dos eventuais prejuízos sofridos (CC, art. 703).[6] Se a dispensa ocorrer sem justa causa, o comissário terá direito de ser remunerado pelos trabalhos

---

4. CC, Art. 701. Não estipulada a remuneração devida ao comissário, será ela arbitrada segundo os usos correntes no lugar.
5. CC, Art. 702. No caso de morte do comissário, ou, quando, por motivo de força maior, não puder concluir o negócio, será devida pelo comitente uma remuneração proporcional aos trabalhos realizados.
6. CC, Art. 703. Ainda que tenha dado motivo à dispensa, terá o comissário direito a ser remunerado pelos serviços úteis prestados ao comitente, ressalvado a este o direito de exigir daquele os prejuízos sofridos.

prestados, e também a ser ressarcido pelas perdas e danos resultantes de sua dispensa (CC, art. 705).[7]

Para se ver reembolsado pelo comitente das despesas feitas com o desempenho do contrato, bem como para recebimento das comissões devidas, **o comissário poderá exercer o direito de retenção** sobre os bens e valores em seu poder em virtude do contrato de comissão (CC, art. 708).[8]

Cabe advertir por fim que os créditos decorrentes de comissão ou reembolso de despesas do comissário são do tipo privilegiado na eventual falência ou insolvência do comitente (CC, art. 707).[9]

6. COMISSÃO *DEL CREDERE*

A regra é que o comissário não responde pela solvência daqueles com o qual contrata, exceto no caso de culpa (CC, art. 697),[10] contudo nada obsta que as partes convencionem de forma contrária.

Para que isso aconteça, basta inserir uma cláusula acessória no contrato de comissão pela qual o comissário passe a ser solidariamente responsável no caso de insolvência ou falência da parte com a qual contratar. A isso chamamos "cláusula *del credere*", que permite ao comitente cobrar diretamente do comissário os débitos dos terceiros inadimplentes com os quais ele contratou. Isso normalmente acontece com o desconto desses valores nas comissões que o comissário tenha a receber.

Nesse caso a lei autoriza que o comissário possa cobrar uma comissão maior em face dos riscos assumidos, já que irá se responsabilizar pelo eventual inadimplemento daquele com o qual contratar no interesse do comitente (CC, art. 698).[11]

---

7. CC, Art. 705. Se o comissário for despedido sem justa causa, terá direito a ser remunerado pelos trabalhos prestados, bem como a ser ressarcido pelas perdas e danos resultantes de sua dispensa.

8. CC, Art. 708. Para reembolso das despesas feitas, bem como para recebimento das comissões devidas, tem o comissário direito de retenção sobre os bens e valores em seu poder em virtude da comissão.

9. CC, Art. 707. O crédito do comissário, relativo a comissões e despesas feitas, goza de privilégio geral, no caso de falência ou insolvência do comitente.

10. CC, Art. 697. O comissário não responde pela insolvência das pessoas com quem tratar, exceto em caso de culpa e no do artigo seguinte.

11. CC, Art. 698. Se do contrato de comissão constar a cláusula *del credere*, responderá o comissário solidariamente com as pessoas com que houver tratado em nome do comitente, caso em que, salvo estipulação em contrário, o comissário tem direito a remuneração mais elevada, para compensar o ônus assumido.

Parágrafo único. A cláusula del credere de que trata o caput deste artigo poderá ser parcial. (Incluído Lei nº 14.690, de 2023)

LIÇÃO 20 • DA COMISSÃO, DA AGÊNCIA E DISTRIBUIÇÃO E DA CORRETAGEM **189**

7. DIFERENÇAS COM RELAÇÃO AO MANDATO E OUTROS INSTITUTOS AFINS

O contrato de comissão é muito parecido com o mandato, tanto é assim que o legislador manda aplicar à comissão a regulação prevista no Código Civil para o mandato, naquilo que couber (CC, art. 709).[12]

Porém, a comissão difere do mandato e com ele não deve ser confundida por um aspecto muito importante: na comissão o agente atua em nome próprio e assume os riscos e a responsabilidade pelo negócio realizado; enquanto que no mandato o agente atua em nome de um terceiro que se obrigará pelo que ele contratar.

Da mesma forma difere do contrato de corretagem (que veremos na sequência), tendo em vista que o corretor é um mero intermediário e não parte na relação negocial.

O contrato de comissão também é muito parecido com o contrato de venda em consignação (estimatório), porém com ele não se confunde na exata medida em que na consignação o bem é deixado à venda por um preço determinado e o lucro do consignatário existirá por conta do eventual sobrepreço, havendo ainda a possibilidade de sua aquisição pelo próprio consignatário; enquanto na comissão a remuneração é preestabelecida, sendo um percentual sobre o preço de venda dos produtos, não havendo a previsão de aquisição pelo comissário.

8. UTILIZAÇÃO

É um tipo de contrato de bastante uso na atualidade, especialmente como forma de otimização das vendas de produtos os mais diversos.

Só para se ter uma ideia, todo o comércio de jornais e revistas realizado através das bancas espalhadas pelo Brasil afora funciona na base deste tipo de contrato. Assim, o jornaleiro recebe os jornais e revistas para vendê-los pelo preço de capa, devendo prestar contas ao titular das mercadorias por esse preço, descontada a comissão previamente ajustada. Os jornais e revistas não vendidos no período são devolvidos ao proprietário/comitente, sem custo nenhum para o comissário.

Com nuances um pouco diferentes ocorre o mesmo com o comércio de cosméticos de porta a porta, pelo qual a revendedora tira um pedido para cada interessado e depois faz um pedido único ao comitente, incluindo todos os itens prometidos à venda, pelos quais se compromete a pagar no prazo ajustado. Sua remuneração será fruto da comissão que estará embutida no preço de catálogo para cada produto.

---

12. CC, Art. 709. São aplicáveis à comissão, no que couber, as regras sobre mandato.

II – DA AGÊNCIA E DISTRIBUIÇÃO

9. CONCEITO DO CONTRATO DE AGÊNCIA

É o contrato pelo qual uma pessoa com autonomia, e em caráter duradouro, assume perante outra a obrigação de promover por sua própria conta e risco, mediante remuneração, a promoção de produtos ou serviços numa determinada região (CC, art. 710).[13]

A pessoa que realiza o agenciamento de pedidos referente a produtos é conhecida na linguagem tradicional como "**representante comercial**", termo inclusive utilizado pela Lei nº 4.886/65 que regula as atividades dos representantes comerciais autônomos.

O contrato de agência é um típico contrato de colaboração empresarial, regido pelo Código Civil, podendo ainda ser aplicadas supletivamente as normas atinentes aos contratos de mandato e de comissão, além da Lei nº 4.886/65 conforme estabelece o art. 721 do Código Civil.

> **Atenção:** parte da doutrina considera que o contrato de agência regulado no Código Civil não se confunde com a representação comercial da Lei nº 4.886/65, sendo dois institutos diversos, porém não concordamos.

10. DO CONCEITO DO CONTRATO DE DISTRIBUIÇÃO

Configura-se o contrato de distribuição quando o proponente colocar à disposição do agente as coisas a serem negociadas. Assim, o contrato de agência poderá prever a possibilidade de o agente ser também responsável pela distribuição dos produtos que representa, porém, ainda assim, ele continua sendo um prestador de serviços.

Nesse caso, o agente estará agindo apenas como depositário da mercadoria do proponente, de maneira que, ao concluir a compra e venda e promover a entrega dos produtos ao comprador, não age em nome próprio, mas o faz em nome e por conta da empresa que representa (ver CC, art. 710, *in fine*).

---

13. CC, Art. 710. Pelo contrato de agência, uma pessoa assume, em caráter não eventual e sem vínculos de dependência, a obrigação de promover, à conta de outra, mediante retribuição, a realização de certos negócios, em zona determinada, caracterizando-se a distribuição quando o agente tiver à sua disposição a coisa a ser negociada.

    Parágrafo único. O proponente pode conferir poderes ao agente para que este o represente na conclusão dos contratos.

LIÇÃO 20 • DA COMISSÃO, DA AGÊNCIA E DISTRIBUIÇÃO E DA CORRETAGEM **191**

Quer dizer, a distribuição regulada pelo Código Civil nada mais é do que um desdobramento do contrato de agência, com a peculiaridade de que os objetos do agenciamento encontram-se depositados com o agente, que passa a ser chamado também de distribuidor.

11. CARACTERÍSTICAS

Vejamos as principais características desse contrato:

a) **Quanto às partes:**

Este tipo de contrato pode ser firmado por pessoas físicas, isto é, não é obrigatório que as partes sejam pessoas jurídicas.

b) **Quanto à hierarquia:**

Não existe relação de subordinação entre representante e representado, ainda que o representante ou distribuidor deva agir com diligência e segundo as instruções do proponente (CC, art. 712).[14]

c) **Quanto à duração:**

A atividade de representação deve ser permanente, na promoção ou distribuição de produtos ou serviços, isto é, não pode ser eventual (ver CC, art. 710, 1ª parte).

d) **Quanto à remuneração:**

Deve sempre haver o pagamento ou remuneração como retribuição pelos serviços agenciados, dentro da área de atuação preestabelecida, ainda que sem interferência direta do agente (CC, art. 714).[15]

e) **Quanto à área de atuação:**

Deverá haver uma delimitação de zona dentro da qual ocorrerá a prestação dos serviços que, como regra, deverá se dar com exclusividade por ambas as partes (CC, art. 711).[16]

---

14. CC, Art. 712. O agente, no desempenho que lhe foi cometido, deve agir com toda diligência, atendo-se às instruções recebidas do proponente.

15. CC, Art. 714. Salvo ajuste, o agente ou distribuidor terá direito à remuneração correspondente aos negócios concluídos dentro de sua zona, ainda que sem a sua interferência.

16. CC, Art. 711. Salvo ajuste, o proponente não pode constituir, ao mesmo tempo, mais de um agente, na mesma zona, com idêntica incumbência; nem pode o agente assumir o encargo de nela tratar de negócios do mesmo gênero, à conta de outros proponentes.

12. IMPORTÂNCIA

Ao invés de contratar empregados para angariar clientes fora do estabelecimento, a empresa pode contratar esse serviço junto a outra pessoa física ou mesmo jurídica, que fará o agenciamento de clientela, extração de pedidos e divulgação dos produtos ou serviços que represente.

Vale lembrar que o agente é um representante autônomo, que organiza sua própria atividade e dirige sua empresa, sem interferência das pessoas às quais presta seus serviços. O agente faz da intermediação de negócios sua profissão. Ele não pratica a compra e venda das mercadorias ou dos serviços prestados pelo representado, mas lhe presta um serviço que visa promover e incrementar os negócios do preponente.

Por isso é que dizermos que o contrato de representação comercial ou agência é um típico contrato de colaboração.

13. CLÁUSULA *DEL CREDERE*

Quando se trata do contrato de agência, existe na lei especial expressa vedação ao uso desta cláusula nos seguintes termos: "é vedada no contrato de representação comercial a inclusão de cláusulas *del credere*" (LRC, art. 43).

> **O que é a cláusula *del credere*?** É uma cláusula especial pela qual a parte contratante pode descontar os valores de comissões ou vendas do representante comercial na hipótese da venda ou da transação ser cancelada ou desfeita.

14. REMUNERAÇÃO

Tanto o agente quanto o distribuidor têm o direito de receber remuneração pelos negócios realizados dentro da sua área de atuação, ainda que não tenha participado diretamente do negócio (ver CC, art. 714 – NR-15), tendo em vista a exclusividade ínsita a esta atividade que faz presumir que os negócios realizados naquela região se deram em face da atuação do agente, ainda que indiretamente (ver CC, art. 711 – NR-16).

O agente ou distribuidor terá também direito à remuneração quando o proponente, sem justa causa, cessar o atendimento das propostas ou reduzi-las tanto que se torne antieconômica a continuação do contrato (CC, art. 715).[17]

---

17. CC, Art. 715. O agente ou distribuidor tem direito à indenização se o proponente, sem justa causa, cessar o atendimento das propostas ou reduzi-lo tanto que se torna antieconômica a continuação do contrato.

LIÇÃO 20 • DA COMISSÃO, DA AGÊNCIA E DISTRIBUIÇÃO E DA CORRETAGEM | **193**

Diz ainda o nosso Código Civil que remuneração também será devida quando o negócio deixar de ser realizado por qualquer fato de responsabilidade do proponente (CC, art. 716).[18]

Na eventualidade de encerramento do contrato, ainda que o agente venha a ser dispensado por justa causa, ele terá direito de receber as comissões dos serviços úteis prestados ao proponente, sem embargo de haver perdas e danos pelos prejuízos sofridos (CC, art. 717).[19] Se a dispensa for sem justa causa, o agente terá direito também a ser indenizado conforme estipula a lei especial (CC, art. 718).[20]

Mesmo quando o agente não puder dar continuidade aos trabalhos por motivo de caso fortuito ou de força maior, ainda assim ele fará jus à remuneração correspondente aos serviços realizados, direito esse que se transmite aos herdeiros no caso de morte (CC, art. 719).[21]

15. EXEMPLOS

Além dos representantes comerciais autônomos, são exemplos de pessoa que atuam nesse segmento os agentes de seguros; de aplicações financeiras; de atletas esportivos; de atividades artísticas em geral etc.

III – DA CORRETAGEM

16. CONCEITO DE CORRETAGEM

É o contrato pelo qual uma pessoa não ligada à outra pelo vínculo de mandato, de prestação de serviço ou qualquer outra relação de dependência se obriga, mediante remuneração, a intermediar para a segunda um ou mais negócios, segundo as instruções que tenha recebido (CC, art. 722).[22]

---

18. CC, Art. 716. A remuneração será devida ao agente também quando o negócio deixar de ser realizado por fato imputável ao proponente.
19. CC, Art. 717. Ainda que dispensado por justa causa, terá o agente direito a ser remunerado pelos serviços úteis prestados ao proponente, sem embargo de haver este perdas e danos pelos prejuízos sofridos.
20. CC, Art. 718. Se a dispensa se der sem culpa do agente, terá ele direito à remuneração até então devida, inclusive sobre os negócios pendentes, além das indenizações previstas em lei especial.
21. CC, Art. 719. Se o agente não puder continuar o trabalho por motivo de força maior, terá direito à remuneração correspondente aos serviços realizados, cabendo esse direito aos herdeiros no caso de morte.
22. CC, Art. 722. Pelo contrato de corretagem, uma pessoa, não ligada a outra em virtude de mandato, de prestação de serviços ou por qualquer relação de dependência, obriga-se a obter para a segunda um ou mais negócios, conforme as instruções recebidas.

17. PAPEL DO CORRETOR

O corretor atua aproximando as pessoas com a finalidade de realizar um determinado negócio que, se concretizado, ensejará para o mesmo o pagamento de uma retribuição, que normalmente é um certo percentual sobre o valor do negócio realizado.

O corretor deve executar a mediação com diligência e prudência e, além disso, prestar ao cliente todas as informações sobre o andamento do negócio, sob pena de responder por perdas e danos (CC, art. 723).[23]

A obrigação do corretor é de resultado, tendo em vista que somente receberá sua comissão se o negócio for concretizado. Advirta-se, contudo, que ele também fará jus à remuneração se o negócio acabar por não se realizar em face de arrependimento posterior de qualquer das partes (CC, art. 725).[24]

A corretagem de imóveis é profissão regulamentada pela Lei nº 6.530/78, que também deve ser utilizada para dirimir controvérsias acerca do contrato de corretagem conforme prescreve o Código Civil (CC, art. 729).[25]

18. TIPOS DE CORRETORES

Existem dois tipos de corretores, os livres e os oficiais:

a) **Corretores livres:**

São aqueles que exercem a atividade de intermediação de negócios entre os particulares (este é o que interessa aos nossos estudos).

b) **Corretores oficiais:**

São aqueles nomeados pelo Poder Público, exercendo função pública por delegação e, estão disciplinados na Lei nº 6.530/78, dentre estes cabe destacar os corretores de valores públicos, de mercadorias, de navio, de câmbio etc.

---

23. CC, Art. 723. O corretor é obrigado a executar a mediação com diligência e prudência, e a prestar ao cliente, espontaneamente, todas as informações sobre o andamento do negócio. (Redação dada pela Lei nº 12.236, de 2010)

    Parágrafo único. Sob pena de responder por perdas e danos, o corretor prestará ao cliente todos os esclarecimentos acerca da segurança ou do risco do negócio, das alterações de valores e de outros fatores que possam influir nos resultados da incumbência. (Incluído pela Lei nº 12.236, de 2010)

24. CC, Art. 725. A remuneração é devida ao corretor uma vez que tenha conseguido o resultado previsto no contrato de mediação, ou ainda que este não se efetive em virtude de arrependimento das partes.

25. CC, Art. 729. Os preceitos sobre corretagem constantes deste Código não excluem a aplicação de outras normas da legislação especial.

O contrato de corretagem que o Código Civil procura regular é aquele decorrente da atividade dos corretores que chamamos de livres, porquanto os oficiais estão regulamentados em lei própria.

19. NATUREZA JURÍDICA

O contrato de corretagem é bilateral ou sinalagmático, consensual, acessório, oneroso, aleatório e não solene; vejamos.

a) **Bilateral ou sinalagmático:**

Porque cria obrigações para ambas as partes. Quer dizer os contraentes assumem obrigações recíprocas e interdependentes.

b) **Consensual:**

Porque se aperfeiçoa com o acordo das vontades. Isto é, não necessita de nenhuma entrega de coisa para se aperfeiçoar.

c) **Acessório:**

Somente existe em razão da realização de um outro negócio que é considerado o principal.

d) **Oneroso:**

Ambos os contratantes obtêm proveito e sacrifícios: para o comitente, pagamento da comissão, sem a preocupação de procurar diretamente os interessados; para o corretor, a remuneração pelos serviços prestados, se o negócio for realizado.

e) **Aleatório:**

O corretor assume o risco de ganhar ou perder em razão dos dispêndios que realiza na aproximação que promove das partes interessadas em torno do negócio que pode, ou não, se realizar.

f) **Não solene:**

A lei não exige nenhuma formalidade para sua validade. Pode ser verbal, escrito e até mesmo tácito.

20. REMUNERAÇÃO DO CORRETOR

O principal direito do corretor é o de receber a comissão convencionada com o comitente quando o negócio for realizado. Se as partes não convencionarem o valor da comissão, nem ela estiver fixada em lei, deverá ser arbitrada segundo a natureza do negócio e os usos e costumes do lugar onde se deu a prestação dos serviços (CC, art. 724).[26]

Quando o contrato contiver cláusula de exclusividade, a comissão será devida mesmo que o negócio tenha sido realizado sem a mediação do corretor (CC, art. 726, parte final).[27]

Pode também ocorrer de o negócio vir a ser realizado depois de findo o prazo do contrato ou mesmo após o dono do negócio ter dispensado o corretor. Nessas circunstâncias, a comissão será devida se for possível provar que o negócio se realizou como fruto dos trabalhos anteriores do corretor (CC, art. 727).[28]

Quando a transação imobiliária envolver mais de um corretor, os honorários serão pagos a todos os participantes, em partes iguais, salvo ajuste em contrário, firmado entre os interessados, por escrito.

---

26. CC, Art. 724. A remuneração do corretor, se não estiver fixada em lei, nem ajustada entre as partes, será arbitrada segundo a natureza do negócio e os usos locais.
27. CC, Art. 726. Iniciado e concluído o negócio diretamente entre as partes, nenhuma remuneração será devida ao corretor; mas se, por escrito, for ajustada a corretagem com exclusividade, terá o corretor direito à remuneração integral, ainda que realizado o negócio sem a sua mediação, salvo se comprovada sua inércia ou ociosidade.
28. CC, Art. 727. Se, por não haver prazo determinado, o dono do negócio dispensar o corretor, e o negócio se realizar posteriormente, como fruto da sua mediação, a corretagem lhe será devida; igual solução se adotará se o negócio se realizar após a decorrência do prazo contratual, mas por efeito dos trabalhos do corretor.

Lição 21
DO CONTRATO DE TRANSPORTE

> **Sumário:** 1. Notas introdutórias – 2. Conceito do contrato de transporte – 3. Natureza jurídica – 4. Responsabilidade do transportador – 5. Aplicação do CDC – 6. Transporte clandestino – 7. Transporte de coisas – 8. Transporte gratuito ou de cortesia – 9. Transporte aéreo internacional. 10. Excludentes de responsabilidade.

1. NOTAS INTRODUTÓRIAS

O contrato de transporte pode ter por objeto a condução de pessoas ou coisas, e tem como conteúdo jurídico a obrigação do transportador de efetuar o transporte oferecido, nas condições e no tempo contratados, além do dever de custódia ou de segurança, que garante, em maior ou menor grau, a incolumidade da pessoa transportada ou o dever de guarda e conservação quando se tratar de coisas.[1]

2. CONCEITO DO CONTRATO DE TRANSPORTE

O conceito desse tipo de contrato nos é fornecido pelo próprio Código Civil, que no seu art. 730 expressamente diz: "pelo contrato de transporte alguém se obriga, mediante retribuição, a transportar, de um lugar para outro, pessoas ou coisas".

3. NATUREZA JURÍDICA

O contrato de transporte **é um verdadeiro contrato de adesão**, pelo qual o transportador estabelece as condições e o contratante adere unilateralmente às condições impostas.

---

1. Conforme Aguiar Dias in *Da responsabilidade civil*, p. 249.

Além disso, é bilateral ou sinalagmático, consensual, comutativo, oneroso e não solene; vejamos:

a) **Bilateral ou sinalagmático:**

Porque gera obrigações tanto para o transportador quanto para o passageiro ou expedidor.

b) **Consensual:**

É um tipo de contrato que se aperfeiçoa pelo simples consenso, muitas vezes tácito e noutras até mesmo gestual.

c) **Comutativo:**

As partes sabem desde o início do negócio quais são as vantagens e sacrifícios que terão que fazer.

d) **Oneroso:**

Porque o transportador recebe a contrapartida pelo serviço de transporte, de forma direta ou indireta.

e) **Não solene:**

Não há na lei exigência de forma ou solenidade especial para o contrato de transporte, podendo ser verbal, tácito ou expresso.

f) **Adesão:**

O transportado simplesmente adere ao que é oferecido sem possibilidade de discutir as condições do transporte.

4. RESPONSABILIDADE DO TRANSPORTADOR

A responsabilidade do transportador é contratual e implica numa **obrigação de resultado**, qual seja: transportar pessoas ou coisas de um lugar para outro, com eficiência, segurança e diligência.

No que diz respeito ao transporte de pessoas, há, implicitamente, uma regra de incolumidade, pela qual o transportador se obriga a levar o transportado até o seu destino, são e salvo, sob pena de ser responsabilizado pelos danos que o passageiro vier a sofrer, somente se exonerando se provar a ocorrência de caso fortuito ou força maior ou, ainda, culpa exclusiva da vítima (CC, art. 734).[2]

---

2. CC, Art. 734. O transportador responde pelos danos causados às pessoas transportadas e suas bagagens, salvo motivo de força maior, sendo nula qualquer cláusula excludente da responsabilidade.
   Parágrafo único. É lícito ao transportador exigir a declaração do valor da bagagem a fim de fixar o limite da indenização.

LIÇÃO 21 • DO CONTRATO DE TRANSPORTE **199**

Já no tocante ao transporte de mercadorias, a obrigação do transportador está intimamente ligada ao dever de guarda, conservação e restituição da coisa incólume e no prazo ajustado ou previsto (CC, art. 749).[3]

Quando se trata de transporte de passageiros, o Código Civil impõe que a pessoa transportada deve sujeitar-se às normas estabelecidas pelo transportador, constantes no bilhete ou afixadas à vista dos usuários, abstendo-se de quaisquer atos que causem incômodo ou prejuízo aos passageiros, danifiquem o veículo, ou dificultem ou impeçam a execução normal do serviço.

Se a pessoa transportada transgrediu as normas e veio a se lesionar, isto irá caracterizar aquilo que a doutrina chama de "**culpa concorrente**", que não exclui o dever indenizatório, mas autoriza seja a indenização fixada proporcionalmente à participação do passageiro no evento (CC, art. 738, parágrafo único).[4]

5. APLICAÇÃO DO CDC

Aplica-se subsidiariamente às regras do Código de Defesa do Consumidor (Lei nº 8.078/90), legislação que foi outro marco histórico, no que diz respeito aos transportes de passageiros, porquanto é entendimento pacífico, tanto na doutrina quanto na jurisprudência, que as normas consumeristas são aplicáveis aos transportes rodoviários, ferroviários, fluviais, marítimos e aéreos, não importando se prestados por entes públicos ou privados.

O inovador na questão é que a responsabilização agora muda de enfoque, não tendo mais relação tão somente com a questão da incolumidade física do transportado ou com a guarda da coisa transportada, mas também com o defeito na prestação do serviço (ver CDC, art. 14).

6. TRANSPORTE CLANDESTINO

A responsabilidade do transportador está fundada na existência de um contrato de transporte; dessa forma, se o lesado for um clandestino, não se poderá

---

3. CC, Art. 749. O transportador conduzirá a coisa ao seu destino, tomando todas as cautelas necessárias para mantê-la em bom estado e entregá-la no prazo ajustado ou previsto.
4. CC, Art. 738. A pessoa transportada deve sujeitar-se às normas estabelecidas pelo transportador, constantes no bilhete ou afixadas à vista dos usuários, abstendo-se de quaisquer atos que causem incômodo ou prejuízo aos passageiros, danifiquem o veículo, ou dificultem ou impeçam a execução normal do serviço.

   Parágrafo único. Se o prejuízo sofrido pela pessoa transportada for atribuível à transgressão de normas e instruções regulamentares, o juiz reduzirá equitativamente a indenização, na medida em que a vítima houver concorrido para a ocorrência do dano.

falar em dever indenizatório na exata medida em que o transportador sequer tomou ciência da existência do transportado e das condições em que o mesmo se alojou para efeitos da viagem.

Na eventualidade de ocorrer acidente com o clandestino, o transportador não terá nenhuma responsabilidade, podendo se eximir alegando fato exclusivo da própria vítima, sendo o transporte apenas a ocasião do evento, e não a sua causa.

7. TRANSPORTE DE COISAS

A responsabilidade do transportador de mercadorias segue, em linhas gerais, os mesmos princípios do transporte de pessoas, já que o fim colimado é o da entrega da carga incólume ao seu destinatário. Qualquer causa que retarde ou impeça ou ainda deteriore a mercadoria a ser entregue gerará, para o transportador, o dever de indenizar (ver CC, arts. 743 a 756).

Cabe destacar que a responsabilidade do transportador é conduzir a coisa até seu destino, mantendo-a em bom estado e entregando-a no prazo ajustado (ver CC, art. 749 – NR-3), quando então, aquele que a receber, deverá conferi-la e apresentar eventuais reclamações, sob pena de decair de seus direitos (CC, art. 754).[5] No caso de perda parcial ou se a avaria não for perceptível à primeira vista, o destinatário terá o prazo de 10 dias para fazer a reclamação (ver art. 754, parágrafo único).

8. TRANSPORTE GRATUITO OU DE CORTESIA

No transporte gratuito de pessoas, a responsabilidade do transportador será apurada com base na responsabilidade subjetiva, isto é, mediante a comprovação de culpa ou dolo, em razão da inexistência de contrato (CC, art. 736).[6]

Gratuito é o transporte de amizade, a famosa carona entre amigos, que só fará surgir a responsabilização do condutor se o mesmo causar dano ao passageiro por ter agido com imprudência, negligência ou imperícia.

---

5. CC, Art. 754. As mercadorias devem ser entregues ao destinatário, ou a quem apresentar o conhecimento endossado, devendo aquele que as receber conferi-las e apresentar as reclamações que tiver, sob pena de decadência dos direitos.

   Parágrafo único. No caso de perda parcial ou de avaria não perceptível à primeira vista, o destinatário conserva a sua ação contra o transportador, desde que denuncie o dano em dez dias a contar da entrega.

6. CC, Art. 736. Não se subordina às normas do contrato de transporte o feito gratuitamente, por amizade ou cortesia.

   Parágrafo único. Não se considera gratuito o transporte quando, embora feito sem remuneração, o transportador auferir vantagens indiretas.

Atenção: alguns tipos de transporte aparentam ser gratuito, contudo, seus protagonistas têm fundado interesse no oferecimento daquele serviço. Logo, se a prestação do serviço estiver agregada a uma ação negocial, tal qual o corretor de imóveis que transporta o cliente até o imóvel a ser visitado; ou a empresa que oferece transporte gratuito para seus funcionários entre o local de trabalho e suas residências; ou ainda, o oferecimento de transporte público gratuito para crianças ou idosos, nesses casos estaremos diante de um **serviço de transporte aparentemente gratuito** (ver CC, art. 736, parágrafo único).

9. TRANSPORTE AÉREO INTERNACIONAL

Quando se trata do transporte aéreo internacional, temos que atentar para dois aspectos importantes: para danos decorrentes do transporte de passageiros aplicam-se as normas do Código Civil e do Código de Defesa do Consumidor, porém quando se tratar de danos decorrentes do transporte de carga aplicam-se as normas da Convenção de Varsóvia e Montreal.

Quer dizer, essa é a orientação jurisprudencial que foi firmada pelo Supremo Tribunal Federal (STF) no julgamento relativo ao Tema 1.240, concluindo que não se aplicam as Convenções de Varsóvia e Montreal às hipóteses de danos extrapatrimoniais decorrentes de contrato de transporte aéreo internacional. Portanto, tratando-se de ações visando indenizações por danos morais decorrentes de má prestação de serviço ou de atraso de voo internacional não estão submetidas à tarifação prevista na Convenção de Montreal.[7]

A mesma Corte Superior já tinha fixado orientação de que "nos termos do art. 178 da Constituição da República, as normas e os tratados internacionais limitadores da responsabilidade das transportadoras aéreas de passageiros, especialmente as Convenções de Varsóvia e Montreal, têm prevalência em relação ao Código de Defesa do Consumidor". Porém, nessa mesma decisão foi feita uma ressalva de que não se aplicaria esse entendimento às hipóteses de danos extrapatrimoniais (Tema 210).[8]

Portanto, tratando-se de indenização por dano material decorrente do transporte de cargas ou mesmo extravio de bagagens, aplica-se as regras das Convenções de Varsóvia e Montreal. Tratando-se de indenização a passageiros em razão de atraso de voo ou má prestação de serviços, aplica-se as regras do nosso Código de Defesa do Consumidor.

---

7. (STF, Tema 1240, RE 1394401-RG, Relatora: Min. Rosa Weber (Presidente), julgado em 15.12.2022).
8. (STF, Tema 210, Leading Case: RE 636331, Relator: Min. Gilmar Mendes, julgado em 25.05.2017).

Outro aspecto controvertido que é importante destacar é com relação à prescrição. O Supremo Tribunal Federal já firmou orientação no sentido de que o prazo de prescrição de ação de responsabilidade civil decorrente de atraso de voo internacional deve seguir os parâmetros das Convenções de Montreal e de Varsóvia, que é de 2 (dois) anos. Já em relação aos danos morais, o mesmo Supremo destacou que, nesses casos, deve ser aplicado o prazo prescricional de 5 (cinco) anos previsto no art. 27 do CDC.[9]

> **Atenção:** no âmbito interno de voos domésticos, envolvendo transporte aéreo nacional, a norma aplicável aos danos daí decorrentes será sempre o CDC.

10. EXCLUDENTES DE RESPONSABILIDADE

Com relação aos diversos tipos de transportes (rodoviário, aéreo, marítimo etc.), seja de passageiros quanto de carga, as causas excludentes de responsabilidade do transportador merecem uma atenção especial, pois com o advento do Código Civil de 2002 a matéria passou a ser regulada pelo novo estatuto, ressalvada a aplicação subsidiária das normas especiais, tratados e convenções internacionais naquilo que não lhes sejam contrárias (CC, art. 732).[10]

Em que pese a responsabilidade do transportador ser objetiva, não se pode falar que a nossa legislação tenha adotado a teoria do risco integral, logo cabendo discutir as eximentes possíveis de aplicação ao caso concreto. Assim, podemos afirmar que o transportador se exonerará do dever de indenizar se provar a ocorrência de caso fortuito ou força maior ou ainda, a culpa exclusiva da vítima, sendo nula qualquer cláusula excludente da responsabilidade (CC, art. 734).[11]

O transportador **não pode alegar culpa de terceiro** contra o qual tem ação regressiva, na eventualidade de ser obrigado a indenizar o dano causado a passageiros (CC, art. 735).[12]

---

9. (STF – ARE: 766618 SP – São Paulo, Relator: Min. Roberto Barroso, Data de Julgado em 25.05.2017).

10. CC, Art. 732. Aos contratos de transporte, em geral, são aplicáveis, quando couber, desde que não contrariem as disposições deste Código, os preceitos constantes da legislação especial e de tratados e convenções internacionais.

11. CC, Art. 734. O transportador responde pelos danos causados às pessoas transportadas e suas bagagens, salvo motivo de força maior, sendo nula qualquer cláusula excludente da responsabilidade.

    Parágrafo único. É lícito ao transportador exigir a declaração do valor da bagagem a fim de fixar o limite da indenização.

12. CC, Art. 735. A responsabilidade contratual do transportador por acidente com o passageiro não é elidida por culpa de terceiro, contra o qual tem ação regressiva.

LIÇÃO 22
DO CONTRATO DE SEGURO

Sumário: 1. Conceito – 2. O segurador – 3. O segurado – 4. Objeto do contrato – 5. Beneficiário no seguro de vida – 6. Natureza jurídica – 7. Apólice ou bilhete de seguro – 8. Liberdade contratual – 9. Boa-fé – 10. Modalidades de seguros – 11. Seguro de dano – 12. Seguro de pessoas – 13. Excludentes do dever de indenizar; 13.1 Declarações falsas do segurado; 13.2 Da fraude e do dolo praticado pelo segurado; 13.3 Exacerbação do risco. 14. Do suicídio. 15. Da prescrição.

1. CONCEITO

É o contrato pelo qual o segurador se obriga, mediante o recebimento de um prêmio, a garantir ao segurado a indenização pactuada, relativo à pessoa ou coisa, na eventualidade de ocorrência do risco contratado (CC, art. 757).[1]

2. O SEGURADOR

Será sempre uma pessoa jurídica com autorização governamental para atuar nesse segmento, necessariamente, uma sociedade anônima ou uma cooperativa, que assume, mediante o recebimento do prêmio, o risco de indenizar se ocorrer o sinistro (ver CC, art. 757, parágrafo único).

A autorização para funcionamento será concedida pelo Governo Federal, através do Ministério da Economia, mediante parecer do Conselho Nacional de Seguros Privados (CNSP) e pela Superintendência de Seguros Privados (SUSEP) que é uma autarquia federal.

---

1. CC, Art. 757. Pelo contrato de seguro, o segurador se obriga, mediante o pagamento do prêmio, a garantir interesse legítimo do segurado, relativo à pessoa ou a coisa, contra riscos predeterminados.
   Parágrafo único. Somente pode ser parte, no contrato de seguro, como segurador, entidade para tal fim legalmente autorizada.

3. O SEGURADO

Pode ser pessoa física ou jurídica que contrata com o segurador as garantias de indenização pela ocorrência de dano decorrente de sinistro predeterminado, mediante o pagamento do prêmio.

Contratar o seguro é uma forma da pessoa, física ou jurídica, se proteger contra riscos previsíveis ou mesmo imprevisíveis que, mesmo não sendo desejados, podem ocorrer e levar as pessoas à ruína.

4. OBJETO DO CONTRATO

O risco é da essência do contrato, porém o sinistro é de natureza eventual, podendo ocorrer ou não. Se não ocorrer o sinistro, o segurador recebe o prêmio sem necessidade de efetuar nenhuma indenização.

Nesse sentido dispõe o Código Civil que, mesmo não tendo ocorrido o sinistro que o seguro indenizaria, o segurado é obrigado a pagar o prêmio, exceto se for estipulado de forma diferente (CC, art. 764).[2]

Aliás, se atentarmos bem para o que cotidianamente acontece, iremos verificar que normalmente as pessoas contratam seguro não desejando que o acidente ocorra. Elas apenas procuram se proteger para a eventualidade de o dano vir a acontecer.

5. BENEFICIÁRIO NO SEGURO DE VIDA

É a figura presente no seguro de vida e no seguro obrigatório em que, tendo ocorrido o evento morte com o segurado, um terceiro (parente próximo, por exemplo) poderá receber a indenização.

O segurado é livre para indicar qualquer pessoa como beneficiário. Poderá também livremente promover a substituição da pessoa indicada no curso da vigência do contrato de seguro, por ato *inter vivos* ou *causa mortis* (ver CC, art. 791). Se não houver indicação de beneficiário, ou por qualquer que seja a razão ela não prevaleça, o seguro será pago na proporção de 50% para o cônjuge sobrevivente e os outros 50% para os herdeiros, respeitada a ordem de vocação hereditária (CC, art. 792).[3]

---

2. CC, Art. 764. Salvo disposição especial, o fato de se não ter verificado o risco, em previsão do qual se faz o seguro, não exime o segurado de pagar o prêmio.
3. CC, Art. 792. Na falta de indicação da pessoa ou beneficiário, ou se por qualquer motivo não prevalecer a que for feita, o capital segurado será pago por metade ao cônjuge não separado judicialmente, e o restante aos herdeiros do segurado, obedecida a ordem da vocação hereditária.

Prescreve ainda o Código Civil que na falta das pessoas acima mencionadas, serão beneficiárias aquelas que provarem que a morte do segurado as privou dos meios necessários à subsistência (ver CC, art. 792, parágrafo único).

Atenção: o segurado(a) não pode indicar sua concubina(o) como beneficiário, sob pena de invalidade desta indicação. Essa é a única restrição à liberdade de indicação do beneficiário e, embora não conste expressamente no Código Civil, depreende-se da interpretação a *contrario sensu* do que consta no art. 793, que considera "válida a instituição do companheiro como beneficiário, se ao tempo do contrato o segurado era separado judicialmente, ou já se encontrava separado de fato".[4]

6. NATUREZA JURÍDICA

O contrato de seguro é bilateral ou sinalagmático porque obriga ambas as partes. É também oneroso porque ambos os contratantes obtêm proveito mediante algum desembolso, sendo também um típico contrato aleatório e de adesão.

a) **Bilateral ou sinalagmático:**

O segurado se obriga a pagar o prêmio, não agravar os riscos e cumprir as demais obrigações do contrato, enquanto que o segurador se obriga a pagar a indenização se ocorrer o sinistro.

b) **Oneroso:**

Porque gera obrigações pecuniárias para ambas as partes, para o segurado o pagamento de início do prêmio e o segurador assumindo a obrigação de indenizar se ocorrer o sinistro contratado.

c) **Aleatório:**

O segurado assume obrigação certa, qual seja, pagar o prêmio estipulado na apólice, porém o cumprimento do contrato por parte do segurador dependerá de um evento incerto e duvidoso, que é o sinistro.

d) **Adesão:**

É um contrato cujas cláusulas são previamente elaboradas pelo segurador às quais o segurado adere sem poder discutir seu conteúdo.

Parágrafo único. Na falta das pessoas indicadas neste artigo, serão beneficiários os que provarem que a morte do segurado os privou dos meios necessários à subsistência.

4. Nesse sentido ver acórdão do STJ no REsp nº 1391954 / RJ (2013/0235787-0), Rel. Ministra Maria Isabel Gallott, 4ª T., publ. 31/03/2022.

e) Formal:

Já que exige a forma escrita representada pela apólice ou o bilhete como forma de provar sua existência (CC, art. 758).[5]

f) De execução sucessiva ou continuada:

É um contrato que visa proteger a pessoa contra eventos futuros e incertos, de sorte que os efeitos protetivos que emanam do contrato se projetam para o futuro no que diz respeito ao segurador. Já quanto ao segurado, cuja principal obrigação é o pagamento do prêmio, normalmente o faz em prestações.

7. APÓLICE OU BILHETE DE SEGURO

A apólice ou bilhete de seguro é o instrumento que prova a existência do contrato de seguro, podendo ser nominativa, à ordem ou até mesmo ao portador.

A apólice deverá discriminar quais são os riscos cobertos, o início e o fim de sua validade, o limite da garantia e o prêmio devido, e, quando for o caso, o nome do segurado e o do beneficiário (CC, art. 760).[6]

Atenção: no seguro de pessoas, a apólice ou o bilhete não podem ser ao portador (ver CC, art. 760, parágrafo único).

8. LIBERDADE CONTRATUAL

Em princípio, tudo pode ser objeto do contrato de seguro, porém esta regra encontra limites nas questões de ordem pública e nas limitações impostas pelo próprio Código Civil.

Dessa forma a lei considera nulo, por exemplo, o contrato que vise garantir o risco proveniente de ato doloso do segurado, do beneficiário, ou de representante de um ou de outro (CC, art. 762).[7]

---

5. CC, Art. 758. O contrato de seguro prova-se com a exibição da apólice ou do bilhete do seguro, e, na falta deles, por documento comprobatório do pagamento do respectivo prêmio.

6. CC, Art. 760. A apólice ou o bilhete de seguro serão nominativos, à ordem ou ao portador, e mencionarão os riscos assumidos, o início e o fim de sua validade, o limite da garantia e o prêmio devido, e, quando for o caso, o nome do segurado e o do beneficiário.
Parágrafo único. No seguro de pessoas, a apólice ou o bilhete não podem ser ao portador.

7. CC, Art. 762. Nulo será o contrato para garantia de risco proveniente de ato doloso do segurado, do beneficiário, ou de representante de um ou de outro.

9. BOA-FÉ

O princípio da boa-fé é uma espécie de cláusula geral aplicável a todo e qualquer tipo de contrato (CC, art. 422).[8]

Apesar disso, o legislador fez questão de reafirmar esse princípio ao tratar dos contratos de seguro.

Nesse sentido, o Código Civil é peremptório ao afirmar que ambos os contratantes devem guardar tanto nas tratativas iniciais quanto na conclusão e execução do contrato a mais estreita boa-fé (CC, art. 765),[9] de sorte que se o segurado fizer declarações inexatas ou omitir circunstâncias relevantes que possam influir na aceitação da proposta, por si ou por seu representante, perderá direito à indenização se o evento vier a ocorrer (CC, art. 766).[10]

10. MODALIDADES DE SEGUROS

Várias são as modalidades de seguros; vejamos:

a) **Com relação às pessoas:**

Seguro de vida (individual ou em grupo); seguro de acidentes pessoais; seguro de natalidade; seguro de pensão; seguro de aposentadoria; seguro de invalidez; seguro-saúde etc.

b) **Com relação aos bens:**

Seguro de danos causados por veículos; seguro de transporte, seguro marítimo; seguro contra incêndio, seguro contra furtos e roubos etc.

11. SEGURO DE DANO

O contrato de seguro de danos não se destina à obtenção de lucro, sua finalidade é de garantia dos prejuízos eventualmente sofridos pela parte que sofreu os efeitos do sinistro, por isso a lei limita o valor do contrato ao valor do bem garantido, sob pena de perda do direito à garantia (CC, art. 778).[11]

---

8. CC, Art. 422. Os contratantes são obrigados a guardar, assim na conclusão do contrato, como em sua execução, os princípios de probidade e boa-fé.

9. CC, Art. 765. O segurado e o segurador são obrigados a guardar na conclusão e na execução do contrato, a mais estrita boa-fé e veracidade, tanto a respeito do objeto como das circunstâncias e declarações a ele concernentes.

10. CC, Art. 766. Se o segurado, por si ou por seu representante, fizer declarações inexatas ou omitir circunstâncias que possam influir na aceitação da proposta ou na taxa do prêmio, perderá o direito à garantia, além de ficar obrigado ao prêmio vencido.

Parágrafo único. Se a inexatidão ou omissão nas declarações não resultar de má-fé do segurado, o segurador terá direito a resolver o contrato, ou a cobrar, mesmo após o sinistro, a diferença do prêmio.

11. CC, Art. 778. Nos seguros de dano, a garantia prometida não pode ultrapassar o valor do interesse segurado no momento da conclusão do contrato, sob pena do disposto no art. 766, e sem prejuízo da ação penal que no caso couber.

No seguro de dano, o valor indenizatório previsto para cobrir o risco deverá também compreender os demais prejuízos decorrentes do acidente, inclusive os estragos ocasionados para evitar o sinistro, minorar o dano, ou salvar a coisa (CC, art. 779).[12]

Contudo, o valor da indenização será o valor dos bens no momento do sinistro, isto é, o valor de mercado do objeto segurado quando da ocorrência do acidente, ainda que a apólice seja de valor maior (CC, art. 781).[13]

Excepcionalmente o Código Civil permite a contratação de mais de um seguro para o mesmo objeto desde que o segurado cientifique a atual seguradora de sua intenção de contratar uma segunda garantia e informe também o valor pelo qual pretenda segurar-se, respeitando-se o valor máximo do bem em questão. Esse é uma espécie de cosseguro, pelo qual duas ou mais seguradoras vão garantir um determinado bem valioso, sendo importante ressaltar que cada seguradora irá se responsabilizar por uma parcela dos interesses protegidos, já que a soma dos seguros não poderá ultrapassar o valor do bem segurado (CC, art. 782).[14]

O contrato de dano é transmissível, a não ser que haja cláusula expressa proibindo a cessão. Sendo a apólice nominativa, exige-se para transferência que seja feita comunicação conjunta pelo cedente e o cessionário ao segurador. Se a apólice é à ordem, exige-se endosso em preto, no qual se indica o nome do beneficiário à ordem, datado e assinado pelo endossante e pelo endossatário (CC, art. 785).[15]

O segurador que indenizar o sinistro ocorrido se sub-rogará nos limites do valor indenizado nas ações que o segurado poderia ter contra o autor do dano (CC, art. 786).[16]

---

12. CC, Art. 779. O risco do seguro compreenderá todos os prejuízos resultantes ou consequentes, como sejam os estragos ocasionados para evitar o sinistro, minorar o dano, ou salvar a coisa.

13. CC, Art. 781. A indenização não pode ultrapassar o valor do interesse segurado no momento do sinistro, e, em hipótese alguma, o limite máximo da garantia fixado na apólice, salvo em caso de mora do segurador.

14. CC, Art. 782. O segurado que, na vigência do contrato, pretender obter novo seguro sobre o mesmo interesse, e contra o mesmo risco junto a outro segurador, deve previamente comunicar sua intenção por escrito ao primeiro, indicando a soma por que pretende segurar-se, a fim de se comprovar a obediência ao disposto no art. 778.

15. CC, Art. 785. Salvo disposição em contrário, admite-se a transferência do contrato a terceiro com a alienação ou cessão do interesse segurado.

§ 1º Se o instrumento contratual é nominativo, a transferência só produz efeitos em relação ao segurador mediante aviso escrito assinado pelo cedente e pelo cessionário.

§ 2º A apólice ou o bilhete à ordem só se transfere por endosso em preto, datado e assinado pelo endossante e pelo endossatário.

16. CC, Art. 786. Paga a indenização, o segurador sub-roga-se, nos limites do valor respectivo, nos direitos e ações que competirem ao segurado contra o autor do dano.

§ 1º Salvo dolo, a sub-rogação não tem lugar se o dano foi causado pelo cônjuge do segurado, seus descendentes ou ascendentes, consanguíneos ou afins.

§ 2º É ineficaz qualquer ato do segurado que diminua ou extinga, em prejuízo do segurador, os direitos a que se refere este artigo.

LIÇÃO 22 • DO CONTRATO DE SEGURO **209**

12. SEGURO DE PESSOAS

Diferentemente do seguro de dano, o seguro de pessoas pode ser contratado sem limitação de valor, podendo inclusive ser feito mais de um contrato sobre o mesmo bem garantido, na mesma ou em diversas seguradoras (CC, art. 789).[17]

É o tipo de seguro que visa beneficiar pessoas, em virtude da ocorrência de acidentes pessoais ou de morte, pelo qual o próprio contratante ou um beneficiário poderá vir a receber a indenização.

Embora não seja muito comum, admite-se que alguém faça seguro sobre a vida de outra pessoa, quando então o proponente deverá justificar, sob pena de falsidade, o seu interesse jurídico, moral ou econômico pela preservação da vida do segurado. Tratando-se de cônjuge, ascendente ou descendente do proponente, dispensa-se a justificação, pois presume-se a existência do interesse nesse caso (CC, art. 790).[18]

O seguro de vida pode ser contratado por tempo determinado (temporário) ou por toda a vida do segurado (vitalício). Em qualquer das duas hipóteses, o segurador não terá ação para cobrar o prêmio vencido, cuja falta de pagamento, nos prazos previstos, acarretará, conforme se estipular, a resolução do contrato, com a restituição da reserva já formada, ou a redução do capital garantido proporcionalmente ao prêmio pago (CC, art. 796).[19]

Quando o seguro é de vida, também será lícita a cláusula que estipule um prazo de carência, durante o qual se vier a ocorrer o sinistro o segurador estará isento de pagamento da indenização (CC, art. 797).[20] Vale alertar que durante a carência o segurado paga o prêmio, mas não terá direito ao recebimento da indenização se o sinistro ocorrer nesse período.

Ainda com relação ao tema, é importante consignar que o beneficiário não terá direito à indenização se o segurado se suicidar nos primeiros dois anos de

---

17. CC, Art. 789. Nos seguros de pessoas, o capital segurado é livremente estipulado pelo proponente, que pode contratar mais de um seguro sobre o mesmo interesse, com o mesmo ou diversos seguradores.

18. CC, Art. 790. No seguro sobre a vida de outros, o proponente é obrigado a declarar, sob pena de falsidade, o seu interesse pela preservação da vida do segurado.

    Parágrafo único. Até prova em contrário, presume-se o interesse, quando o segurado é cônjuge, ascendente ou descendente do proponente.

19. CC, Art. 796. O prêmio, no seguro de vida, será conveniado por prazo limitado, ou por toda a vida do segurado.

    Parágrafo único. Em qualquer hipótese, no seguro individual, o segurador não terá ação para cobrar o prêmio vencido, cuja falta de pagamento, nos prazos previstos, acarretará, conforme se estipular, a resolução do contrato, com a restituição da reserva já formada, ou a redução do capital garantido proporcionalmente ao prêmio pago.

20. CC, Art. 797. No seguro de vida para o caso de morte, é lícito estipular-se um prazo de carência, durante o qual o segurador não responde pela ocorrência do sinistro.

    Parágrafo único. No caso deste artigo o segurador é obrigado a devolver ao beneficiário o montante da reserva técnica já formada.

vigência inicial do contrato, ou da sua recondução depois de suspenso (CC, art. 798).[21]

Nos casos de carência ou do suicídio do segurado, se ocorrer o evento dentro do período estabelecido, o segurador não estará obrigado a pagar a indenização, porém deverá devolver ao beneficiário o montante da reserva técnica já formada (ver CC, art. 797, parágrafo único).

> **Atenção:** nos seguros de vida ou acidentes, a indenização para o caso de morte não é considerada herança e nem ficará sujeita ao pagamento de dívidas do falecido, sendo por isso mesmo impenhorável (CC, art. 794).[22]

13. EXCLUDENTES DO DEVER DE INDENIZAR

A seguradora assume os riscos pelo evento danoso, futuro e incerto, que, vindo a ocorrer, a obrigará a indenizar, independentemente da perquirição de caso fortuito, força maior, fato de terceiros ou mesmo culpa exclusiva da vítima. Assim, o contrato de seguro em geral em muito se aproxima da responsabilidade com base na teoria do risco integral.

Embora não se possa aplicar aos contratos de seguro as excludentes clássicas da responsabilidade civil, situações outras existem que podem atenuar ou até mesmo isentar a seguradora do dever indenizatório, como veremos a seguir.

13.1 Declarações falsas do segurado

A declaração falsa ou inexata do segurado, assim como o agir de má-fé, levará a perda do direito à indenização porquanto o Código Civil é por demais claro ao preceituar que "o segurado e o segurador são obrigados a guardar na conclusão e na execução do contrato, a mais estrita boa-fé e veracidade, tanto a respeito do objeto como das circunstâncias e declarações a ele concernentes" (CC, art. 765).[23] Não bastasse isso, estabelece ainda o mesmo diploma legal que, "se o segurado, por si ou por seu representante, fizer declarações inexatas ou omitir circunstâncias que possam influir na aceitação da proposta ou na

---

21. CC, Art. 798. O beneficiário não tem direito ao capital estipulado quando o segurado se suicida nos primeiros dois anos de vigência inicial do contrato, ou da sua recondução depois de suspenso, observado o disposto no parágrafo único do artigo antecedente.

    Parágrafo único. Ressalvada a hipótese prevista neste artigo, é nula a cláusula contratual que exclui o pagamento do capital por suicídio do segurado.

22. CC, Art. 794. No seguro de vida ou de acidentes pessoais para o caso de morte, o capital estipulado não está sujeito às dívidas do segurado, nem se considera herança para todos os efeitos de direito.

23. CC, Art. 765. O segurado e o segurador são obrigados a guardar na conclusão e na execução do contrato, a mais estrita boa-fé e veracidade, tanto a respeito do objeto como das circunstâncias e declarações a ele concernentes.

LIÇÃO 22 • DO CONTRATO DE SEGURO **211**

taxa do prêmio, perderá o direito à garantia, além de ficar obrigado ao prêmio vencido" (CC, art. 766).[24]

Dessa forma, se o segurado fizer declarações falsas, terá agido de má-fé e, como consequência, sofrerá a perda do direito à indenização pactuada. Também se a declaração foi inexata ou se ocultou fato que o segurado sabia existir, a pena também será de perdimento do direito indenizatório.

Cumpre assinalar que, em tais circunstâncias, caberá à seguradora o ônus de provar que o segurado procedeu ao arrepio da lei, porquanto é de se ter presente que a boa-fé se presume, logo, só podendo ser afastada por robusta prova em contrário.

13.2 Da fraude e do dolo praticado pelo segurado

Com o advento do novo Código, a nulidade do contrato de seguro ficou restrita aos atos praticados com dolo, devendo assim ser excluídos aqueles praticados por culpa, seja grave, leve ou levíssima.

No tocante aos contratos de seguros, o dolo por parte do segurado deve se constituir de ato praticado com o único e deliberado objetivo de receber, indevidamente, o valor da indenização. Nessas circunstâncias, não há falar-se em indenização, porque recompensar ato doloso com a indenização do seguro, além de imoral, constituiria um estímulo à criminalidade.

Aqui se enquadram as situações que tipificariam a fraude, tais como: os incêndios propositados de estabelecimentos comerciais falidos; a simulação de furto ou roubo de veículo, em busca da indenização; os atestados de óbitos falsos, para receber o seguro obrigatório; as cirurgias ou internações inexistentes, para aumentar o faturamento de médicos ou hospitais conveniados; e, finalmente, as fraudes contra o INSS, que, conforme é de público conhecimento, causaram aos cofres da previdência prejuízos incalculáveis.

Os casos mais comuns de fraude são, por exemplo, quando envolvem automóveis, omissão de fatos relevantes no momento da realização das vistorias; aumento das partes afetadas pelos danos; simulação de avarias e defeitos; orçamentos inflados ou supervalorizados; declaração de roubo ou furto inverídica. Ainda para exemplificar, quando se trata de seguro de vida e acidentes, as fraudes mais comuns são: segurado falecido antes da contratação do seguro; contratação de seguro por pessoa com doença terminal; informações falsas na proposta para contratação do seguro; contratação premeditando suicídio; simulação de

---

24. CC, Art. 766. Se o segurado, por si ou por seu representante, fizer declarações inexatas ou omitir circunstâncias que possam influir na aceitação da proposta ou na taxa do prêmio, perderá o direito à garantia, além de ficar obrigado ao prêmio vencido.

    Parágrafo único. Se a inexatidão ou omissão nas declarações não resultar de má-fé do segurado, o segurador terá direito a resolver o contrato, ou a cobrar, mesmo após o sinistro, a diferença do prêmio.

mortes e de acidentes; automutilação; extensão de períodos de convalescença; informações inverídicas constantes de atestados médicos.

Nesses casos, provados a fraude ou o ato doloso praticado pelo segurado, a seguradora estará eximida do dever indenizatório. Não se pode olvidar de que militam em favor do segurado a presunção de boa-fé, de sorte que, se o mesmo agiu de má-fé, cabe à seguradora fazer a prova desse proceder.

13.3 Exacerbação do risco

Preceitua o Código Civil que "o segurado perderá o direito à garantia se agravar intencionalmente o risco objeto do contrato" (CC, art. 768), bem como fica "obrigado a comunicar ao segurador, logo que saiba, todo incidente suscetível de agravar consideravelmente o risco coberto, sob pena de perder o direito à garantia, se provar que silenciou de má-fé" (CC, art. 769, *caput*).[25]

Dessa forma, se de maneira deliberada o segurado contribui para que o risco seja aumentado, estará dando ensejo a um desequilíbrio contratual, o que autoriza o segurador a se exonerar do cumprimento do contrato.

Exemplos não faltam de atitudes assumidas pelos segurados que contribuem para o aumento da possibilidade de ocorrência de dano. Diversas situações do cotidiano podem ser causa eficiente para agravar o risco de acidente e talvez o exemplo mais elucidativo seja a do motorista que participa do chamado "racha". Se ocorrer o sinistro, a seguradora poderá se negar ao pagamento da indenização alegando que o segurado exacerbou o risco.

> **Outros exemplos:** várias situações podem ser ventiladas com o fito de exemplificar a questão, tais como: mutilar o próprio corpo para receber indenização por invalidez ou perda de capacidade laborativa; expor-se a riscos desnecessários agravando a possibilidade de morte ou acidentes, tal qual o "surfista ferroviário"; simulação de um acidente de trânsito; forjar um curto circuito para incendiar a residência; andar, como se fosse equilibrista, em fios de alta tensão da rede elétrica, dentre outras.
>
> **Atenção:** excepcionalmente, nos seguros de danos cujo bem segurado seja um veículo, é admitida a exclusão de cobertura para danos ocorridos quando verificado que o veículo segurado foi conduzido por pessoa

---

25. CC, Art. 769. O segurado é obrigado a comunicar ao segurador, logo que saiba, todo incidente suscetível de agravar consideravelmente o risco coberto, sob pena de perder o direito à garantia, se provar que silenciou de má-fé.

§ 1º O segurador, desde que o faça nos quinze dias seguintes ao recebimento do aviso da agravação do risco sem culpa do segurado, poderá dar-lhe ciência, por escrito, de sua decisão de resolver o contrato.

§ 2º A resolução só será eficaz trinta dias após a notificação, devendo ser restituída pelo segurador a diferença do prêmio.

embriagada ou drogada, desde que a seguradora comprove que o sinistro ocorreu devido ao estado de embriaguez do condutor.

De toda sorte, cada caso é um caso e o julgador deve apreciar a situação concreta e ver se, naquela determinada circunstância, houve ou não o agravamento do risco apto a desonerar a seguradora. Nesse sentido é o Enunciado nº 374 da IV Jornada de Direito Civil do STJ: "No contrato de seguro, o juiz deve proceder com equilíbrio, atentando às circunstâncias reais, e não a probabilidades infundadas, quanto à agravação dos riscos".

Importante 1: A embriaguez do segurado, por si só, não exime o segurador do pagamento de indenização prevista em contrato de seguro de vida, sendo necessária a prova de que o agravamento de risco dela decorrente influiu decisivamente na ocorrência do sinistro.[26]

Importante 2: No seguro de vida, é vedada a exclusão de cobertura na hipótese de sinistros ou acidentes decorrentes de atos praticados pelo segurado em estado de insanidade mental, de alcoolismo ou sob efeito de substâncias tóxicas (Carta Circular SUSEP/DETEC/GAB nº 08/2007).[27]

Importante 3: O Superior Tribunal de Justiça (STJ) editou a Súmula 620 de seguinte teor: "A embriaguez do segurado não exime a seguradora do pagamento da indenização prevista em contrato de seguro de vida".[28]

14. DO SUICÍDIO

No caso de suicídio estabelece o Código Civil que o beneficiário não terá direito a indenização se o segurado se suicida nos 2 (dois) primeiros anos de vigência do contrato, ressalvando que o segurador é obrigado a devolver ao beneficiário o montante da reserva técnica já formada, ou seja, ele terá direito de receber a quantia que o segurado pagou a título de prêmio para a seguradora (ver CC, art. 798 e parágrafo único art. 797).

Apesar da clareza da lei havia divergência na doutrina e jurisprudência o que forçou o Superior Tribunal de Justiça a editar, em 2018, a súmula 610 de seguinte teor: "O suicídio não é coberto nos dois primeiros anos de vigência do contrato de seguro de vida, ressalvado o direito do beneficiário à devolução do montante da reserva técnica formada".

Após o período de carência de 2 (dois) anos a seguradora será obrigada a indenizar os beneficiários diante do suicídio do segurado, independentemente de qualquer discussão sobre eventual premeditação.

---

26 (STJ, AgRg no AREsp 57.290/RS, Rel. Min. Nancy Andrighi, DJe de 9/12/2011).

27 (STJ, REsp 1.665.701/RS, Rel. Min. Ricardo Villas Bôas Cueva, Terceira Turma, DJe de 31/05/2017).

28 (STJ, Segunda Seção, julgado em 12.12.2018, publicado no DJe 17.12.2018).

Em resumo:

• Suicídio nos dois primeiros anos: não tem direito à indenização.

• Suicídio após os dois primeiros anos: tem direito à indenização.

15. DA PRESCRIÇÃO

Com relação às ações do segurado contra a seguradora em decorrência de contrato de seguro em geral, o prazo prescricional para o exercício de demanda visando o recebimento da indenização, como regra, é de 1 (um) ano conforme previsão expressa do Código Civil (art. 206, § 1º, II).[29]

Por exceção, no caso da cobertura por morte, o prazo prescricional para recebimento de indenização securitária pelo beneficiário, em contrato de seguro de vida, é decenal, nos termos do artigo 205 do Código Civil, conforme jurisprudência consolidada do Superior Tribunal de Justiça, por não se tratar de pretensão do segurado e sim dos beneficiários.

Em qualquer situação, o prazo prescricional começa a contar, isto é, tem como seu termo inicial a recusa da cobertura securitária, a teor do que dispõe a alínea b, do inciso II do § 1º, do art. 206 do CC/2002.

Outro aspecto importante é que o pedido do pagamento de indenização à seguradora suspende o prazo de prescrição que volta a correr no momento em que o segurado obtém ciência da decisão da recusa (STJ, súmula nº 229).

Quando se trata de ação de indenização de seguro em razão de invalidez, o termo inicial do prazo prescricional, é a data em que o segurado teve ciência inequívoca da sua incapacidade laboral (súmula nº 278), o que pode ser comprovado através de laudo médico.

> **Atenção:** embora não seja decorrente de um contrato propriamente dito, é importante informar que o prazo prescricional para a propositura de ação objetivando a cobrança de seguro obrigatório (DPVAT) é de 3 (três) anos, conforme Súmula nº 405 do STJ.

---

29. CC, Art. 206. Prescreve:

§ 1º Em um ano:

I – (Omissis);

II – a pretensão do segurado contra o segurador, ou a deste contra aquele, contado o prazo:

a) para o segurado, no caso de seguro de responsabilidade civil, da data em que é citado para responder à ação de indenização proposta pelo terceiro prejudicado, ou da data que a este indeniza, com a anuência do segurador;

b) quanto aos demais seguros, da ciência do fato gerador da pretensão;

(Omissis)...

Lição 23
DA CONSTITUIÇÃO DE RENDA; DO JOGO E DA APOSTA

Sumário: I – Da constituição de renda – 1. Conceito de constituição de renda – 2. Características – 3. Algumas observações pertinentes – II – Do jogo e da aposta – 4. Conceito de jogo – 5. Conceito de aposta – 6. Licitude do jogo e da aposta – 7. Consequências jurídicas – 8. Contratos diferenciais – 9. Sorteios – 10. Diferenças entre jogo e aposta.

I – DA CONSTITUIÇÃO DE RENDA

1. CONCEITO DE CONSTITUIÇÃO DE RENDA

Constituição de renda é o contrato pelo qual uma pessoa (rendeiro ou censuário) pode se obrigar perante outra (instituidor) a retribuir-lhe diretamente ou a outra pessoa por ele indicada uma renda periódica, como contrapartida pela alienação a seu favor de bens móveis ou imóveis cuja propriedade é transferida no momento da pactuação, podendo ser gratuito (CC, art. 803)[1] ou oneroso (CC, art. 804).[2]

É um contrato que caiu em desuso e é mantido no nosso Código Civil talvez por um saudosismo em relação ao antigo Código de 1916, tendo em vista que não se justifica sua existência nos dias atuais.

---

1. CC, Art. 803. Pode uma pessoa, pelo contrato de constituição de renda, obrigar-se para com outra a uma prestação periódica, a título gratuito.
2. CC, Art. 804. O contrato pode ser também a título oneroso, entregando-se bens móveis ou imóveis à pessoa que se obriga a satisfazer as prestações a favor do credor ou de terceiros.

2. CARACTERÍSTICAS

Embora seja um contrato de pouca ou nenhuma utilidade prática, não nos podemos furtar de apresentar, pelo menos, sua natureza jurídica.

a) Gratuito ou oneroso? Unilateral ou bilateral?

Se for instituído sem ser exigida nenhuma contraprestação, esse contrato será gratuito e, por conseguinte, unilateral, assemelhando-se tudo por tudo com uma doação. Mas também pode ser oneroso, quando for exigida do rendeiro uma contraprestação periódica a favor do próprio instituidor ou de outra pessoa e, nesse caso, será bilateral. Quando instituído em favor de terceiro, assemelha-se à estipulação em favor de terceiro.

b) Comutativo ou aleatório?

Depende da forma como foi instituído. Se for firmado o contrato por prazo determinado, ele será comutativo. Se, porém, foi firmado pelo tempo da duração da vida quer do instituidor quer do rendeiro, estaremos diante de um contrato aleatório (CC, art. 806).[3]

c) Real ou consensual?

Alguns autores consideram que é o tipo de contrato que se aperfeiçoa pelo encontro de vontades, logo consensual; entretanto, entendemos que **é um contrato real**, tendo em vista que para seu aperfeiçoamento há a necessidade da tradição (CC, art. 809),[4] podendo o credor, se for o caso, exigir garantias para sua segurança (CC, art. 805).[5]

d) Solene ou não solene?

Nesse caso não há nenhuma dúvida, pois o Código Civil proclama claramente que este tipo de contrato reclama escritura pública para sua validade, logo é um contrato solene e formal (CC, art. 807).[6]

3. ALGUMAS OBSERVAÇÕES PERTINENTES

Somente pode ser instituído a favor de pessoa viva e, mesmo tendo de ser instituído em favor de pessoa viva, ficará sem efeito se essa pessoa vier a morrer

---

3. CC, Art. 806. O contrato de constituição de renda será feito a prazo certo, ou por vida, podendo ultrapassar a vida do devedor mas não a do credor, seja ele o contratante, seja terceiro.
4. CC, Art. 809. Os bens dados em compensação da renda caem, desde a tradição, no domínio da pessoa que por aquela se obrigou.
5. CC, Art. 805. Sendo o contrato a título oneroso, pode o credor, ao contratar, exigir que o rendeiro lhe preste garantia real, ou fidejussória.
6. CC, Art. 807. O contrato de constituição de renda requer escritura pública.

LIÇÃO 23 • DA CONSTITUIÇÃO DE RENDA; DO JOGO E DA APOSTA **217**

nos 30 dias seguintes por moléstia que já sofria ao tempo da celebração do contrato (CC, art. 808).[7]

Se for instituído em favor de duas ou mais pessoas, sem individualizar a parte que cabe a cada uma, presume-se que seus direitos sejam iguais. De outro lado, se alguma delas falecer antes da outra, a que sobreviver não terá direito de acrescer, a não ser que tenha sido previsto expressamente o direito sucessivo (CC, art. 812).[8]

Se a renda foi instituída a título gratuito, o instituidor pode adicionar no contrato uma cláusula de inalienabilidade e impenhorabilidade, de sorte que os bens envolvidos na instituição de renda não poderão ser penhorados para saldar execuções pendentes ou futuras (CC, art. 813).[9]

II – DO JOGO E DA APOSTA

4. CONCEITO DE JOGO

Jogo é o acordo entre duas ou mais pessoas pelo qual todos se obrigam a pagar certa soma em dinheiro, ou entregar algo equivalente, àquela que se sagre vencedora na prática de determinado entretenimento do qual todos participam.

5. CONCEITO DE APOSTA

Aposta é o ajuste em que duas ou mais pessoas, divergindo de opinião sobre determinado assunto ou acontecimento, se obrigam a pagar certa importância em dinheiro ou entregar determinado objeto, em favor daquela cuja opinião acabe por ser constatada como verdadeira.

6. LICITUDE DO JOGO E DA APOSTA

Quando o jogo ou a aposta são patrocinados de alguma forma pelo Governo, eles são considerados lícitos. Quando realizados às margens das autorizações governamentais, serão considerados ilícitos.

---

7. CC, Art. 808. É nula a constituição de renda em favor de pessoa já falecida, ou que, nos trinta dias seguintes, vier a falecer de moléstia que já sofria, quando foi celebrado o contrato.
8. CC, Art. 812. Quando a renda for constituída em benefício de duas ou mais pessoas, sem determinação da parte de cada uma, entende-se que os seus direitos são iguais; e, salvo estipulação diversa, não adquirirão os sobrevivos direito à parte dos que morrerem.
9. CC, Art. 813. A renda constituída por título gratuito pode, por ato do instituidor, ficar isenta de todas as execuções pendentes e futuras.
   Parágrafo único. A isenção prevista neste artigo prevalece de pleno direito em favor dos montepios e pensões alimentícias.

a) Lícito:

Também chamados de tolerados ou autorizados, são aqueles que trazem algum benefício para quem os pratica ou para a coletividade, ou ainda estimulam atividades econômicas em torno do seu desenvolvimento. Aqui se enquadram as competições esportivas das mais variadas modalidades (futebol, atletismo, automobilismo, turfe, tênis etc.), bem como as apostas que se fazem em face dos seus resultados (loterias). Quer dizer, lícitos serão algumas práticas expressamente autorizadas por lei (jogos de loteria); outros, embora não tenham autorização, são tolerados por serem considerados passatempo ou diversão que em nada prejudica os participantes (jogo de xadrez, bilhar, carteados etc.).

Exemplo típico de jogo lícito: o melhor exemplo que temos dos jogos tidos como lícitos são as diversas loterias administradas pela Caixa Econômica Federal, que são assim considerados porque autorizados por lei em face de sua importância, não só porque premiam os ganhadores, mas também porque revertem recursos para obras de importância social.

b) Ilícito:

São os jogos proibidos, também chamados de "jogos de azar", aos quais o direito repulsa, tanto que são incriminados pela Lei das Contravenções Penais e outras leis especiais. São assim chamados porque não autorizados por lei e, por conseguinte, não obrigam os perdedores, nem atribuem direitos aos ganhadores (a obrigação é natural), mas, ao contrário disso, sujeitam os contendores aos rigores da lei. Aqui se encaixam os jogos de roleta, jogos de dados, jogo do bicho, bacará etc.

Exemplo típico: o jogo do bicho é o melhor exemplo dessa atividade ilícita. Muitas vezes já se falou em legalizar tal atividade. Se amanhã for aprovada uma lei transferindo a responsabilidade de administração desse tipo de jogo para a Caixa Econômica Federal, ele terá passado a ser jogo lícito.

Resumo da ópera: o jogo será considerado lícito ou ilícito conforme seja permitido ou proibido por lei.

7. CONSEQUÊNCIAS JURÍDICAS

É exatamente nesse aspecto jurídico que reside a importância do estudo do jogo e da aposta, ou seja, as consequências jurídicas serão diversas conforme sejam lícitos ou ilícitos. Vejamos:

LIÇÃO 23 • DA CONSTITUIÇÃO DE RENDA; DO JOGO E DA APOSTA **219**

Se o **jogo ou a aposta são lícitos, eles obrigam o devedor** como em qualquer outro tipo de contrato e autorizam o credor a promover as ações tendentes a assegurar seus direitos.

Inversamente, o jogo ou a aposta **se são ilegais não obrigam ao devedor**. Nesse caso, podemos dizer que tal fato é um nada jurídico, pois não dará direitos ao credor de cobrar judicialmente a dívida, como não obrigará o devedor ao pagamento. É uma obrigação natural, tendo em vista que a dívida existe, porém inexigível judicialmente (CC, art. 814).[10]

Advirta-se, contudo, que, realizado espontaneamente o pagamento, ele será considerado plenamente válido e não autorizará a repetição do indébito (CC, art. 882).[11]

Contudo, essa regra não é absoluta porque a lei excepciona duas situações: se ganho por dolo ou se o perdente for menor ou interdito. Quer dizer, mesmo a lei civil punindo o jogo ilícito não poderia permitir que nas duas situações excepcionadas o perdedor que pagou indevidamente ficasse sem ação, porque se assim fosse estar-se-ia premiando o ganhador desonesto ou que se aproveitou da inexperiência do perdedor (ver CC, art. 814, parte final).

O Código Civil também proíbe a dissimulação realizada através de contrato de novação ou fiança que, em verdade, seja originária de uma dívida de jogo porque não se pode novar ou afiançar obrigação não reconhecida por lei (ver CC, art. 814, § 1º). A lei ressalva os direitos do terceiro de boa-fé, pois este não tendo participado diretamente do engodo não poderá ser por ele prejudicado, como, por exemplo, no caso do perdedor ter dado um cheque para pagamento da dívida e o ganhador ter passado esse cheque para terceiro (o terceiro poderá mover todas as ações visando garantir o recebimento do cheque).

---

10. CC, Art. 814. As dívidas de jogo ou de aposta não obrigam a pagamento; mas não se pode recobrar a quantia, que voluntariamente se pagou, salvo se foi ganha por dolo, ou se o perdente é menor ou interdito.

§ 1º Estende-se esta disposição a qualquer contrato que encubra ou envolva reconhecimento, novação ou fiança de dívida de jogo; mas a nulidade resultante não pode ser oposta ao terceiro de boa-fé.

§ 2º O preceito contido neste artigo tem aplicação, ainda que se trate de jogo não proibido, só se excetuando os jogos e apostas legalmente permitidos.

§ 3º Exceptuam-se, igualmente, os prêmios oferecidos ou prometidos para o vencedor em competição de natureza esportiva, intelectual ou artística, desde que os interessados se submetam às prescrições legais e regulamentares.

11. CC, Art. 882. Não se pode repetir o que se pagou para solver dívida prescrita, ou cumprir obrigação judicialmente inexigível.

Por fim, vale anotar que, se alguém emprestou dinheiro para outra pessoa no momento em que ela ia jogar ou apostar, também não terá legitimidade para recobrar judicialmente esse dinheiro emprestado (CC, art. 815).[12]

> **Atenção:** a dívida de jogo onde esta atividade é legalizada pode ser cobrada no Brasil, por meio de ação de cobrança ajuizada pelo credor, conforme já decidiu o STJ (3ª. Turma, REsp 1628974, Rel. Min. Villas Bôas Cueva, publ. 10/07/2017).

8. CONTRATOS DIFERENCIAIS

Diferenciais são os contratos que versam sobre os títulos das bolsas de mercadorias e futuros no qual as pessoas aparentemente "compram" mercadorias, mas em verdade "apostam" que vão ganhar na variação da cotação entre o momento da aquisição e o momento da venda dos títulos.

Este é um típico contrato aleatório, tendo em vista o risco inerente a essa atividade, na qual as pessoas podem ganhar ou perder.

Tratamos desse tipo de contrato aqui tão somente para alertar no sentido de, apesar de ser um contrato de risco, isso não tem o condão de transformá-lo em jogo ou aposta (CC, art. 816).[13]

9. SORTEIOS

Sorteio nada mais é do que o oferecimento de prêmios às pessoas que se disponham a participar, o que poderá ser feito através de um bilhete, um cupom ou qualquer outro tipo de comprovante, sendo aquele que teve seu número sorteado o novo proprietário do bem ou do dinheiro oferecido.

Nesse sentido, existem dois tipos de sorteios:

a) Sorteio como jogo:

> São aqueles sorteios que são realizados pelas mais variadas empresas e para as mais variadas coisas, como, por exemplo, nas promoções de lojas ou *shopping centers* nas quais mediante determinado valor de compra ganha-se um cupom para concorrer a determinado bem. Para serem

---

12. CC, Art. 815. Não se pode exigir reembolso do que se emprestou para jogo ou aposta, no ato de apostar ou jogar.
13. CC, Art. 816. As disposições dos arts. 814 e 815 não se aplicam aos contratos sobre títulos de bolsa, mercadorias ou valores, em que se estipulem a liquidação exclusivamente pela diferença entre o preço ajustado e a cotação que eles tiverem no vencimento do ajuste.

válidos, portanto, lícitos, devem ter autorização prévia da Caixa Econômica Federal, sob pena de ilegalidade.

b) **Sorteio propriamente dito:**

O sorteio como versados no art. 817[14] do Código Civil não pode ser considerado como jogo porque não há pretensão de ganhos ou perda, apenas e tão somente dirimir questões pendentes através da partilha ou transação.

Exemplo: se os moradores do condomínio Alphavella resolvem em assembleia que as vagas da garagem devem ser distribuídas aos moradores por sorteio a ser realizado de determinada forma, estaremos diante de um exemplo típico do sorteio, logo não poderá ser considerado um jogo.

10. DIFERENÇAS ENTRE JOGO E APOSTA

No jogo o resultado decorre da participação direta dos contratantes, enquanto que na aposta o resultado independe dos participantes.

Outra diferença é que no jogo o objetivo é a distração ou ganho, enquanto que na aposta existe uma espécie de afirmação do ponto de vista que alguém defende, cuja decisão fica ao acaso.

---

14. CC, Art. 817. O sorteio para dirimir questões ou dividir coisas comuns considera-se sistema de partilha ou processo de transação, conforme o caso.

Lição 24
DA FIANÇA

Sumário: 1. Conceito de fiança – 2. Natureza jurídica – 3. Espécies de fiança – 4. Fiador do fiador – 5. Transmissão da fiança – 6. Benefício de ordem – 7. Solidariedade – 8. Benefício de divisão – 9. Sub-rogação – 10. Da responsabilidade do fiador – 11. Outorga conjugal (marital ou uxória) – 12. Aspectos importantes.

1. CONCEITO DE FIANÇA

É o contrato pelo qual uma pessoa (fiador) assume a responsabilidade de garantir o cumprimento de uma obrigação contraída por outrem (devedor), caso este não cumpra (CC, art. 818).[1]

Assim, a fiança é um instrumento de garantia do cumprimento das obrigações.

2. NATUREZA JURÍDICA

É um típico contrato acessório porque sua existência depende de um contrato principal; e ao mesmo tempo subsidiário, tendo em vista que somente será executado se o devedor não cumprir com a obrigação.

Além disso, é um contrato unilateral porque gera obrigações somente para o fiador; como regra geral, é gratuito, contudo, pode ser oneroso; formal, tendo em vista que é exigida a forma escrita; e personalíssimo ou *intuitu personae*, porque é realizado em face da confiança que o afiançado faz por merecer.

3. ESPÉCIES DE FIANÇA

Existem três espécies de fiança, sendo estas: a convencional, a legal e a judicial. Vejamos cada uma delas:

---

1. CC, Art. 818. Pelo contrato de fiança, uma pessoa garante satisfazer ao credor uma obrigação assumida pelo devedor, caso este não a cumpra.

a) Convencional:

É aquela que resulta da vontade das partes, celebrada mediante contrato escrito. Esta é a que interessa aos nossos estudos e está regulada no Código Civil.

b) Legal:

Aquela que decorre de uma imposição de lei, tal qual previsto nos arts. 260, II, 495, 1.305, 1.400 e 1.745, parágrafo único, todos do Código Civil.

Exemplo: O artigo 1.400, do Código Civil disciplina uma forma de fiança legal ao dispor que "o usufrutuário, antes de assumir o usufruto, inventariará, à sua custa, os bens que receber, determinando o estado em que se acham, e dará caução, fidejussória ou real, se lhe exigir o dono, de velar-lhes pela conservação, e entregá-los findo o usufruto".

c) Judicial:

Quando determinada pelo juiz em face de determinadas peculiaridades, de ofício ou a requerimento das partes como, por exemplo, nas situações previstas nos arts. 520, IV e 559 do Novo Código de Processo Civil.

Exemplo: para melhor entender vamos destacar o que consta do artigo 559, do CPC: "se o réu provar, em qualquer tempo, que o autor provisoriamente mantido ou reintegrado na posse carece de idoneidade financeira para, no caso de sucumbência, responder por perdas e danos, o juiz designar-lhe-á o prazo de 5 (cinco) dias para requerer caução, real ou fidejussória, sob pena de ser depositada a coisa litigiosa, ressalvada a impossibilidade da parte economicamente hipossuficiente".

4. FIADOR DO FIADOR

A doutrina admite a hipótese de o fiador ser abonado por outro fiador, sendo que nesse caso o abonador assume a obrigação de quitar a obrigação se ocorrer a insolvência do fiador. É uma espécie de subfiança, ou seja, o abonador assume a obrigação de quitar o débito se por acaso o fiador não o fizer ou não puder.

Atenção: não confundir com a fiança prestada por mais de um fiador em face de um mesmo devedor (confiança).

5. TRANSMISSÃO DA FIANÇA

Com o falecimento do fiador, encerra-se o contrato de fiança, porém a obrigação se transmite aos herdeiros, que responderão pelo compromisso até o

LIÇÃO 24 • DA FIANÇA **225**

momento da morte do *de cujus*, porém em valores que não podem ultrapassar o montante da herança (CC, art. 836).[2]

6. BENEFÍCIO DE ORDEM

O fiador sendo demandado pela dívida inadimplida poderá indicar, no prazo da contestação, que sejam primeiro executados os bens do devedor, livres e desembaraçados. Se isso ocorrer e os bens do devedor forem insuficientes para quitar o débito, o fiador continuará obrigado pelo restante da dívida (CC, art. 827).[3]

Contudo, não basta alegar que o afiançado tem bens. É incumbência do fiador indicar quais bens o afiançado possui e onde eles estão, de sorte que a execução possa recair primeiro sobre esses bens (CPC, art. 794).[4]

Essa regra não é absoluta porque o Código Civil permite que as partes excluam essa prerrogativa do fiador quando da assinatura do contrato (CC, art. 828, I).[5] Também não aproveita ao fiador esse benefício se ele se obrigou como principal pagador ou como devedor solidário (CC, art. 828, II). E, finalmente, se o devedor se torna insolvente ou falido, o fiador também não poderá servir-se desse benefício (CC, art. 828, III).

7. SOLIDARIEDADE

Havendo mais de um fiador, os mesmos são considerados solidários, de tal sorte que, se um for executado, poderá chamar os demais para responderem

---

2. CC, Art. 836. A obrigação do fiador passa aos herdeiros; mas a responsabilidade da fiança se limita ao tempo decorrido até a morte do fiador, e não pode ultrapassar as forças da herança.

3. CC, Art. 827. O fiador demandado pelo pagamento da dívida tem direito a exigir, até a contestação da lide, que sejam primeiro executados os bens do devedor.

    Parágrafo único. O fiador que alegar o benefício de ordem, a que se refere este artigo, deve nomear bens do devedor, sitos no mesmo município, livres e desembargados, quantos bastem para solver o débito.

4. CPC, Art. 794. O fiador, quando executado, tem o direito de exigir que primeiro sejam executados os bens do devedor situados na mesma comarca, livres e desembargados, indicando-os pormenorizadamente à penhora.

    § 1º Os bens do fiador ficarão sujeitos à execução se os do devedor, situados na mesma comarca que os seus, forem insuficientes à satisfação do direito do credor.

    § 2º O fiador que pagar a dívida poderá executar o afiançado nos autos do mesmo processo.

    § 3º O disposto no caput não se aplica se o fiador houver renunciado ao benefício de ordem.

5. CC, Art. 828. Não aproveita este benefício ao fiador:

    I – se ele o renunciou expressamente;

    II – se se obrigou como principal pagador, ou devedor solidário;

    III – se o devedor for insolvente, ou falido.

solidariamente, tendo em vista que cada um responde pela integralidade do débito (CC, art. 829).[6]

A lei presume a solidariedade quando a fiança for prestada por mais de um fiador, significando dizer que o credor poderá executar qualquer deles, tendo em vista que na solidariedade qualquer um dos garantes se obriga pelo todo da dívida.

8. BENEFÍCIO DE DIVISÃO

Quando houver mais de um fiador garantindo a mesma obrigação, eles poderão estipular o benefício da divisão, significando em última análise que cada um responderá somente por uma fração proporcional da dívida afiançada (ver CC, art. 829, parágrafo único), quebrando assim com a presunção de solidariedade.

Assim como a fiança pode ser de valor inferior ao da obrigação principal (ver CC, art. 823), podem também os fiadores comuns estipularem que cada um responde somente por um determinado valor da obrigação. Se assim for, cada um deverá ser demandado isoladamente pela parte que lhe caiba garantir se ocorrer a inadimplência do devedor (CC, 830).[7]

9. SUB-ROGAÇÃO

Um dos efeitos mais importantes da fiança é o instituto da sub-rogação, pelo qual o fiador que pagar a integralidade da dívida do afiançado se sub-roga nos direitos de exigir o pagamento (CC, art. 831),[8] podendo promover essa cobrança até mesmo nos próprios autos onde foi executado (ver CPC, art. 794, § 2º).

Nesse caso, o devedor responde não só pela dívida principal, mas também por todas as outras despesas que o fiador teve que realizar para satisfação do débito, tais como honorários advocatícios, custas e até mesmo perdas e danos, se assim ficar provado (CC, art. 832).[9] Também terá direitos aos juros (CC, art. 833).[10]

---

6. CC, Art. 829. A fiança conjuntamente prestada a um só débito por mais de uma pessoa importa o compromisso de solidariedade entre elas, se declaradamente não se reservarem o benefício de divisão. Parágrafo único. Estipulado este benefício, cada fiador responde unicamente pela parte que, em proporção, lhe couber no pagamento.
7. CC, Art. 830. Cada fiador pode fixar no contrato a parte da dívida que toma sob sua responsabilidade, caso em que não será por mais obrigado.
8. CC, Art. 831. O fiador que pagar integralmente a dívida fica sub-rogado nos direitos do credor; mas só poderá demandar a cada um dos outros fiadores pela respectiva quota.
   Parágrafo único. A parte do fiador insolvente distribuir-se-á pelos outros.
9. CC, Art. 832. O devedor responde também perante o fiador por todas as perdas e danos que este pagar, e pelos que sofrer em razão da fiança.
10. CC, Art. 833. O fiador tem direito aos juros do desembolso pela taxa estipulada na obrigação principal, e, não havendo taxa convencionada, aos juros legais da mora.

10. DA RESPONSABILIDADE DO FIADOR

O fiador é responsável pelo cumprimento do contrato até o seu termo final. Havendo prorrogação sem anuência do fiador, o mesmo não estará obrigado pelo novo contrato. Advirta-se, contudo, que se houver cláusula de prorrogação automática, o fiador somente se exonera se fizer a notificação previa de que trata o art. 835 do Código Civil (ver súmula 656 do STJ).

No caso de fiança por tempo indeterminado, em cujo contrato original conste a cláusula de prorrogação da fiança, o fiador pode se exonerar, a qualquer tempo, se realizar notificação ao credor, com antecedência mínima de 60 (sessenta dias) dias (CC, art. 835).[11] Em se tratando de locação de imóveis urbanos, a Lei nº 8.245/91 prevê um prazo de 120 (cento e vinte) dias, para que a exoneração se aperfeiçoe (ver art. 40, X).

Outro aspecto que chama a atenção é que se houver aditamento, modificando as condições originais da contratação, o fiador não poderá ser responsabilizado por novas obrigações dele originadas, nos termos da sumula nº 214 do STJ.[12]

11. OUTORGA CONJUGAL (MARITAL OU UXÓRIA)

Se o fiador for casado a outorga conjugal é indispensável para validade da fiança nos termos como disciplinado no Código Civil (art. 1.647, III).[13]

O objetivo da lei é evitar a dilapidação do patrimônio do casal por um dos cônjuges.

Não bastasse a clareza da lei, o Superior Tribunal de justiça (STJ) sumulou a matéria nos seguintes termos: "A anulação de fiança prestada sem outorga uxória implica a ineficácia total da garantia" (súmula 332).

---

11. CC, Art. 835. O fiador poderá exonerar-se da fiança que tiver assinado sem limitação de tempo, sempre que lhe convier, ficando obrigado por todos os efeitos da fiança, durante sessenta dias após a notificação do credor.

12. STJ – Sumula 214: "o fiador na locação não responde por obrigações resultantes de aditamento ao qual não anuiu".

13. CC, Art. 1.647. Ressalvado o disposto no art. 1.648, nenhum dos cônjuges pode, sem autorização do outro, exceto no regime da separação absoluta:

    I – alienar ou gravar de ônus real os bens imóveis;

    II – pleitear, como autor ou réu, acerca desses bens ou direitos;

    III – prestar fiança ou aval;

    IV – fazer doação, não sendo remuneratória, de bens comuns, ou dos que possam integrar futura meação.

    Parágrafo único. São válidas as doações nupciais feitas aos filhos quando casarem ou estabelecerem economia separada.

Importante: significa dizer que se a fiança for prestada sem a anuência do outro cônjuge, o ato é passível de anulação (não é nulo), e tal restrição não fica adstrita à meação do outro cônjuge, mas atinge todo o patrimônio do casal, anulando-se a fiança por inteiro.

Atenção: esta regra não se aplica à união estável tendo em vista tratar-se de um estado de fato que a parte contratante não tem a obrigação de saber quando, nem como começou ou findou, conforme jurisprudência do STJ (nesse sentido ver RESp 1.299.894, Rel. Min. Luis Felipe Salomão). Conclusão: não é nula nem anulável a fiança prestada por fiador convivente em união estável sem a outorga uxória do outro companheiro.

12. ASPECTOS IMPORTANTES

O contrato de fiança tem várias peculiaridades, porém vamos destacar as mais importantes.

a) **Extinção da obrigação afiançada:**

Extinta a obrigação principal por qualquer que seja a forma (mesmo no caso de nulidade), extinta também estará a fiança, reforçando a regra de que **"o acessório segue o principal"**.

b) **Limite do valor da fiança:**

A fiança não pode ser de valor superior à obrigação que se garante. Se isso acontecer, a parte que exceder será considerada nula (CC, art. 823).[14]

c) **Interpretação da fiança:**

Qualquer controvérsia sobre a fiança, por ser contrato benéfico, não admite a interpretação extensiva (CC, art. 819).[15]

d) **Anuência do afiançado:**

A fiança pode ser prestada até mesmo contra a vontade do afiançado, tendo em vista que é um contrato entre o fiador e o credor, logo independe da anuência do afiançado (CC, art. 820).[16]

---

14. CC, Art. 823. A fiança pode ser de valor inferior ao da obrigação principal e contraída em condições menos onerosas, e, quando exceder o valor da dívida, ou for mais onerosa que ela, não valerá senão até ao limite da obrigação afiançada.
15. CC, Art. 819. A fiança dar-se-á por escrito, e não admite interpretação extensiva.
16. CC, Art. 820. Pode-se estipular a fiança, ainda que sem consentimento do devedor ou contra a sua vontade.

e) Recusa do fiador:

O credor poderá recusar o fiador se o mesmo não for pessoa idônea ou não possuir bens para garantir a obrigação, porém só o poderá fazer antes da assinatura do contrato (CC, art. 825).[17]

f) Substituição do fiador:

Se o fiador se tornar insolvente ou incapaz, poderá o credor exigir seja o mesmo substituído por outro em plenas condições (CC, art. 826).[18]

g) Contrato formal:

Não se admite a fiança verbal, tendo em vista que a mesma deverá ser sempre por escrito (ver CC, art. 819).

---

17. CC, Art. 825. Quando alguém houver de oferecer fiador, o credor não pode ser obrigado a aceitá-lo se não for pessoa idônea, domiciliada no município onde tenha de prestar a fiança, e não possua bens suficientes para cumprir a obrigação.
18. CC, Art. 826. Se o fiador se tornar insolvente ou incapaz, poderá o credor exigir que seja substituído.

LIÇÃO 25
DA TRANSAÇÃO
E DO COMPROMISSO

Sumário: I – Da transação – 1. Conceito de transação – 2. Retratação – 3. Não pode ser objeto de transação – 4. Elementos constitutivos – 5. A transação e os terceiros – 6. Aspectos importantes – II – Do compromisso – 7. Conceito de compromisso – 8. Espécies – 9. Limites à arbitragem.

I – DA TRANSAÇÃO

1. CONCEITO DE TRANSAÇÃO

É o acordo de vontades pelo qual as partes, mediante concessões recíprocas, acordam sobre a forma de extinguir litígio já existente ou procuram prevenir litígios futuros (CC, art. 840).[1]

2. RETRATAÇÃO

A transação não admite retratação unilateral, de sorte que uma vez firmada por instrumento público ou particular, ou mesmo homologada judicialmente, suas cláusulas e condições obrigam as partes ao seu fiel cumprimento.

Só se anula a transação por dolo, coação ou erro essencial quanto à pessoa ou coisa controversa. Quer dizer, somente por vícios de consentimento é que se pode anular a transação, excluído o erro de direito (CC, art. 849, parágrafo único).[2]

---

1. CC, Art. 840. É lícito aos interessados prevenirem ou terminarem o litígio mediante concessões mútuas.
2. CC, Art. 849. A transação só se anula por dolo, coação, ou erro essencial quanto à pessoa ou coisa controversa.
   Parágrafo único. A transação não se anula por erro de direito a respeito das questões que foram objeto de controvérsia entre as partes.

LIÇÕES DE DIREITO CIVIL – VOLUME 3 • Nehemias Domingos de Melo

Quando se pretender anular transação homologada por sentença judicial, será necessário mover uma ação anulatória (CPC, art. 966, § 4º).[3]

Atenção: não é o caso de ação rescisória porque na homologação o juiz não profere decisão de mérito sobre o negócio jurídico entabulado pelas partes, logo não se encaixa em nenhuma das situações prevista nos incisos do art. 966 do Novo CPC.

3. NÃO PODE SER OBJETO DE TRANSAÇÃO

A transação somente é admitida para os direitos patrimoniais disponíveis (CC, art. 841).[4]

Dessa forma, os direitos indisponíveis não são passíveis de transação, tais como os direitos da personalidade, os direitos de família, as ações quanto ao estado das pessoas etc. Tem toda uma lógica para assim ser. Já pensaram se as pessoas pudessem transacionar sobre suas vidas; ou sobre o dever de alimentos; ou sobre o casamento etc.

Atenção: é possível a transação sobre os efeitos patrimoniais dos direitos indisponíveis, como, por exemplo, o acordo para pôr fim à execução dos alimentos pretéritos. Ou o acordo para composição numa ação de indenização por uso indevido de imagem.

4. ELEMENTOS CONSTITUTIVOS

Para que haja a transação, é preciso que estejam presentes os elementos constitutivos fundamentais, a saber:

a) **Existência de uma relação jurídica controvertida:**

Essa é condição *sine qua non*, tendo em vista que se não houver litígio não há falar-se em composição dos interesses conflitantes. É exatamente por isso que será nula a transação a respeito de litígio que já tenha sido decidido por sentença transitada em julgado, se dela não tinha ciência algum dos transatores, ou quando por título ulteriormente descoberto se verificar que nenhum deles tinha direito sobre o objeto da transação (CC, art. 850).[5]

---

3. CPC, art. 966. Omissis

§ 4º Os atos de disposição de direitos, praticados pelas partes ou por outros participantes do processo e homologados pelo juízo, bem como os atos homologatórios praticados no curso da execução, estão sujeitos à anulação, nos termos da lei.

4. CC, Art. 841. Só quanto a direitos patrimoniais de caráter privado se permite a transação.

5. CC, Art. 850. É nula a transação a respeito do litígio decidido por sentença passada em julgado, se dela não tinha ciência algum dos transatores, ou quando, por título ulteriormente descoberto, se verificar que nenhum deles tinha direito sobre o objeto da transação.

LIÇÃO 25 • DA TRANSAÇÃO E DO COMPROMISSO **233**

b) **Interesse na composição:**

É indispensável o interesse das partes em fazer o acordo, isto é, o *animus*, posto que é negócio jurídico bilateral. Esse acordo de vontades só será válido se for realizado por pessoa capaz e que tenha legitimidade ou poderes especiais para fazê-lo quando realizada por mandatário (CC, art. 661, § 1º).[6]

Por exemplo: o Código Civil proíbe que o tutor possa transacionar sobre os bens do tutelado, a não ser com ordem judicial (ver CC, art. 1.748, III). Quer dizer, ainda que o tutor seja maior e capaz, não terá legitimação para a prática desse ato.

c) **Concessões recíprocas:**

É preciso que as partes façam concessões mútuas porque se somente uma das partes fizer concessões não estaremos diante da transação, mas talvez da renúncia, da doação, da desistência, enfim, de qualquer outro instituto jurídico.

5. A TRANSAÇÃO E OS TERCEIROS

O Código Civil é expresso ao dizer que a transação não aproveita nem prejudica senão aos que nela intervierem, ainda que diga respeito a coisa indivisível (CC, art. 844).[7]

Significa dizer que como regra a transação só gera efeitos *inter partes*, não beneficiando nem prejudicando terceiros.

Contudo, o artigo retro mencionado traz três exceções em seus parágrafos; vejamos:

a) **Quanto ao fiador:**

O acordo realizado entre o devedor e o credor desobriga o fiador porque, extinta a obrigação principal, também estará extinta a obrigação acessória.

---

6. CC, Art. 661. O mandato em termos gerais só confere poderes de administração.
§ 1º Para alienar, hipotecar, transigir, ou praticar outros quaisquer atos que exorbitem da administração ordinária, depende a procuração de poderes especiais e expressos.
(omissis)...

7. CC, Art. 844. A transação não aproveita, nem prejudica senão aos que nela intervierem, ainda que diga respeito a coisa indivisível.
§ 1º Se for concluída entre o credor e o devedor, desobrigará o fiador.
§ 2º Se entre um dos credores solidários e o devedor, extingue a obrigação deste para com os outros credores.
§ 3º Se entre um dos devedores solidários e seu credor, extingue a dívida em relação aos co-devedores.

b) Credor solidário:

Se um dentre os credores solidários exonerar o devedor da obrigação que lhe era imputável, extingue-se o vínculo em relação aos demais outros credores. Isso ocorre porque na solidariedade, seja ativa ou passiva, a obrigação é por inteiro e não por quota-parte.

c) Devedor solidário:

Se a solidariedade for passiva e o credor promover a liberação desse devedor do cumprimento da obrigação, estará liberando todos os demais.

6. ASPECTOS IMPORTANTES

Algumas características são importantes e merecem destaque; vejamos:

a) Interpretação:

A transação deve ser interpretada restritivamente, logo não admite interpretação extensiva ou mesmo por analogia, isso porque ambas as partes estão renunciando a direitos para obter a composição possível (CC, art. 843).[8]

b) A transação não cria direito:

A transação apenas declara ou reconhece direitos já preexistentes, não cria nem inova direito (ver CC, art. 843, parte final).

c) Cláusula penal:

É perfeitamente admissível a inclusão de cláusula penal para o eventual incumprimento do acordo realizado (CC, art. 847).[9]

d) A transação é negócio jurídico uno:

A transação se caracteriza por ser indivisível, isto é, ela não se fraciona, pois deve ser vista como um todo. Assim, se uma cláusula for reconhecida como nula, isso contaminará todo o negócio jurídico e anulará a transação. Por exceção admite-se a validade quando a transação versar sobre direitos diversos (CC, art. 848, especialmente o parágrafo único).[10]

---

8. CC, Art. 843. A transação interpreta-se restritivamente, e por ela não se transmitem, apenas se declaram ou reconhecem direitos.
9. CC, Art. 847. É admissível, na transação, a pena convencional.
10. CC, Art. 848. Sendo nula qualquer das cláusulas da transação, nula será esta.

   Parágrafo único. Quando a transação versar sobre diversos direitos contestados, independentes entre si, o fato de não prevalecer em relação a um não prejudicará os demais.

II – DO COMPROMISSO

7. CONCEITO DE COMPROMISSO

É o acordo bilateral pelo qual as partes submetem suas divergências a um árbitro, assumindo o compromisso de acatar a decisão, e pode ser judicial ou extrajudicial (CC, art. 851).[11]

O objetivo do instituto é que as partes possam resolver suas pendências sem a necessidade de recorrer ao judiciário.

Conforme vimos anteriormente, na transação os próprios interessados é que sentam e resolvem seus problemas, fazendo concessões mútuas. No compromisso as pessoas, de comum acordo, submetem o litígio à decisão de um árbitro.

8. ESPÉCIES

Podem ser judicial ou extrajudicial; vejamos:

a) **Judicial:**

Ocorre quando já existe uma causa em juízo e no curso dela as partes celebram um acordo nos próprios autos, pelo qual submetem aquele litígio à solução arbitral. O juiz togado irá homologar esse acordo e extinguir o processo, pois agora a solução virá dos árbitros nomeados pelas partes.

b) **Extrajudicial:**

Podem as partes inserir no contrato uma cláusula compromissória pela qual deixam previamente estipulado que qualquer controvérsia sobre aquele contrato será resolvida através da arbitragem (CC, art. 853).[12] Pode também ocorrer de surgir uma controvérsia sobre a execução de determinado contrato no qual não consta essa cláusula, mas as partes resolvem, de comum acordo, que irão submeter a solução à arbitragem.

9. LIMITES À ARBITRAGEM

Somente se pode recorrer à arbitragem para a solução de problemas que versem sobre direitos disponíveis.

---

11. CC, Art. 851. É admitido compromisso, judicial ou extrajudicial, para resolver litígios entre pessoas que podem contratar.
12. CC, Art. 853. Admite-se nos contratos a cláusula compromissória, para resolver divergências mediante juízo arbitral, na forma estabelecida em lei especial.

Essa limitação consta expressamente da Lei de Arbitragem (Lei nº 9.307/96, art. 1º).[13] Em reforço a essa disposição o Código Civil estabelece que "é vedado compromisso para solução de questões de estado, de direito pessoal de família e de outras que não tenham caráter estritamente patrimonial" (CC, art. 852).[14]

---

13. LArb, Art. 1º As pessoas capazes de contratar poderão valer-se da arbitragem para dirimir litígios relativos a direitos patrimoniais disponíveis.
14. CC, Art. 852. É vedado compromisso para solução de questões de estado, de direito pessoal de família e de outras que não tenham caráter estritamente patrimonial.

PARTE III
DOS ATOS UNILATERAIS

PART III
DOS ATOS UNILATERAIS

Lição 26
DAS DECLARAÇÕES UNILATERAIS DA VONTADE

Sumário: I – Da promessa de recompensa – 1. Conceito de promessa de recompensa – 2. Requisitos – 3. Exigibilidade – 4. Promessa de recompensa pela tarefa – 5. Promessa de recompensa por concurso – II – Gestão de negócio – 6. Conceito de gestão de negócio – 7. Pressupostos da gestão de negócio – 8. Obrigações do gestor – 9. Obrigações do dono do negócio – 10. Ratificação – III – Do pagamento indevido – 11. Pagamento indevido – 12. Fundamento jurídico – 13. *Accipiens* de boa-fé ou de má-fé – 14. Recebimento indevido de imóvel – 15. Pagamento indevido sem direito à repetição – IV – Do enriquecimento sem causa – 16. Do enriquecimento sem causa – 17. Requisitos da ação *in rem verso*.

I – DA PROMESSA DE RECOMPENSA

1. CONCEITO DE PROMESSA DE RECOMPENSA

Embora haja divergência na doutrina, podemos conceituar a promessa de recompensa como sendo um negócio jurídico unilateral, consistente numa declaração pública, formal e aberta a qualquer possível interessado, pela qual o promitente se obriga a recompensar ou gratificar qualquer pessoa que realize determinado ato ou fato, independentemente de qualquer aceitação (CC, art. 854).[1]

Exemplo típico: o anúncio através de faixas, cartazes ou mesmo jornais, nos quais a pessoa se compromete a recompensar quem encontrar seu animalzinho de estimação que se perdeu.

---

1. CC, Art. 854. Aquele que, por anúncios públicos, se comprometer a recompensar, ou gratificar, a quem preencha certa condição, ou desempenhe certo serviço, contrai obrigação de cumprir o prometido.

2. REQUISITOS

Com relação ao promitente, além dos requisitos gerais de qualquer negócio jurídico (ver CC, art. 104), a promessa de recompensa exige outros três, quais sejam:

a) **Publicidade:**

Para que possa comprometer o promitente, é preciso que tenha havido a divulgação de forma pública de sua promessa. Feita a divulgação, surge o compromisso independentemente de sua aceitação, já que dirigido às pessoas de forma indeterminada.

b) **Objeto:**

É a definição das condições a serem preenchidas ou da tarefa a ser realizada que pode consistir em encontrar determinado objeto ou pessoa; triunfar numa competição de qualquer modalidade; ou até mesmo recompensar o melhor desempenho dos alunos de uma determinada escola.

c) **Recompensa:**

Deverá o promitente fazer a indicação do prêmio pelo qual pretende recompensar a pessoa que consiga realizar a tarefa, que pode ser em dinheiro, troféu, medalha ou outra forma qualquer. Muitas vezes, a indicação é genérica, como, por exemplo, "gratifica-se bem". Se assim for e as partes não concordarem com o valor da gratificação, poderão recorrer a juízo para que seja arbitrado um valor compatível com a tarefa realizada.

3. EXIGIBILIDADE

Aquele que realizar a tarefa ou o serviço, ainda que desinteressadamente, fará jus ao prêmio ofertado e, no caso de não cumprimento pelo promitente, poderá manejar a ação de cobrança, se a promessa é de pagamento em dinheiro; ou mesmo manejar a ação de obrigação de fazer ou não fazer, quando a promessa consistir num fato comissivo ou omissivo (CC, art. 855).[2]

Em ambos os casos, poderão ser também incluídas na ação as eventuais perdas e danos que o executor possa ter sofrido.

---

2. CC, Art. 855. Quem quer que, nos termos do artigo antecedente, fizer o serviço, ou satisfizer a condição, ainda que não pelo interesse da promessa, poderá exigir a recompensa estipulada.

LIÇÃO 26 • DAS DECLARAÇÕES UNILATERAIS DA VONTADE **241**

4. PROMESSA DE RECOMPENSA PELA TAREFA

Nessa modalidade, o declarante estipula a realização de uma determinada prestação que, uma vez cumprida, possibilita àquele que a realizou exigir o pagamento da recompensa prometida, cujas principais características são:

a) **A promessa obriga e vincula o promitente:**

Nos termos do citado art. 854 (parte final) do Código Civil aquele que fizer a promessa fica obrigado a cumprir.

b) **Direito do executor:**

Aquele que realizar a tarefa nos termos anunciados poderá exigir o cumprimento da promessa, sob pena de indenização por perdas e danos.

c) **Se houver mais de um executor:**

Prescreve o Código Civil que se mais de uma pessoa atender aos requisitos do que foi anunciado, isto é, cumprir a tarefa imposta, terá direito ao prêmio aquela que primeiro terminou a tarefa (CC, art. 857).[3]

d) **Execução simultânea:**

Se a tarefa foi executada simultaneamente por duas ou mais pessoas, o prêmio será dividido entre elas e, se tratar-se de coisa indivisa, far-se-á por sorteio, e o sorteado indenizará o outro na proporção de seu quinhão (CC, art. 858).[4]

e) **Revogação da promessa:**

Pode o promitente revogar a promessa a qualquer tempo, desde que o faça pela mesma forma que ofertou, porém, se fixar prazo para a execução da tarefa subtender-se-á que renunciou ao direito de revogação (CC, art. 856).[5]

Atenção: mesmo tendo sido revogada a promessa de recompensa, se o executor de boa-fé tiver realizado despesas, terá direito de cobrar do promitente o reembolso (ver CC, art. 856, parágrafo único).

---

3. CC, Art. 857. Se o ato contemplado na promessa for praticado por mais de um indivíduo, terá direito à recompensa o que primeiro o executou.

4. CC, Art. 858. Sendo simultânea a execução, a cada um tocará quinhão igual na recompensa; se esta não for divisível, conferir-se-á por sorteio, e o que obtiver a coisa dará ao outro o valor de seu quinhão.

5. CC, Art. 856. Antes de prestado o serviço ou preenchida a condição, pode o promitente revogar a promessa, contanto que o faça com a mesma publicidade; se houver assinado prazo à execução da tarefa, entender-se-á que renuncia o arbítrio de retirar, durante ele, a oferta.

   Parágrafo único. O candidato de boa-fé, que houver feito despesas, terá direito a reembolso.

f) Qualidade do executor:

Nessa modalidade, as qualidades pessoais de quem realiza a tarefa são pouco relevantes e não interferem na validade do negócio jurídico.

5. PROMESSA DE RECOMPENSA POR CONCURSO

Nessa modalidade, o promitente deverá, sob pena de invalidade, fixar um prazo para que os interessados possam participar, de cuja competição poderá ser classificado um ou mais dentre os participantes, de sorte que o prêmio poderá ser unitário ou eventualmente dividido entre os ganhadores (CC, art. 859).[6]

Esse tipo de concurso é muito utilizado para premiar trabalhos literários, artísticos ou mesmo científicos. Nesses tipos de concursos, as obras premiadas só ficarão pertencendo ao promitente se assim for estipulado na divulgação da promessa (CC, art. 860).[7]

II – GESTÃO DE NEGÓCIO

6. CONCEITO DE GESTÃO DE NEGÓCIO

É o ato jurídico benéfico por meio do qual uma pessoa (gestor), sem autorização do interessado (dono do negócio), assume negócio alheio, dirigindo-o conforme a vontade presumível do dono, visando evitar prejuízo (CC, art. 861).[8]

7. PRESSUPOSTOS DA GESTÃO DE NEGÓCIO

Somente caracterizará gestão de negócio se estiverem presentes os seguintes requisitos:

---

6. CC, Art. 859. Nos concursos que se abrirem com promessa pública de recompensa, é condição essencial, para valerem, a fixação de um prazo, observadas também as disposições dos parágrafos seguintes.

§ 1º A decisão da pessoa nomeada, nos anúncios, como juiz, obriga os interessados.

§ 2º Em falta de pessoa designada para julgar o mérito dos trabalhos que se apresentarem, entender-se-á que o promitente se reservou essa função.

§ 3º Se os trabalhos tiverem mérito igual, proceder-se-á de acordo com os arts. 857 e 858.

7. CC, Art. 860. As obras premiadas, nos concursos de que trata o artigo antecedente, só ficarão pertencendo ao promitente, se assim for estipulado na publicação da promessa.

8. CC, Art. 861. Aquele que, sem autorização do interessado, intervém na gestão de negócio alheio, dirigi-lo-á segundo o interesse e a vontade presumível de seu dono, ficando responsável a este e às pessoas com que tratar.

LIÇÃO 26 • DAS DECLARAÇÕES UNILATERAIS DA VONTADE | **243**

a) **Negócio alheio:**

Para caracterizar a gestão de negócio, devem estar em jogo os interesses de terceiro.

b) **Falta de autorização do dono do negócio:**

É preciso que a intervenção se dê sem que tenha havido autorização do interessado, pois se houver autorização estaremos diante do mandato.

c) **Atuação no interesse da vontade presumida do dono:**

A atuação do gestor deve ser na direção daquilo que o dono realizaria se estivesse à frente de seu próprio negócio.

d) **Falta de proibição ou oposição do proprietário:**

Se a gestão se realiza em oposição ao dono do negócio, não se pode chamar de gestão de negócio, porque uma das características desse instituto é o gestor agir segundo a vontade presumida do dono, logo incompatível tal instituto com a proibição ou mesmo a oposição do titular do negócio. Mas, se ainda assim alguém se aventurar a gerir negócio de outrem contra a sua vontade, ficará responsável por todo e qualquer dano que possa resultar de sua ação, mesmo os decorrentes de caso fortuito ou de força maior (CC, art. 862 e 863).[9]

e) **Necessidade e utilidade de intervenção:**

A intervenção do gestor deve ser motivada pela necessidade e utilidade, visando com isso evitar prejuízo ao titular do negócio.

8. OBRIGAÇÕES DO GESTOR

De regra são as mesmas do mandatário, porém o Código Civil acresce algumas em particular; vejamos:

a) **Comunicar a gestão do dono do negócio:**

O gestor, tão logo possa, deverá comunicar ao dono do negócio que assumiu a gestão, aguardando-lhe a resposta, exceto nos casos em que a demora puder acarretar algum risco de danos (CC, art. 864).[10]

---

9. CC, Art. 862. Se a gestão foi iniciada contra a vontade manifesta ou presumível do interessado, responderá o gestor até pelos casos fortuitos, não provando que teriam sobrevindo, ainda quando se houvesse abatido.

   CC, Art. 863. No caso do artigo antecedente, se os prejuízos da gestão excederem o seu proveito, poderá o dono do negócio exigir que o gestor restitua as coisas ao estado anterior, ou o indenize da diferença.

10. CC, Art. 864. Tanto que se possa, comunicará o gestor ao dono do negócio a gestão que assumiu, aguardando-lhe a resposta, se da espera não resultar.

b) Dever de diligência:

O gestor deverá cuidar do negócio alheio como cuidaria de seu próprio negócio, aplicando toda sua diligência, sob pena de indenizar os prejuízos que sua ação der causa (CC, art. 866).[11]

c) Não realizar operações arriscadas:

O gestor não deve realizar operações de risco, ainda que o dono habitualmente o fizesse, nem colocar seus interesses acima do negócio que está gerindo, sob pena de responder pelos prejuízos, não podendo alegar caso fortuito (CC, art. 868).[12]

9. OBRIGAÇÕES DO DONO DO NEGÓCIO

São as mesmas como se ele estivesse à frente do negócio, tendo em vista que as obrigações assumidas pelo gestor foram em seu nome e no seu interesse, cabendo destacar as seguintes:

a) Indenizar o gestor:

O gestor deve ser indenizado pelas despesas úteis e necessárias realizadas, bem como pelos prejuízos eventualmente sofridos em razão da gestão, acrescidos de juros desde o desembolso (ver CC, art. 868, parágrafo único c/c art. 869, *caput*).

b) Cumprir as obrigações assumidas pelo gestor em seu nome:

Vale lembrar que o gestor atua em nome e no interesse do dono do negócio, logo as obrigações assumidas em seu nome devem ser por ele cumpridas fielmente (CC, art. 869, *caput*, primeira parte),[13] inclusive realizando os pagamentos quando a gestão se proponha a acudir a

---

11. CC, Art. 866. O gestor envidará toda sua diligência habitual na administração do negócio, ressarcindo ao dono o prejuízo resultante de qualquer culpa na gestão.

12. CC, Art. 868. O gestor responde pelo caso fortuito quando fizer operações arriscadas, ainda que o dono costumasse fazê-las, ou quando preterir interesse deste em proveito de interesses seus.

    Parágrafo único. Querendo o dono aproveitar-se da gestão, será obrigado a indenizar o gestor das despesas necessárias, que tiver feito, e dos prejuízos, que por motivo da gestão, houver sofrido.

13. CC, Art. 869. Se o negócio for utilmente administrado, cumprirá ao dono as obrigações contraídas em seu nome, reembolsando ao gestor as despesas necessárias ou úteis que houver feito, com os juros legais, desde o desembolso, respondendo ainda pelos prejuízos que este houver sofrido por causa da gestão.

    § 1º A utilidade, ou necessidade, da despesa, apreciar-se-á não pelo resultado obtido, mas segundo as circunstâncias da ocasião em que se fizerem.

    § 2º Vigora o disposto neste artigo, ainda quando o gestor, em erro quanto ao dono do negócio, der a outra pessoa as contas da gestão.

LIÇÃO 26 • DAS DECLARAÇÕES UNILATERAIS DA VONTADE **245**

prejuízo iminente ou redunde em proveito do dono do negócio (CC, art. 870).[14]

10. RATIFICAÇÃO

É o ato pelo qual o proprietário do negócio, depois de cientificado dos atos praticados pelo gestor na defesa do seu interesse, dá o seu ciente e aprovação, que podem ser expressos ou mesmo tácitos.

Nesse sentido diz o Código Civil que "a ratificação pura e simples do dono do negócio retroage ao dia do começo da gestão, e produz todos os efeitos do mandato" (CC, art. 873).[15]

III – DO PAGAMENTO INDEVIDO

11. PAGAMENTO INDEVIDO

Aquele que pagar o que não deve ou pagar erroneamente a quem não devia tem o direito de receber o que pagou indevidamente utilizando para isso a ação *in rem verso* (CC, art. 876).[16]

12. FUNDAMENTO JURÍDICO

O fundamento para tal instituto é evitar o enriquecimento sem causa (ilícito), que é condenado pelo nosso ordenamento jurídico e encontra-se previsto no Código Civil (art. 884),[17] baseado no princípio de que ninguém pode enriquecer à custa do empobrecimento de outrem.

Além disso, fundamenta-se também nos princípios gerais de direito e na equidade.

---

14. CC, Art. 870. Aplica-se a disposição do artigo antecedente, quando a gestão se proponha a acudir a prejuízos iminentes, ou redunde em proveito do dono do negócio ou da coisa; mas a indenização ao gestor não excederá, em importância, as vantagens obtidas com a gestão.

15. CC, Art. 873. A ratificação pura e simples do dono do negócio retroage ao dia do começo da gestão, e produz todos os efeitos do mandato.

16. CC, Art. 876. Todo aquele que recebeu o que lhe não era devido fica obrigado a restituir; obrigação que incumbe àquele que recebe dívida condicional antes de cumprida a condição.

17. CC, Art. 884. Aquele que, sem justa causa, se enriquecer à custa de outrem, será obrigado a restituir o indevidamente auferido, feita a atualização dos valores monetários.

    Parágrafo único. Se o enriquecimento tiver por objeto coisa determinada, quem a recebeu é obrigado a restituí-la, e, se a coisa não mais subsistir, a restituição se fará pelo valor do bem na época em que foi exigido.

13. *ACCIPIENS* DE BOA-FÉ OU DE MÁ-FÉ

As consequências para o *accipiens* variam conforme tenha agido de boa-fé ou de má-fé (art. 878);[18] vejamos:

a) **Accipiens de boa-fé:**

Se o pagamento for recebido de boa-fé, o *accipiens* será obrigado a restituir o que recebeu, porém, terá direito aos frutos recebidos, indenização pelas benfeitorias (necessárias e úteis), e ainda poderá utilizar o direito de retenção como forma de ser ver indenizado utilizando-se do previsto nos arts. 1.214, 1.217 e 1.219 do Código Civil (equipara-se ao possuidor de boa-fé).

b) **Accipiens de má-fé:**

Se estiver de má-fé, além de restituir o que indevidamente recebeu, não terá direito aos frutos recebidos, devendo restituí-los e, no tocante às benfeitorias, somente terá direito a ser indenizado pelas necessárias, sem direito de retenção. Aplica-se o disposto nos arts. 1.216, 1.218 e 1.220 (possuidor de má-fé).

14. RECEBIMENTO INDEVIDO DE IMÓVEL

Pode ocorrer de o pagamento se realizar através da transmissão de imóveis (CC, art. 879).[19] Àquele que recebeu indevidamente o imóvel, provado o erro pelo *solvens*, não haverá outra alternativa senão devolver. Se agiu de boa-fé, aplicam-se as disposições do Código Civil, especificamente os arts. 1.214, 1.217 e 1.219. Se agiu de má-fé, aplicam-se os arts. 1.216, 1.218 e 1.220.

15. PAGAMENTO INDEVIDO SEM DIREITO À REPETIÇÃO

Existem algumas formas de pagamento que, embora indevidas, não autorizam a propositura da ação para repetição; são elas:

---

18. CC, Art. 878. Aos frutos, acessões, benfeitorias e deteriorações sobrevindas à coisa dada em pagamento indevido, aplica-se o disposto neste Código sobre o possuidor de boa-fé ou de má-fé, conforme o caso.

19. CC, Art. 879. Se aquele que indevidamente recebeu um imóvel o tiver alienado em boa-fé, por título oneroso, responde somente pela quantia recebida; mas, se agiu de má-fé, além do valor do imóvel, responde por perdas e danos.

Parágrafo único. Se o imóvel foi alienado por título gratuito, ou se, alienado por título oneroso, o terceiro adquirente agiu de má-fé, cabe ao que pagou por erro o direito de reivindicação.

a) Inutilização do título:

Se alguém receber o pagamento de uma dívida e de boa-fé inutilizar o título, aquele que pagou não terá direito a ação de repetição de indébito porque, embora inutilizado o título, a dívida era existente (CC, art. 880).[20]

b) Extinção das garantias:

Também se o credor abriu mão das garantias que asseguravam o pagamento da dívida, mas mesmo assim o devedor realizou o pagamento, não se poderá falar em pagamento indevido (ver CC, art. 880).

c) Prescrição do direito de ação ou obrigação judicialmente inexigível:

Já vimos que a prescrição é a perda do direito de ação, mas tal instituto não elimina o direito existente. Quer dizer, a inércia do credor o fez perder a possibilidade de exigir judicialmente o pagamento, mas se o devedor realizou espontaneamente o pagamento não se poderá dizer que o pagamento foi indevido porque a dívida existia (CC, art. 882).[21] Da mesma forma o pagamento das obrigações, que não podem ser exigidas judicialmente, como, por exemplo, as dívidas de jogo (CC, art. 814, *caput*).[22]

d) Pagamento para obtenção de fins ilícitos:

Nada mais correto! Se alguém pagou a outrem para a prática de algum ilícito, não poderá ir a juízo para requerer o que pagou indevidamente (CC, art. 883).[23] É só lembrar do princípio basilar de direito que diz:

---

20. CC, Art. 880. Fica isento de restituir pagamento indevido aquele que, recebendo-o como parte de dívida verdadeira, inutilizou o título, deixou prescrever a pretensão ou abriu mão das garantias que asseguravam seu direito; mas aquele que pagou dispõe de ação regressiva contra o verdadeiro devedor e seu fiador.

21. CC, Art. 882. Não se pode repetir o que se pagou para solver dívida prescrita, ou cumprir obrigação judicialmente inexigível.

22. CC, Art. 814. As dívidas de jogo ou de aposta não obrigam a pagamento; mas não se pode recobrar a quantia, que voluntariamente se pagou, salvo se foi ganha por dolo, ou se o perdente é menor ou interdito.

    § 1º Estende-se esta disposição a qualquer contrato que encubra ou envolva reconhecimento, novação ou fiança de dívida de jogo; mas a nulidade resultante não pode ser oposta ao terceiro de boa-fé.

    § 2º O preceito contido neste artigo tem aplicação, ainda que se trate de jogo não proibido, só se excetuando os jogos e apostas legalmente permitidos.

    § 3º Excetuam-se, igualmente, os prêmios oferecidos ou prometidos para o vencedor em competição de natureza esportiva, intelectual ou artística, desde que os interessados se submetam às prescrições legais e regulamentares.

23. CC, Art. 883. Não terá direito à repetição aquele que deu alguma coisa para obter fim ilícito, imoral, ou proibido por lei.

"ninguém pode se beneficiar de sua própria torpeza" (*nemo auditur propriam turpitudinem allegans*).

IV – DO ENRIQUECIMENTO SEM CAUSA

16. DO ENRIQUECIMENTO SEM CAUSA

O nosso ordenamento jurídico repudia o enriquecimento sem causa, que também é chamado de "enriquecimento ilícito", "locupletamento ilícito", ou ainda "enriquecimento injusto".

Esse princípio agora se encontra positivado no nosso Código Civil, que em seu art. 884 assim preceitua: "Aquele que, sem justa causa, se enriquecer à custa de outrem, será obrigado a restituir o indevidamente auferido, feita a atualização dos valores monetários."

Assim, aquele que fizer um pagamento indevido, por exemplo, estará empobrecendo, enquanto aquele que recebeu sem nenhuma causa jurídica que justificasse terá enriquecido sem uma justa causa. Se isso ocorrer, cabe uma ação para repetição do indébito, chamada "ação *in rem verso*".

17. REQUISITOS DA AÇÃO *IN REM VERSO*

Para propositura da ação visando receber o que se pagou indevidamente (repetição do indébito), além dos requisitos de qualquer ação, é preciso atender alguns aspectos específicos, quais sejam:

a) aumento do patrimônio do réu (enriquecimento);

b) diminuição do patrimônio do autor (empobrecimento);

c) inexistência de causa jurídica (contrato ou lei);

d) relação de causalidade;

e) inexistência de outra ação específica (CC, art. 886);[24]

f) ausência de obrigação moral (CC, art. 882).[25]

Parágrafo único. No caso deste artigo, o que se deu reverterá em favor de estabelecimento local de beneficência, a critério do juiz.

24. CC, Art. 886. Não caberá a restituição por enriquecimento, se a lei conferir ao lesado outros meios para se ressarcir do prejuízo sofrido.

25. CC, Art. 882. Não se pode repetir o que se pagou para solver dívida prescrita, ou cumprir obrigação judicialmente inexigível.

PARTE IV
CONTRATOS ESPECIAIS NÃO REGULADOS NO CÓDIGO CIVIL

LIÇÃO 27
DA LOCAÇÃO DE IMÓVEIS URBANOS

Sumário: 1. Da locação de imóveis urbanos – 2. Abrangência da lei do inquilinato – 3. Natureza jurídica do contrato de locação – 4. Elementos essenciais do contrato de locação – 5. Ação para retomada do imóvel – 6. Denúncia vazia e denúncia cheia – 7. Notificação premonitória – 8. Purgar a mora – 9. Direito de retenção – 10. Direito de preferência (preempção) – 11. Garantias da locação – 12. Ação de consignação de pagamento – 13. Ação revisional de aluguel – 14. Ação renovatória – 15. Observações importantes.

1. DA LOCAÇÃO DE IMÓVEIS URBANOS

A locação de imóveis urbanos para fins de habitação, temporada ou mesmo atividade empresarial é regulada pela Lei n° 8.245/91, também chamada de Lei do Inquilinato (LI) que foi atualizada pela Lei n° 12.112/09 (ver LI, art. 1°).

Podemos definir como sendo o contrato pelo qual uma das partes (locador) mediante remuneração a ser paga pela outra parte (locatário), se compromete a fornecer-lhe, durante um certo lapso de tempo, determinado ou não, o uso e gozo de um bem imóvel.

2. ABRANGÊNCIA DA LEI DO INQUILINATO

A Lei n° 8.245/91 destina-se a reger todas as locações de imóveis urbanos para fins residências ou não, inclusive os imóveis para temporada (LI, art. 1°),[1]

---

1. LI, Art. 1° A locação de imóvel urbano regula-se pelo disposto nesta lei:
   Parágrafo único. Continuam regulados pelo Código Civil e pelas leis especiais:
   a) as locações:
   1. de imóveis de propriedade da União, dos Estados e dos Municípios, de suas autarquias e fundações públicas;
   2. de vagas autônomas de garagem ou de espaços para estacionamento de veículos;
   3. de espaços destinados à publicidade;

disciplinando até mesmo os procedimentos judiciais no tocante às ações de despejo, consignação de alugueres, revisional e a renovatória de aluguel.

Contudo, logo no seu parágrafo único do art. 1° a referida lei excluiu, expressamente, de sua abrangência alguns tipos de locação que, *in casu*, deverão ser reguladas pelo Código Civil, são elas:

a) **Imóveis da Administração Pública:**

Os imóveis de propriedade da administração pública, direta ou indireta, são regidas pelo Decreto-lei n° 9.760/46.

b) **Vagas autônomas de garagem**:

A locação de vagas autônomas de garagens ou de terrenos para estacionamentos será regulada por leis próprias, normalmente municipais. Na cidade de São Paulo, por exemplo, é regulado pelo Decreto n° 11.661/74.

c) **Locação de espaços destinados a publicidade** (*out-doors*):

Para este tipo de locação pode ser aplicado as regras da Lei n° 4.680/65, que regula as atividades de agência de propaganda e, pelas leis municipais que disciplinam espaços.

d) **As locações de apart-hotéis e assemelhados**:

Embora seja uma locação predial urbana tudo por tudo, a lei do inquilinato resolveu excluir de sua incidência os apart-hotéis, talvez porque seja um misto de locação com prestação de serviços.

e) **Os arrendamentos mercantis**:

São os contratos mais conhecidos como *leasing*, pelo qual as pessoas alugam bens com a opção de compra ao final de determinado prazo.

3. NATUREZA JURÍDICA DO CONTRATO DE LOCAÇÃO

O contrato de locação de imóveis urbanos tem a seguinte natureza jurídica: é bilateral, oneroso, consensual, comutativo, não solene e de execução continuada. Vejamos cada uma dessas características:

a) **Bilateral:**

É típico contrato bilateral tendo em vista que ambos os contratantes se obrigam reciprocamente.

---

4. em apart-hotéis, hotéis-residência ou equiparados, assim considerados aqueles que prestam serviços regulares a seus usuários e como tais sejam autorizados a funcionar;

b) o arrendamento mercantil, em qualquer de suas modalidades.

b) Oneroso:

É oneroso visto existir vantagens e sacrifícios para ambas as partes.

c) Consensual:

É consensual porque é o tipo de contrato se aperfeiçoa pelo encontro de vontades das partes.

d) Comutativo:

Também é comutativo porque neste tipo de contrato as vantagens são equivalentes.

e) Não solene:

É um tipo de contrato não solene porque não existe uma forma especificada em lei para sua celebração.

f) De execução continuada ou trato sucessivo:

É um típico contrato de execução continuada, também chamado de trato sucessivo, porque se prolonga no tempo com prestações periódicas, isto é, mês a mês vai se operando a sua execução e somente se extinguirá pelo advento do prazo final contratado.

4. ELEMENTOS ESSENCIAIS DO CONTRATO DE LOCAÇÃO

O contrato de locação de imóveis, seja comercial ou residencial, é um instrumento que vai regular os interesses tanto para o locador quanto do locatário, razão pela qual deve ser elaborado com muita atenção, tendo em vista especialmente seus elementos essenciais, que são:

a) Capacidade dos contraentes:

Seria até dispensável dizer, mas a capacidade das partes é condição *sine qua non*, assim como em qualquer outro contrato.

b) Consentimento:

Para que o contrato possa ser válido é preciso o consentimento que deverá ser livre de qualquer vício, como de resto em qualquer contrato.

c) Cessão do bem:

É também elemento essencial a este tipo de contrato que ocorra a cessão temporária do imóvel para uso e gozo do locatário.

d) Remuneração:

Representada pelo aluguel que poderá consistir em prestações periódicas, normalmente mensais, pelo tempo de vigência do contrato.

e) Lapso temporal:

Quer dizer, o prazo de duração do contrato que normalmente é determinado, mas nada impede seja indeterminado.

5. AÇÃO PARA RETOMADA DO IMÓVEL

Qualquer que seja o motivo para o locador retomar o imóvel, a **ação competente para retomada do imóvel será sempre a de despejo** (LI, art. 5°),[2] que tramitará pelo rito comum, podendo ser concedida liminar, para desocupação em 15 (quinze) dias, sem a oitiva da parte contrária, desde que, seja prestada caução pelo proprietário que pretenda a retomada do imóvel (LI, art. 59, § 1°).[3]

---

2. LI, Art. 5° Seja qual for o fundamento do término da locação, a ação do locador para reaver o imóvel é a de despejo.

Parágrafo único. O disposto neste artigo não se aplica se a locação termina em decorrência de desapropriação, com a imissão do expropriante na posse do imóvel.

3. LI, Art. 59. Com as modificações constantes deste capítulo, as ações de despejo terão o rito ordinário.

§ 1° Conceder-se á liminar para desocupação em quinze dias, independentemente da audiência da parte contrária e desde que prestada a caução no valor equivalente a três meses de aluguel, nas ações que tiverem por fundamento exclusivo:

I – o descumprimento do mútuo acordo (art. 9°, inciso I), celebrado por escrito e assinado pelas partes e por duas testemunhas, no qual tenha sido ajustado o prazo mínimo de seis meses para desocupação, contado da assinatura do instrumento;

II – o disposto no inciso II do art. 47, havendo prova escrita da rescisão do contrato de trabalho ou sendo ela demonstrada em audiência prévia;

III – o término do prazo da locação para temporada, tendo sido proposta a ação de despejo em até trinta dias após o vencimento do contrato;

IV – a morte do locatário sem deixar sucessor legítimo na locação, de acordo com o referido no inciso I do art. 11, permanecendo no imóvel pessoas não autorizadas por lei;

V – a permanência do sublocatário no imóvel, extinta a locação, celebrada com o locatário.

VI – o disposto no inciso IV do art. 9°, havendo a necessidade de se produzir reparações urgentes no imóvel, determinadas pelo poder público, que não possam ser normalmente executadas com a permanência do locatário, ou, podendo, ele se recuse a consenti-las;

VII – o término do prazo notificatório previsto no parágrafo único do art. 40, sem apresentação de nova garantia apta a manter a segurança inaugural do contrato;

VIII – o término do prazo da locação não residencial, tendo sido proposta a ação em até 30 (trinta) dias do termo ou do cumprimento de notificação comunicando o intento de retomada;

IX – a falta de pagamento de aluguel e acessórios da locação no vencimento, estando o contrato desprovido de qualquer das garantias previstas no art. 37, por não ter sido contratada ou em caso de extinção ou pedido de exoneração dela, independentemente de motivo.

§ 2° Qualquer que seja o fundamento da ação dar-se-á ciência do pedido aos sublocatários, que poderão intervir no processo como assistentes.

§ 3° No caso do inciso IX do § 1° deste artigo, poderá o locatário evitar a rescisão da locação e elidir a liminar de desocupação se, dentro dos 15 (quinze) dias concedidos para a desocupação do imóvel e independentemente de cálculo, efetuar depósito judicial que contemple a totalidade dos valores devidos, na forma prevista no inciso II do art. 62.

LIÇÃO 27 • DA LOCAÇÃO DE IMÓVEIS URBANOS   **255**

Atenção: excetua-se dessa regra se a locação termina em face de desapropriação, com a imissão do expropriante na posse do imóvel.

Na ação de despejo, quando fundada na falta de pagamento, poderá ser cumulado o pedido de rescisão contratual com a cobrança dos alugueres vencidos e seus acessórios (LI, art. 62, I).[4]

Julgada procedente a ação de despejo, o juiz determinará a expedição o mandado de despejo no qual constará o prazo de 30 (trinta) dias para desocupação voluntária do imóvel (ver LI, art. 63, *caput*), que, em não indo a ser cumprido, autorizará a desocupação forçada, inclusive, com o uso de força policial, se necessário (ver LI, art. 65). Esse prazo será de 15 (quinze) dias se entre a citação e a sentença de primeiro grau houver transcorrido mais de 4 (quatro) meses, bem como nas ações que tenham por fundamento alguns dos motivos constantes do art. 9º ou do art. 46, § 2º, da lei do inquilinato.

---

4. LI, Art. 62. Nas ações de despejo fundadas na falta de pagamento de aluguel e acessórios da locação, de aluguel provisório, de diferenças de aluguéis, ou somente de quaisquer dos acessórios da locação, observar-se-á o seguinte:

I – o pedido de rescisão da locação poderá ser cumulado com o pedido de cobrança dos aluguéis e acessórios da locação; nesta hipótese, citar-se-á o locatário para responder ao pedido de rescisão e o locatário e os fiadores para responderem ao pedido de cobrança, devendo ser apresentado, com a inicial, cálculo discriminado do valor do débito;

II – o locatário e o fiador poderão evitar a rescisão da locação efetuando, no prazo de 15 (quinze) dias, contado da citação, o pagamento do débito atualizado, independentemente de cálculo e mediante depósito judicial, incluídos:

a) os aluguéis e acessórios da locação que vencerem até a sua efetivação;

b) as multas ou penalidades contratuais, quando exigíveis;

c) os juros de mora;

d) as custas e os honorários do advogado do locador, fixados em dez por cento sobre o montante devido, se do contrato não constar disposição diversa;

III – efetuada a purga da mora, se o locador alegar que a oferta não é integral, justificando a diferença, o locatário poderá complementar o depósito no prazo de 10 (dez) dias, contado da intimação, que poderá ser dirigida ao locatário ou diretamente ao patrono deste, por carta ou publicação no órgão oficial, a requerimento do locador;

IV – não sendo integralmente complementado o depósito, o pedido de rescisão prosseguirá pela diferença, podendo o locador levantar a quantia depositada;

V – os aluguéis que forem vencendo até a sentença deverão ser depositados à disposição do juízo, nos respectivos vencimentos, podendo o locador levantá-los desde que incontroversos;

VI – havendo cumulação dos pedidos de rescisão da locação e cobrança dos aluguéis, a execução desta pode ter início antes da desocupação do imóvel, caso ambos tenham sido acolhidos.

Parágrafo único. Não se admitirá a emenda da mora se o locatário já houver utilizado essa faculdade por duas vezes nos doze meses imediatamente anteriores à propositura da ação. Parágrafo único. Não se admitirá a emenda da mora se o locatário já houver utilizado essa faculdade nos 24 (vinte e quatro) meses imediatamente anteriores à propositura da ação.

6. DENÚNCIA VAZIA E DENÚNCIA CHEIA

A denúncia vazia ou cheia tem a ver com a possibilidade de o locador retomar seu imóvel depois de findo o prazo contratual da locação.

> **Atenção:** durante a vigência do contrato de locação o locador não pode retomar o imóvel sem justo motivo (LI, art. 4°).[5] Diferentemente, o locatório pode devolver o imóvel ficando obrigado ao pagamento da multa contratual proporcional ao tempo restante do contrato ou outra estabelecida no contrato.

Para viabilizar a ação de despejo o locador deverá primeiro aguardar o término do prazo do contrato. Terminado o contrato e não devolvido o imóvel, a lei faz presumir que o contrato foi prorrogado, agora por prazo indeterminado. Daí ser necessário notificar o locatário concedendo-lhe o prazo de 30 (trinta) dias para desocupação voluntária. Esgotado o prazo *in albis* o locador estará autorizado a ingressar em juízo com a respectiva ação de despejo por denúncia vazia ou cheia, vejamos.

a) **Denúncia vazia ou imotivada:**

> É a prerrogativa que tem o locador de pedir o imóvel de volta sem a necessidade de apresentar nenhum motivo ou justificativa. Pode ocorrer nas locações residenciais ajustadas por prazo igual ou superior a 30 (trinta) meses. Extinta a locação pela ocorrência do termo, se o inquilino não devolver o imóvel, o locador pode ingressar em juízo com ação de despejo apenas provando que o contrato se findou. Quer dizer, **o locador pode retomar o imóvel sem nenhuma outra justificativa** (ver LI, art. 46, para imóveis residenciais; e LI, arts. 56 e 57 para imóveis não residenciais). Outra hipótese de denúncia vazia encontra-se no art. 47, que disciplina a denúncia cheia, com uma exceção constante do inciso V. Na locação verbal ou escrita por prazo inferior a 30 (trinta) meses, o locador poderá retomar o imóvel sem nenhuma justificativa se provar que a locação vige por mais 5 (cinco) anos ininterruptos.

---

5. LI, Art. 4° Durante o prazo estipulado para a duração do contrato, não poderá o locador reaver o imóvel alugado. Com exceção ao que estipula o § 2° do art. 54-A, o locatário, todavia, poderá devolvê-lo, pagando a multa pactuada, proporcional ao período de cumprimento do contrato, ou, na sua falta, a que for judicialmente estipulada.

Parágrafo único. O locatário ficará dispensado da multa se a devolução do imóvel decorrer de transferência, pelo seu empregador, privado ou público, para prestar serviços em localidades diversas daquela do início do contrato, e se notificar, por escrito, o locador com prazo de, no mínimo, trinta dias de antecedência.

LIÇÃO 27 • DA LOCAÇÃO DE IMÓVEIS URBANOS

b) Denúncia cheia ou motivada:

Nas locações ajustadas verbalmente ou por escrito com prazo inferior a 30 (trinta) meses, findo o prazo da locação a mesma estará automaticamente prorrogada e o locador **só poderá retomar o imóvel se apresentar uma justificativa plausível**. Quer dizer, o locador só conseguirá retomar o imóvel se provar o descumprimento, por parte do locatário, das normas do contrato de locação ou de disposição expressa de lei, com caráter motivado. Nesse caso, o locador poderá, por exemplo, retomar o imóvel provando que necessita dele para uso próprio, de seu cônjuge ou companheiro ou para residência de ascendente ou descendente que não disponha de imóvel residencial próprio porque assim está autorizado por lei (LI, art. 47).[6]

7. NOTIFICAÇÃO PREMONITÓRIA

Na denúncia vazia tão logo finda a locação o locatário estará constituído em mora de pleno direito de sorte que não haverá nenhuma necessidade de notificação, podendo o locador ingressar com a ação de despejo, desde que o faço no prazo de 30 (trinta) dias depois de finda a locação. Quer dizer, nos casos em que o locatário tiver dado causa ao pedido de despejo, descumprindo qualquer dos deveres contratuais para com o locador, não há obrigatoriedade de notificação prévia.

---

6. LI, Art. 47. Quando ajustada verbalmente ou por escrito e como prazo inferior a trinta meses, findo o prazo estabelecido, a locação prorroga-se automaticamente, por prazo indeterminado, somente podendo ser retomado o imóvel:

I – Nos casos do art. 9º;

II – em decorrência de extinção do contrato de trabalho, se a ocupação do imóvel pelo locatário relacionada com o seu emprego;

III – se for pedido para uso próprio, de seu cônjuge ou companheiro, ou para uso residencial de ascendente ou descendente que não disponha, assim como seu cônjuge ou companheiro, de imóvel residencial próprio;

IV – se for pedido para demolição e edificação licenciada ou para a realização de obras aprovadas pelo Poder Público, que aumentem a área construída, em, no mínimo, vinte por cento ou, se o imóvel for destinado a exploração de hotel ou pensão, em cinqüenta por cento;

V – se a vigência ininterrupta da locação ultrapassar cinco anos.

§ 1º Na hipótese do inciso III, a necessidade deverá ser judicialmente demonstrada, se:

a) O retomante, alegando necessidade de usar o imóvel, estiver ocupando, com a mesma finalidade, outro de sua propriedade situado na mesma localidade ou, residindo ou utilizando imóvel alheio, já tiver retomado o imóvel anteriormente;

b) o ascendente ou descendente, beneficiário da retomada, residir em imóvel próprio.

§ 2º Nas hipóteses dos incisos III e IV, o retomante deverá comprovar ser proprietário, promissário comprador ou promissário cessionário, em caráter irrevogável, com imissão na posse do imóvel e título registrado junto à matrícula do mesmo.

Nas demais situações, tanto na denúncia cheia quanto na vazia, antes da propositura da ação de despejo deve o locador notificar o inquilino concedendo-lhe prazo, normalmente 30 (trinta) dias, para desocupação amigável do imóvel.

8. PURGAR A MORA

O locatário, ou o seu fiador, poderá evitar a rescisão contratual e por conseguinte o despejo, se no prazo de 15 (quinze) dias contados da citação, depositar em juízo o valor do débito atualizado, com os valores dos aluguéis vencidos até a data do pagamento, acrescidos de multa, juros, custas e honorários advocatícios (ver LI, art. 62, II).

Realizado o depósito, isto é, purgada a mora, se o locador discordar dos valores que foram depositados, o locatário será intimado na pessoa de seu advogado para no prazo de 10 (dez) dias completar os valores faltantes. Se não o fizer, a ação prosseguirá pela diferença e o locador estará autorizado a levantar os valores depositados (ver LI, 62, III e IV).

> **Atenção:** só é admissível a purga da mora, desde que o locatário não tenha se utilizado dessa faculdade nos 24 (vinte e quatro) meses anteriores à propositura da ação.

9. DIREITO DE RETENÇÃO

O locatário poderá exercer o direito de retenção do imóvel até ser indenizado pelas benfeitorias necessárias que tenha realizado e, eventualmente, pelas úteis se tiverem sido autorizadas pelo locador. Advirta-se, contudo, que na prática imobiliária o mais comum é o contrato estabelecer que as benfeitorias não serão indenizadas, até porque a lei do inquilinato autoriza que as partes possam assim pactuarem (LI, art. 35).[7]

Já no tocante às benfeitorias voluptuárias, estas não serão indenizadas, mas a lei autoriza que o inquilino possa levantá-las desde que sua retirada não prejudique o prédio (LI, art. 36).[8]

---

7. LI, Art. 35. Salvo expressa disposição contratual em contrário, as benfeitorias necessárias introduzidas pelo locatário, ainda que não autorizadas pelo locador, bem como as úteis, desde que autorizadas, serão indenizáveis e permitem o exercício do direito de retenção.

8. LI, Art. 36. As benfeitorias voluptuárias não serão indenizáveis, podendo ser levantadas pelo locatário, finda a locação, desde que sua retirada não afete a estrutura e a substância do imóvel.

10. DIREITO DE PREFERÊNCIA (PREEMPÇÃO)

O locatário tem assegurado o direito de preferência ou preempção na eventualidade de o locador pretender alienar o imóvel, durante a vigência do contrato de locação.

Assim, o locador deverá oferecê-lo pelas mesmas condições e preço, ao locatário, mediante notificação, devendo aguardar o prazo de 30 (trinta) dias para manifestação do interessado (LI, art. 27),[9] cabendo destacar os seguintes aspectos:

a) **Se existir mais de um locatário:**

Na eventualidade de existir mais de um locatário ou sublocatário, a preferência será de todos e, havendo pluralidades de pretendentes, a preferência será do locatário mais antigo, e se houver mais de uma locação com a mesma data, a preferência será do contratante mais idoso (LI, art. 30 e parágrafo único).[10]

b) **Se não for respeitado o direito de preferência:**

Se o locador não respeitar o direito de preferência e alienar o imóvel para terceiros, o locatório poderá de duas uma, pedir indenização por perdas e danos ou depositar o preço e reivindicar o imóvel para si. Para exercitar esse direito o locatário tem o prazo de 6 (seis) meses contados do ato do registro no CRI e somente estará legitimado a fazê-lo se o seu contrato de locação estiver averbado junto à matrícula do imóvel, pelo menos 30 (trinta) dias antes da alienação (LI, art. 33).[11]

---

9. LI, Art. 27. No caso de venda, promessa de venda, cessão ou promessa de cessão de direitos ou dação em pagamento, o locatário tem preferência para adquirir o imóvel locado, em igualdade de condições com terceiros, devendo o locador dar-lhe conhecimento do negócio mediante notificação judicial, extrajudicial ou outro meio de ciência inequívoca.

   Parágrafo único. A comunicação deverá conter todas as condições do negócio e, em especial, o preço, a forma de pagamento, a existência de ônus reais, bem como o local e horário em que pode ser examinada a documentação pertinente.

10. LI, Art. 30. Estando o imóvel sublocado em sua totalidade, caberá a preferência ao sublocatário e, em seguida, ao locatário. Se forem vários os sublocatários, a preferência caberá a todos, em comum, ou a qualquer deles, se um só for o interessado.

    Parágrafo único. Havendo pluralidade de pretendentes, caberá a preferência ao locatário mais antigo, e, se da mesma data, ao mais idoso.

11. LI, Art. 33. O locatário preterido no seu direito de preferência poderá reclamar do alienante as perdas e danos ou, depositando o preço e demais despesas do ato de transferência, haver para si o imóvel locado, se o requerer no prazo de seis meses, a contar do registro do ato no cartório de imóveis, desde que o contrato de locação esteja averbado pelo menos trinta dias antes da alienação junto à matrícula do imóvel.

    Parágrafo único. A averbação far-se-á à vista de qualquer das vias do contrato de locação desde que subscrito também por duas testemunhas.

Atenção: apesar dessa exigência expressa de lei, o Superior Tribunal de Justiça (STJ) tem entendido que o direito de preferência pode ser exercido mesmo que o contrato não esteja averbado.

11. GARANTIAS DA LOCAÇÃO

No contrato de locação, residencial ou comercial, pode o locador exigir do locatário as seguintes modalidades de garantia: caução; fiança; seguro de fiança locatícia ou cessão fiduciária de quotas de fundo de investimento (LI, art. 37),[12] vejamos cada uma delas:

a) **Caução:**

   Já foi muito popular no Brasil a caução em dinheiro que era popularmente chamada de "depósito", através do qual o locatário depositava em favor do locador o valor equivalente a 3 (três) meses de aluguel (no final da locação esse valor era devolvido ao locatário), mas a caução também pode recair em bens móveis (averba-se na matriculo junto ao CRI), títulos e ações (LI, art. 38).[13]

b) **Fiança:**

   É a garantia representada por alguém que assume a responsabilidade de pagar os aluguéis, bem como os acessórios, se o locatário não honrar o contrato.

c) **Seguro de fiança locatícia:**

   Esta é uma garantia que surgiu nos últimos anos, representada por carta de fiança ou seguro de fiança locatícia, realizadas por um banco ou

---

12. LI, Art. 37. No contrato de locação, pode o locador exigir do locatário as seguintes modalidades de garantia:

    I – caução;

    II – fiança;

    III – seguro de fiança locatícia.

    IV – cessão fiduciária de quotas de fundo de investimento.

    Parágrafo único. É vedada, sob pena de nulidade, mais de uma das modalidades de garantia num mesmo contrato de locação.

13. LI, Art. 38. A caução poderá ser em bens móveis ou imóveis.

    § 1º A caução em bens móveis deverá ser registrada em cartório de títulos e documentos; a em bens imóveis deverá ser averbada à margem da respectiva matrícula.

    § 2º A caução em dinheiro, que não poderá exceder o equivalente a três meses de aluguel, será depositada em caderneta de poupança, autorizada, pelo Poder Público e por ele regulamentada, revertendo em benefício do locatário todas as vantagens dela decorrentes por ocasião do levantamento da soma respectiva.

    § 3º A caução em títulos e ações deverá ser substituída, no prazo de trinta dias, em caso de concordata, falência ou liquidação das sociedades emissoras.

LIÇÃO 27 • DA LOCAÇÃO DE IMÓVEIS URBANOS **261**

seguradora e habitualmente abrange um período de 12 (doze) meses, considerando o valor do aluguel e seus acessórios (LI, art. 41).[14]

d) Cessão de quotas de fundo de investimento:

É um tipo de garantia muito pouco utilizada, realizada através de contrato vinculado as quotas de fundo de investimento, devendo se pautar pelas instruções normativas da Comissão de Valores Mobiliários – CVM.

Atenção: É importante registrar que o locador somente poderá exigir uma dessas modalidades de garantia, sob pena de nulidade (ver LI, art. 37, parágrafo único).

12. AÇÃO DE CONSIGNAÇÃO DE PAGAMENTO

É perfeitamente possível o exercício deste tipo de ação para que o locatário não incida em mora, depositando em juízo os valores incontroversos, que equivalerá ao cumprimento da obrigação (LI, art. 67).[15]

---

14. LI, Art. 41. O seguro de fiança locatícia abrangerá a totalidade das obrigações do locatário.

15. LI, Art. 67. Na ação que objetivar o pagamento dos aluguéis e acessórios da locação mediante consignação, será observado o seguinte:

I – a petição inicial, além dos requisitos exigidos pelo art. 282 do Código de Processo Civil, deverá especificar os aluguéis e acessórios da locação com indicação dos respectivos valores;

II – determinada a citação do réu, o autor será intimado a, no prazo de vinte e quatro horas, efetuar o depósito judicial da importância indicada na petição inicial, sob pena de ser extinto o processo;

III – o pedido envolverá a quitação das obrigações que vencerem durante a tramitação do feito e até ser prolatada a sentença de primeira instância, devendo o autor promover os depósitos nos respectivos vencimentos;

IV – não sendo oferecida a contestação, ou se o locador receber os valores depositados, o juiz acolherá o pedido, declarando quitadas as obrigações, condenando o réu ao pagamento das custas e honorários de vinte por cento do valor dos depósitos;

V – a contestação do locador, além da defesa de direito que possa caber, ficará adstrita, quanto à matéria de fato, a:

a) não ter havido recusa ou mora em receber a quantia devida;

b) ter sido justa a recusa;

c) não ter sido efetuado o depósito no prazo ou no lugar do pagamento;

d) não ter sido o depósito integral;

VI – além de contestar, o réu poderá, em reconvenção, pedir o despejo e a cobrança dos valores objeto da consignatória ou da diferença do depósito inicial, na hipótese de ter sido alegado não ser o mesmo integral;

VII – o autor poderá complementar o depósito inicial, no prazo de cinco dias contados da ciência do oferecimento da resposta, com acréscimo de dez por cento sobre o valor da diferença. Se tal ocorrer, o juiz declarará quitadas as obrigações, elidindo a rescisão da locação, mas imporá ao autor-reconvindo a responsabilidade pelas custas e honorários advocatícios de vinte por cento sobre o valor dos depósitos;

VIII – havendo, na reconvenção, cumulação dos pedidos de rescisão da locação e cobrança dos valores objeto da consignatória, a execução desta somente poderá ter início após obtida a desocupação do imóvel, caso ambos tenham sido acolhidos.

É utilizada, no mais das vezes, quando o credor não quer receber os alugueres; ou quando ele se encontra em local incerto ou não sabido; ou quando houver dúvida sobre quem deva receber; ou ainda, quando houver litígio sobre o objeto de pagamento principalmente em razão de concurso de preferência.

Neste tipo de ação o locador somente poderá alegar em contestação os seguintes fatos a seu favor: Não ter havido recusa no recebimento dos alugueres; que a recusa se deu por motivo justificado; não ter sido feito o depósito no prazo ou lugar onde deveria ocorrer o pagamento; e, por fim, não ser o depósito o valor integral dos débitos pendentes.

13. AÇÃO REVISIONAL DE ALUGUEL

É a forma pela qual tanto o locador quanto o locatário podem ingressar em juízo pleiteando a revisão do preço do aluguel estipulado, cuja ação se desenvolverá pelo rito sumário (LI, art. 68).[16]

Essa ação somente pode ser proposta depois de transcorrido 3 (três) anos do contrato de locação e se as partes não chegarem espontaneamente a um acordo sobre o reajuste a ser aplicado (LI, art. 19).[17]

Parágrafo único. O réu poderá levantar a qualquer momento as importâncias depositadas sobre as quais não penda controvérsia.

16. LI, Art. 68. Na ação revisional de aluguel, que terá o rito sumário, observar-se-á o seguinte:

I – além dos requisitos exigidos pelos arts. 276 e 282 do Código de Processo Civil, a petição inicial deverá indicar o valor do aluguel cuja fixação é pretendida; (atenção: a referência é ao CPC/73 que foi revogado – ver Novo CPC, art. 319).

II – ao designar a audiência de conciliação, o juiz, se houver pedido e com base nos elementos fornecidos tanto pelo locador como pelo locatário, ou nos que indicar, fixará aluguel provisório, que será devido desde a citação, nos seguintes moldes:

a) em ação proposta pelo locador, o aluguel provisório não poderá ser excedente a 80% (oitenta por cento) do pedido;

b) em ação proposta pelo locatário, o aluguel provisório não poderá ser inferior a 80% (oitenta por cento) do aluguel vigente;

III – sem prejuízo da contestação e até a audiência, o réu poderá pedir seja revisto o aluguel provisório, fornecendo os elementos para tanto;

IV – na audiência de conciliação, apresentada a contestação, que deverá conter contraproposta se houver discordância quanto ao valor pretendido, o juiz tentará a conciliação e, não sendo esta possível, determinará a realização de perícia, se necessária, designando, desde logo, audiência de instrução e julgamento;

V – o pedido de revisão previsto no inciso III deste artigo interrompe o prazo para interposição de recurso contra a decisão que fixar o aluguel provisório.

1º Não caberá ação revisional na pendência de prazo para desocupação do imóvel (arts. 46, parágrafo 2º e 57), ou quando tenha sido este estipulado amigável ou judicialmente.

2º No curso da ação de revisão, o aluguel provisório será reajustado na periodicidade pactuada ou na fixada em lei.

17. LI, Art. 19. Não havendo acordo, o locador ou locatário, após três anos de vigência do contrato ou do acordo anteriormente realizado, poderão pedir revisão judicial do aluguel, a fim de ajustá-lo ao preço de mercado.

LIÇÃO 27 • DA LOCAÇÃO DE IMÓVEIS URBANOS **263**

O principal objetivo é ajustar o preço da locação aos valores de mercados que podem ter sofrido defasagem no curso da locação.

O juiz, ao designar audiência de conciliação, se houver pedido e elementos comprobatório dos valores atuais de mercado, referente ao imóvel em questão, poderá fixar um aluguel provisório. Esse valor é apenas uma estimativa, pois o valor definitivo para o próximo triênio somente será fixado pela sentença e seus efeitos retroagirão à data à citação, devendo ser pagos as diferenças devidamente corrigida e atualizada, cuja execução se fará nos próprios autos (LI, art. 69).[18]

14. AÇÃO RENOVATÓRIA

Esta é a ação que pode ser manejada pelo locatário, que tenha alugado imóvel urbano comercial ou industrial, isto é não residencial, com a finalidade de se ver garantido na permanência do imóvel, pois o mesmo tem direito à proteção em razão do desenvolvimento da atividade empresarial desenvolvida no local que pode se constituir em fundo de comércio (aquilo que se chama popularmente de "**ponto comercial**").[19]

Para o manejo dessa ação o inquilino deverá provar que preenche os requisitos do art. 51, da Lei n° 8.245/91, especialmente os incisos I a III e, além disso, prova do exato cumprimento do contrato; prova da quitação dos impostos e taxas que incidiam sobre o imóvel, se era de sua incumbência; a indicação das condições para renovação do contrato e, finalmente, indicação do fiador e prova de que ele aceita os encargos da fiança (LI, art. 71).[20]

---

18. LI, Art. 69. O aluguel fixado na sentença retroage à citação, e as diferenças devidas durante a ação de revisão, descontados os alugueres provisórios satisfeitos, serão pagas corrigidas, exigíveis a partir do trânsito em julgado da decisão que fixar o novo aluguel.

    1° Se pedido pelo locador, ou sublocador, a sentença poderá estabelecer periodicidade de reajustamento do aluguel diversa daquela prevista no contrato revisando, bem como adotar outro indexador para reajustamento do aluguel.

    2° A execução das diferenças será feita nos autos da ação de revisão.

19. Ver Lei de Luvas, Decreto n° 24.150/34.

20. LI, Art. 71. Além dos demais requisitos exigidos no art. 282 do Código de Processo Civil, a petição inicial da ação renovatória deverá ser instruída com: (atenção: a referência é ao CPC/73 que foi revogado – ver Novo CPC, art. 319).

    I – prova do preenchimento dos requisitos dos incisos I, II e III do art. 51;

    II – prova do exato cumprimento do contrato em curso;

    III – prova da quitação dos impostos e taxas que incidiram sobre o imóvel e cujo pagamento lhe incumbia;

    IV – indicação clara e precisa das condições oferecidas para a renovação da locação;

    V – indicação do fiador quando houver no contrato a renovar e, quando não for o mesmo, com indicação do nome ou denominação completa, número de sua inscrição no Ministério da Fazenda, endereço e, tratando-se de pessoa natural, a nacionalidade, o estado civil, a profissão e o número da carteira de

Depois de regularmente processada a ação, se a locação for renovada, as diferenças dos aluguéis vencidos serão executadas nos próprios autos da ação e pagas de uma só vez (ver LI, art. 73). De outro lado, se não for acolhida a pretensão de renovação da locação, o juiz determinará a expedição de mandado de despejo, que conterá o prazo de 30 (trinta) dias para a desocupação voluntária, se houver pedido na contestação (ver LI, art. 74).

15. OBSERVAÇÕES IMPORTANTES

Dentre muitas observações que se poderia fazer, vamos destacar algumas que reputamos mais importantes, vejamos.

a) **Prazo da locação:**

A locação predial urbana pode ser estipulada por qualquer prazo. Se for por prazo superior a dez anos, necessita da vênia conjugal e a sua falta invalida tão somente o prazo excedente (art. 3º).[21]

b) **Rescisão unilateral:**

Durante a vigência da locação não pode o locador reaver o imóvel, a não ser por infração contratual ou legal ou para reparos urgentes (LI, art. 9º, II a IV). Já o locatário poderá devolvê-lo antes do prazo da locação bastando pagar a multa estipulada no contrato, proporcionalmente ao período de cumprimento (LI, art. 4º).[22]

---

identidade, comprovando, desde logo, mesmo que não haja alteração do fiador, a atual idoneidade financeira;

VI – prova de que o fiador do contrato ou o que o substituir na renovação aceita os encargos da fiança, autorizado por seu cônjuge, se casado for;

VII – prova, quando for o caso, de ser cessionário ou sucessor, em virtude de título oponível ao proprietário.

Parágrafo único. Proposta a ação pelo sublocatário do imóvel ou de parte dele, serão citados o sublocador e o locador, como litisconsortes, salvo se, em virtude de locação originária ou renovada, o sublocador dispuser de prazo que admita renovar a sublocação; na primeira hipótese, procedente a ação, o proprietário ficará diretamente obrigado à renovação.

21. LL, Art. 3º O contrato de locação pode ser ajustado por qualquer prazo, dependendo de vênia conjugal, se igual ou superior a dez anos.

Parágrafo único. Ausente a vênia conjugal, o cônjuge não estará obrigado a observar o prazo excedente.

22. LL, Art. 4º Durante o prazo estipulado para a duração do contrato, não poderá o locador reaver o imóvel alugado. Com exceção ao que estipula o § 2º do art. 54-A, o locatário, todavia, poderá devolvê-lo, pagando a multa pactuada, proporcional ao período de cumprimento do contrato, ou, na sua falta, a que for judicialmente estipulada.

Parágrafo único. O locatário ficará dispensado da multa se a devolução do imóvel decorrer de transferência, pelo seu empregador, privado ou público, para prestar serviços em localidades diversas daquela do início do contrato, e se notificar, por escrito, o locador com prazo de, no mínimo, trinta dias de antecedência.

LIÇÃO 27 • DA LOCAÇÃO DE IMÓVEIS URBANOS **265**

Atenção: o locatário estará dispensado desta multa se provar que a rescisão antecipada se deu em face de sua transferência do local de trabalho (ver LI, art. 4°, parágrafo único).

c) **Locação por prazo indeterminado:**

Se a locação for por prazo indeterminado, não há falar-se em multa, pois basta que o locatário notifique o locador por escrito, com antecedência de trinta dias, que irá desocupar o imóvel (LI, art. 6°).[23]

d) **Locação por prazo igual ou superior a trinta meses:**

A sua importância reside no fato de que findo o prazo da locação o locador poderá reaver o imóvel sem necessidade de alegação de qualquer motivo (é aquilo que se chama denúncia vazia). O mesmo não ocorrerá se o contrato for verbal ou por prazo inferior a trinta meses, pois neste caso haverá prorrogação automática, por prazo indeterminado, só podendo o locador reaver o imóvel por motivo justificado (chamamos de denuncia cheia). Ver os arts. 46 e 47.

e) **Morte do locador ou do locatário:**

Não prejudica o contrato, pois poderá ser continuado pelos herdeiros ou sucessores (LI, arts. 10 e 11).[24]

---

23. LL, Art. 6° O locatário poderá denunciar a locação por prazo indeterminado mediante aviso por escrito ao locador, com antecedência mínima de trinta dias.

    Parágrafo único. Na ausência do aviso, o locador poderá exigir quantia correspondente a um mês de aluguel e encargos, vigentes quando da resilição.
24. LI, Art. 10. Morrendo o locador, a locação transmite-se aos herdeiros.

    LI, Art. 11. Morrendo o locatário, ficarão sub-rogados nos seus direitos e obrigações:

    I – nas locações com finalidade residencial, o cônjuge sobrevivente ou o companheiro e, sucessivamente, os herdeiros necessários e as pessoas que viviam na dependência econômica do de cujus, desde que residentes no imóvel;

    II – nas locações com finalidade não residencial, o espólio e, se for o caso, seu sucessor no negócio.

Lição 28
DA ALIENAÇÃO FIDUCIÁRIA EM GARANTIA

Sumário: 1. Conceito – 2. Direito real de garantia – 3. Legislação especial – 4. Modo de constituição – 5. Natureza jurídica – 6. Pacto comissório – 7. Resumo dos aspectos mais importantes – 8. Contrato de administração fiduciária de garantias.

1. CONCEITO

É o contrato pelo qual o devedor (fiduciante) transfere o domínio de um bem móvel infungível ou imóvel ao credor (fiduciário) como garantia do pagamento da dívida contraída, permanecendo com a posse, uso e fruição da coisa cujo domínio é resolúvel e se resolverá com a liquidação da dívida, consolidando-se nas mãos do fiduciante (CC, art. 1.361).[1]

O fiduciário que normalmente é uma financeira terá o domínio e a posse indireta do bem financiado, enquanto o fiduciante terá a posse direta e poderá usufruir do bem desde logo.

A tradição nesse caso é ficta, pelo constituto possessório. Quer dizer, a aquisição do bem e a sua transferência para o credor fiduciário é algo fictício.

> **Exemplo:** quem já adquiriu um veículo financiado por este sistema sabe muito bem como funciona. O comprador procura uma loja; escolhe o

---

1. CC, Art. 1.361. Considera-se fiduciária a propriedade resolúvel de coisa móvel infungível que o devedor, com escopo de garantia, transfere ao credor.

    § 1º Constitui-se a propriedade fiduciária com o registro do contrato, celebrado por instrumento público ou particular, que lhe serve de título, no Registro de Títulos e Documentos do domicílio do devedor, ou, em se tratando de veículos, na repartição competente para o licenciamento, fazendo-se a anotação no certificado de registro.

    § 2º Com a constituição da propriedade fiduciária, dá-se o desdobramento da posse, tornando-se o devedor possuidor direto da coisa.

    § 3º A propriedade superveniente, adquirida pelo devedor, torna eficaz, desde o arquivamento, a transferência da propriedade fiduciária.

veículo; na própria loja encontra o agente financeiro, onde preenche o contrato e obtém a aprovação de seu crédito; sai com o veículo e fica aguardando a chegada do carnê para pagamento das prestações ajustadas. Conclusão: o credor fiduciário nem chegou a ver o bem cujo domínio lhe foi transferido pelo contrato.

2. DIREITO REAL DE GARANTIA

É um direito real de garantia utilizado com muita frequência pelo mercado na compra e venda de automóveis, máquinas, equipamentos e outros bens móveis infungíveis, assim como para aquisição de imóveis.

Nesse caso, embora no título de propriedade conste o nome do devedor como proprietário, ele não tem a propriedade plena, tendo em vista que dela não pode dispor, pois a propriedade plena está condicionada ao cumprimento integral do contrato, quando então o proprietário fiduciário retirará a restrição e o adquirente fiduciante passará a ter todos os poderes inerentes à propriedade.

Enquanto não quitada a dívida, o devedor fica como uma espécie de depositário e deverá aplicar toda a sua diligência na guarda e conservação do bem e a devolvê-lo, se não conseguir quitar a dívida (CC, art. 1.363).[2]

3. LEGISLAÇÃO ESPECIAL

As normas do Código Civil são reguladoras da propriedade fiduciária móvel, ainda assim de caráter geral, de sorte que continuam sendo aplicadas as disposições da legislação especial que rege a matéria, naquilo que não for incompatível (CC, art. 1.368-A).[3]

Quando se trata de bens móveis, foi a Lei de Mercado de Capitais (Lei nº 4.728/65, art. 66) que introduziu no direito brasileiro a figura da alienação fiduciária em garantia, sendo regulada depois pelo Decreto-Lei nº 911/69.

Tratando-se de bens imóveis, a matéria está disciplinada pela Lei nº 9.514/97 que, em seu artigo primeiro, define claramente quais os objetivos da lei: "promover o financiamento imobiliário em geral, segundo condições compatíveis com as da formação dos fundos respectivos".

---

2. CC, Art. 1.363. Antes de vencida a dívida, o devedor, a suas expensas e risco, pode usar a coisa segundo sua destinação, sendo obrigado, como depositário:

I – a empregar na guarda da coisa a diligência exigida por sua natureza;

II – a entregá-la ao credor, se a dívida não for paga no vencimento.

3. CC, Art. 1.368-A. As demais espécies de propriedade fiduciária ou de titularidade fiduciária submetem-se à disciplina específica das respectivas leis especiais, somente se aplicando as disposições deste Código naquilo que não for incompatível com a legislação especial. (Incluído pela Lei nº 10.931, de 2004)

LIÇÃO 28 • DA ALIENAÇÃO FIDUCIÁRIA EM GARANTIA **269**

4. MODO DE CONSTITUIÇÃO

Quando se trata de bens imóveis, a alienação fiduciária para ser constituída e valer contra todos (*erga omnes*) deve ser registrada na matrícula do imóvel junto ao Cartório de Registro de Imóveis da circunscrição onde se situa o imóvel alienado em garantia.

Quando tratar-se de bens móveis, o contrato deverá ser registrado no Cartório de Títulos e Documentos do domicílio do devedor e, sendo veículos, por anotação no certificado de propriedade expedido pelos DETRANs (ver CC, art. 1.361, § 1º).

Daí por que a alienação fiduciária é um negócio jurídico formal.

5. NATUREZA JURÍDICA

Embora haja controvérsia na doutrina, podemos dizer que o contrato de alienação fiduciária em garantia é bilateral, oneroso, acessório e formal.

a) **Bilateral:**

Porque cria obrigações para ambas as partes, tanto para o fiduciário, que além de financiar o bem deverá garantir seu uso pacífico; quanto para o fiduciante, que terá que, dentre outras, pagar o preço do financiamento.

b) **Oneroso:**

Porque beneficia ambos, enquanto instrumento de garantia do crédito para o fiduciário e possibilidade de dispêndio para aquisição do bem pelo fiduciante.

c) **Acessório:**

Porque sua existência depende de uma obrigação principal que é o objeto da garantia.

d) **Formal:**

Tendo em vista que exige instrumento escrito apto ao registro, seja público ou particular.

6. PACTO COMISSÓRIO

O Código Civil expressamente proíbe o pacto comissório, isto é, a inserção de cláusula contratual que permita ao credor fiduciário a possibilidade de se apropriar do bem dado em garantia, se a dívida não for quitada no vencimento

(CC, art. 1.365).[4] Isso se justifica porque pode acontecer de a dívida ser menor do que o valor do bem.

No caso de inadimplemento do devedor, o que deve fazer o credor é promover as medidas legais, judiciais ou extrajudiciais, visando à venda do bem para com o valor arrecadado abater no preço do seu crédito incluindo os acessórios da dívida e, na eventualidade de saldo, entregar ao devedor (CC, art. 1.364).[5] Se, vendida a coisa, o valor arrecadado não bastar para quitar os débitos, o devedor continuará obrigado pelo saldo da dívida (CC, art. 1.366).[6]

7. RESUMO DOS ASPECTOS MAIS IMPORTANTES

Cumpre destacar algumas características que consideramos importantes, ainda que já tenhamos mencionado. Vejamos:

a) Pode recair tanto sobre coisa móvel quanto imóvel. Se sobre coisa móvel, só se a mesma for infungível (ver CC, art. 1.361).

b) O devedor detém a posse direta; enquanto o credor fiduciário, a posse indireta (ver CC, art. 1.361, § 2º).

c) Vencida a dívida e não paga, o credor poderá vender o bem, através de leilão judicial ou extrajudicial, aplicando os valores no abatimento da dívida (incluídas as despesas) e, caso haja sobra, devolvendo-a ao devedor (ver CC, art. 1.364).

d) É proibido ao credor ficar com a coisa, no caso de inadimplemento (ver CC, art. 1.365).

e) É muito semelhante ao *leasing* e à venda com reserva de domínio.

f) O fiduciante fica com a posse da coisa na condição de depositário (ver CC, art. 1363).

g) O credor tem o domínio da coisa sem nunca ter havido a tradição, pois a coisa é entregue ao devedor.

---

4. CC, Art. 1.365. É nula a cláusula que autoriza o proprietário fiduciário a ficar com a coisa alienada em garantia, se a dívida não for paga no vencimento.
    Parágrafo único. O devedor pode, com a anuência do credor, dar seu direito eventual à coisa em pagamento da dívida, após o vencimento desta.
5. CC, Art. 1.364. Vencida a dívida, e não paga, fica o credor obrigado a vender, judicial ou extrajudicialmente, a coisa a terceiros, a aplicar o preço no pagamento de seu crédito e das despesas de cobrança, e a entregar o saldo, se houver, ao devedor.
6. CC, Art. 1.366. Quando, vendida a coisa, o produto não bastar para o pagamento da dívida e das despesas de cobrança, continuará o devedor obrigado pelo restante.

f) O devedor não pode alienar a coisa a terceiros, a não ser com a anuência do credor; já o credor fiduciário pode transferir seus direitos sobre a propriedade resolúvel, desde que não altere as condições inicialmente fixadas com o devedor.

i) O contrato, que serve de título à propriedade fiduciária, deverá conter obrigatoriamente: o total da dívida, ou sua estimativa; o prazo, ou a época do pagamento; a taxa de juros, se houver; e a descrição da coisa objeto da transferência, com os elementos indispensáveis à sua identificação (CC, art. 1.362).[7]

j) Na alienação fiduciária, o prazo de 5 (cinco) dias para que o devedor pague o total da dívida pendente, com o objetivo de ter restituído o bem que foi alvo de busca e apreensão, é de natureza material e deve ser contado em dias corridos, não em dias úteis (REsp 1770863, Rel. ministra Nancy Andrighi, 3ª. T., DJe 15.06.2020).

8. CONTRATO DE ADMINISTRAÇÃO FIDUCIÁRIA DE GARANTIAS

A Lei Federal nº 14.711/2023, denominada de Marco Legal das Garantias, dentre outras inovações, instituiu no art. 853-A[8] do Código Civil o "Contrato de Administração Fiduciária de Garantias", como uma nova modalidade contratual.

---

7. CC, Art. 1.362. O contrato, que serve de título à propriedade fiduciária, conterá:

I – o total da dívida, ou sua estimativa;

II – o prazo, ou a época do pagamento;

III – a taxa de juros, se houver;

IV – a descrição da coisa objeto da transferência, com os elementos indispensáveis à sua identificação.

8. CC, Art. 853-A. Qualquer garantia poderá ser constituída, levada a registro, gerida e ter a sua execução pleiteada por agente de garantia, que será designado pelos credores da obrigação garantida para esse fim e atuará em nome próprio e em benefício dos credores, inclusive em ações judiciais que envolvam discussões sobre a existência, a validade ou a eficácia do ato jurídico do crédito garantido, vedada qualquer cláusula que afaste essa regra em desfavor do devedor ou, se for o caso, do terceiro prestador da garantia. (Incluído pela Lei nº 14.711, de 2023)

§ 1º O agente de garantia poderá valer-se da execução extrajudicial da garantia, quando houver previsão na legislação especial aplicável à modalidade de garantia. (Incluído pela Lei nº 14.711, de 2023)

§ 2º O agente de garantia terá dever fiduciário em relação aos credores da obrigação garantida e responderá perante os credores por todos os seus atos. (Incluído pela Lei nº 14.711, de 2023)

§ 3º O agente de garantia poderá ser substituído, a qualquer tempo, por decisão do credor único ou dos titulares que representarem a maioria simples dos créditos garantidos, reunidos em assembleia, mas a substituição do agente de garantia somente será eficaz após ter sido tornada pública pela mesma forma por meio da qual tenha sido dada publicidade à garantia. (Incluído pela Lei nº 14.711, de 2023)

§ 4º Os requisitos de convocação e de instalação das assembleias dos titulares dos créditos garantidos estarão previstos em ato de designação ou de contratação do agente de garantia. (Incluído pela Lei nº 14.711, de 2023)

O objetivo da referida lei, com a inclusão desse novo dispositivo, foi regulamentar o sistema de garantias, visando maior segurança e eficiência na gestão dos ativos garantidores, além da simplificação do acesso ao crédito, promovendo ainda, avanços nos procedimentos de execução extrajudicial.

Segundo o Deputado Federal Fernando Jose De Souza, o contrato de administração fiduciária de garantias é um acordo entre um devedor e um agente fiduciário, que é uma entidade financeira ou jurídica designada para atuar como detentora de um bem ou garantia em nome do credor, em uma operação de crédito ou financiamento.[9]

Segundo ele, nesse tipo de contrato, o devedor oferece uma garantia, como um imóvel, veículo ou outros ativos, como segurança para o pagamento da dívida, e transfere a propriedade desses bens para o agente fiduciário. O agente fiduciário, por sua vez, passa a administrar esses bens e a exercer todos os direitos e obrigações sobre eles, agindo em nome do credor.

Dessa forma, o contrato de administração fiduciária de garantias permite que o credor tenha mais segurança e garantias na operação de crédito, pois em caso de inadimplência por parte do devedor, ele poderá tomar posse dos bens dados em garantia para quitar a dívida. Por outro lado, o devedor pode ter acesso a taxas de juros mais baixas e prazos de pagamento mais longos, já que o credor tem maior segurança na operação.

---

§ 5º O produto da realização da garantia, enquanto não transferido para os credores garantidos, constitui patrimônio separado daquele do agente de garantia e não poderá responder por suas obrigações pelo período de até 180 (cento e oitenta) dias, contado da data de recebimento do produto da garantia. (Incluído pela Lei nº 14.711, de 2023)

§ 6º Após receber o valor do produto da realização da garantia, o agente de garantia disporá do prazo de 10 (dez) dias úteis para efetuar o pagamento aos credores. (Incluído pela Lei nº 14.711, de 2023)

§ 7º Paralelamente ao contrato de que trata este artigo, o agente de garantia poderá manter contratos com o devedor para: (Incluído pela Lei nº 14.711, de 2023)

I – pesquisa de ofertas de crédito mais vantajosas entre os diversos fornecedores; (Incluído pela Lei nº 14.711, de 2023)

II – auxílio nos procedimentos necessários à formalização de contratos de operações de crédito e de garantias reais; (Incluído pela Lei nº 14.711, de 2023)

III – intermediação na resolução de questões relativas aos contratos de operações de crédito ou às garantias reais; e (Incluído pela Lei nº 14.711, de 2023)

IV – outros serviços não vedados em lei. (Incluído pela Lei nº 14.711, de 2023)

§ 8º Na hipótese do § 7º deste artigo, o agente de garantia deverá agir com estrita boa-fé perante o devedor. (Incluído pela Lei nº 14.711, de 2023)

9. Relator da matéria no Congresso Nacional. Disponível em: <https://legis.senado.leg.br/sdleg-getter/documento?dm=9261145&ts=1676675778586&disposition=inline>. Acesso em: 16.09.2024.

Lição 29
CONTRATO DE *LEASING*
(ARRENDAMENTO MERCANTIL)[1]

Sumário: 1. Conceito do contrato de *leasing* – 2. Breve histórico – 3. Importância – 4. Figuras intervenientes no contrato – 5. Objeto do contrato de *leasing* – 6. Forma – 7. Tipos de *leasing* – 8. Questões controvertidas – 9. Conclusão.

1. CONCEITO DO CONTRATO DE *LEASING*

É um contrato híbrido, sendo a um só tempo **um misto de locação, promessa de compra e venda e financiamento,** pelo qual uma pessoa (física ou jurídica), desejando utilizar certo equipamento móvel, ou mesmo um imóvel, procura uma instituição financeira que se proponha a adquirir o bem, alugando-o ao interessado, com a opção de compra findo o prazo da locação, pagando eventual saldo residual ao final, chamado no Brasil de "arrendamento mercantil" (Lei nº 6.099/74, art. 1º, parágrafo único).[2]

---

1. Para quem deseja saber mais sobre o assunto, aconselho acessar a legislação aplicável à espécie:

   a) Lei nº 6.099/74, atualizada pela Lei no 7.132/83 – Definem tratamento tributário, contábil, fiscal, e opções ao final do prazo contratual.

   b) Lei nº 11.649/08 – Trata do arrendamento mercantil para veículos automotivos.

   c) Lei nº 9.514/97 – Que regulamentou o Sistema de Financiamento Imobiliário e estendeu as operações de leasing para imóveis.

   d) Resolução nº 2.309/96 do Conselho Monetário Nacional – Define as modalidades de arrendamento mercantil financeiro e operacional, os prazos mínimos e demais condições.

   e) Resolução nº 3.401/06 e Carta Circular nº 3.248/06 – Tratam da liquidação antecipada.

   f) Resolução nº 3.617/08 – Trata da contabilização dos bens na arrendadora.

2. LAM, Art. 1º O tratamento tributário das operações de arrendamento mercantil reger-se-á pelas disposições desta Lei.

   Parágrafo único – Considera-se arrendamento mercantil, para os efeitos desta Lei, o negócio jurídico realizado entre pessoa jurídica, na qualidade de arrendadora, e pessoa física ou jurídica, na qualidade de arrendatária, e que tenha por objeto o arrendamento de bens adquiridos pela arrendadora, segundo especificações da arrendatária e para uso próprio desta.

2. BREVE HISTÓRICO

Embora se possa encontrar fragmentos desse tipo de contrato na antiguidade, a sua forma atual é oriunda dos Estados Unidos da América, quando o empresário D. P. Boothe Jr., na década de 1950, depois de firmar um grande contrato com o exército americano e não tendo equipamentos necessários para o cumprimento do contrato, nem podendo comprá-los, resolve alugá-los com financiamento.

Tempos mais tarde, ele mesmo acabaria por constituir duas empresas, especializadas no aluguel de equipamentos, consolidando o contrato de *leasing* como hoje o conhecemos.

Depois, todos os outros países adotaram essa forma de empreendimento, em face de sua grande praticidade no tocante às necessidades surgidas na indústria, no comércio e até mesmo entre os particulares, de utilização de determinados bens com a facilidade de não ter, necessariamente, que adquiri-los, podendo alugá-los com a opção de compra ao final ou eventual renovação do contrato de "locação".

No Brasil esse tipo de contrato só vem a ser regulamentado em 1974 com a edição da Lei no 6.099, que foi editada para disciplinar o tratamento tributário a ser dado a esse tipo de operação financeira. Contudo, operações a esse título já eram realizadas, tanto é verdade que já existia a Associação Brasileira de Empresas de *Leasing* (ABEL), que fora fundada em 1970.

3. IMPORTÂNCIA

Para se ter uma ideia da importância e da grande utilização desse tipo de contrato, é só imaginar que você é um empresário em início de atividades, pretendendo adquirir um equipamento que lhe permitirá triplicar a produção e, não tendo dinheiro próprio para adquirir e não encontrando nenhuma empresa que alugue esse tipo de equipamento, encontra uma empresa que se dispõe a comprar o equipamento e lhe colocar à disposição para uso imediato, mediante o pagamento de parcelas mensais a título de locação, e ainda você tendo a opção de adquirir o equipamento ao final do contrato.

4. FIGURAS INTERVENIENTES NO CONTRATO

Nesse tipo de contrato, intervêm, a rigor, duas figuras, de um lado o arrendador enquanto pessoa que se dispõe a financiar o uso e eventual aquisição do bem, e o arrendatário, que é aquele que irá se servir da coisa arrendada; vejamos:

a) Arrendador:

Será sempre uma instituição financeira, portanto pessoa jurídica, constituída sob a modalidade de sociedade anônima, e fiscalizada pelo Banco Central (LAM, art. 7º).[3]

b) Arrendatário:

Este poderá ser tanto pessoa física, quanto jurídica, de direito privado ou mesmo de direito público.

Alguns autores colocam também uma terceira pessoa como interveniente – o vendedor (fornecedor), mas ele não pode ser assim considerado, tendo em vista que não é parte no contrato.

5. OBJETO DO CONTRATO DE *LEASING*

Pode recair sobre **bens móveis** de qualquer espécie (máquinas, equipamentos, veículos, computadores etc.), até mesmo sobre bens **imóveis, inclusive aeronaves e navios**.

A permissão para recair em bens imóveis veio com o advento da Lei nº 9.514/97, art. 5º, § 2º,[4] que regulamentou o Sistema de Financiamento Imobiliário e instituiu a alienação fiduciária de coisa imóvel.

6. FORMA

Não existe forma exigida por lei para elaboração desse tipo de contrato, a não ser que **deve ser escrito**, podendo ser celebrado por instrumento público ou privado, desde que nele constem, obrigatoriamente, as seguintes especificações:

a) Descrição do bem:

O bem que é objeto do contrato deve ser descrito com todas as suas características, de sorte que possa ser facilmente identificado.

---

3. LAM, Art. 7º Todas as operações de arrendamento mercantil subordinam-se ao controle e fiscalização do Banco Central do Brasil, segundo normas estabelecidas pelo Conselho Monetário Nacional, a elas se aplicando, no que couber, as disposições da Lei nº 4.595, de 31 de dezembro de 1964, e legislação posterior relativa ao Sistema Financeiro Nacional.

4. LSFI, Art. 5º As operações de financiamento imobiliário em geral, no âmbito do SFI, serão livremente pactuadas pelas partes, observadas as seguintes condições essenciais: (Omissis),

§ 2º As operações de comercialização de imóveis, com pagamento parcelado, de arrendamento mercantil de imóveis e de financiamento imobiliário em geral poderão ser pactuadas nas mesmas condições permitidas para as entidades autorizadas a operar no SFI.

b) Valor do contrato:

Esclareça-se que o valor do contrato de arrendamento mercantil não é o mesmo do valor do bem, isso porque o valor final do negócio vai ser obtido através de uma equação financeira na qual constarão o valor do bem adquirido, o custo do capital investido, a depreciação do bem financiado e o lucro do arrendador.

c) Prazo de vencimento:

Será de três anos para os bens em geral (bens com vida útil igual ou superior a cinco anos) e de dois anos para os demais bens. Por exemplo, para veículos o prazo é de dois anos e será de três anos para os outros demais bens, inclusos os bens imóveis.

Atenção: quando o *leasing* for operacional, esse prazo será de 90 (noventa) dias.

d) Direito de opção:

Quer dizer, deve o contrato prever que, findo o prazo do *leasing*, o arrendatário tem a tríplice opção: devolver o bem, renovar o contrato ou comprar o bem pagando o valor residual.

e) Valor das prestações e forma de reajuste:

Por uma questão de transparência, o contrato deverá explicitar qual o valor das prestações e a forma de reajuste das prestações, se houver.

f) Saldo residual:

É também indispensável que conste no contrato a forma pela qual será apurado o saldo residual, para efeito da opção de compra pelo arrendatário.

Anotem: o chamado "valor residual" é o saldo restante, findo o prazo do financiamento cujo pagamento poderá ser feito no ato (pago pela arrendatária no início do contrato); parcelado (embutido nas parcelas pagas na vigência do contrato) ou no final (quando do encerramento do contrato).

7. TIPOS DE *LEASING*

Embora possam existir outros desdobramentos do contrato de *leasing* (*lease back, self leasing, dummy corporation, lease purchase* etc.), é possível identificar dois tipos principais: o *leasing* **financeiro** e o *leasing* **operacional**, com as seguintes características:

LIÇÃO 29 • CONTRATO DE *LEASING* (ARRENDAMENTO MERCANTIL) **277**

a) ***Leasing* financeiro:**

É o *leasing* tradicional, aquele realizado por uma instituição financeira (arrendador) que acaba por adquirir determinado bem por indicação do interessado (arrendatário) que pagará as prestações à arrendadora, de sorte que a mesma recupere os valores despendidos na obtenção do equipamento arrendado, incluindo seus eventuais lucros.

b) ***Leasing* operacional:**

Aquele praticado pelo próprio fabricante ou distribuidor do equipamento que, pretendendo colocar seus produtos no mercado, resolve oferecer a terceiros os seus bens com a facilidade de financiamento e de fornecer assistência técnica, com a opção de que o arrendatário possa adquirir o bem ao final do contrato.

8. QUESTÕES CONTROVERTIDAS

Ao longo do tempo, esse tipo de contrato já gerou muitas disputas judiciais e muitas controvérsias, cabendo destacar dentre estas:

a) **Cobrança embutida do saldo residual:**

Em quase todas as operações de *leasing*, o saldo residual já é calculado no momento da celebração do contrato e distribuído pelas parcelas do financiamento. Houve muita discussão, pois alguns entendiam que isso descaracterizaria o contrato de *leasing*, transformando-o em um perfeito contrato de compra e venda. Hoje esta questão se encontra pacificada, pois o Superior Tribunal de Justiça (STJ) editou a Súmula 293, de seguinte teor: "a cobrança do valor residual não descaracteriza o contrato de *leasing*".

b) **Solidariedade tributária:**

A jurisprudência, inclusive do Superior Tribunal de Justiça (STJ), está consolidada no sentido de que a responsabilidade da arrendante, possuidora indireta do veículo, é solidária, razão pela qual é perfeitamente possível figurar no polo passivo da execução fiscal. No caso de IPVA, este gravame decorre da própria lei, por isso o arrendador, na omissão do arrendatário, obriga-se, perante o fisco, a saldar o débito tributário (Lei no 7.431/85, art. 1º, § 7º, II), quando se trata de veículos automotores. Pagos os tributos, a arrendante terá direito a uma ação de regresso contra o arrendatário para se ver indenizada pelo que teve que desembolsar.

c) **Solidariedade por danos causados a terceiros:**

Quando se trata de danos causados a terceiros pelos veículos ou equipamentos objeto de contrato de *leasing*, é preciso entender que a responsabilidade civil emerge não do domínio (arrendador), mas da posse do veículo ou equipamento (arrendatário). Por isso entendemos não ser possível responsabilizar a empresa de *leasing* pelos eventuais danos causados pelo arrendatário, nem mesmo por culpa *in vigilando* ou *in eligendo*, pois não há como exigir do arrendante que tenha controle sobre os atos praticados pelo arrendatário.

9. CONCLUSÃO

Em resumo, podemos afirmar que nesse tipo de contrato é o arrendatário quem escolhe o bem que lhe interessa; depois procura um arrendador que é quem vai adquirir o bem para, ato contínuo, lhe arrendar.

Terminando o prazo, o arrendatário tem as seguintes opções:

a) **Adquirir o bem pelo saldo residual:**

Somente poderá ser exercida esta opção de compra ao final do prazo contratual, pelo valor que estiver previsto no contrato.

b) **Devolver o bem ao arrendador:**

Nesse caso, o arrendador receberá o bem e irá vendê-lo no mercado.

c) **Renovar o contrato de *leasing*:**

Nesse caso, é bem possível que as prestações sejam menores porque agora o bem não é mais novo e seu valor deve sofrer algum tipo de depreciação.

Lição 30
DO CONTRATO DE FRANQUIA
(*FRANCHISING*)

Sumário: 1. Introdução – 2. Histórico do contrato de franquia – 3. Partes – 4. Características do contrato de franquia – 5. Natureza jurídica – 6. Espécies de franquia – 7. Responsabilidade solidária perante aos consumidores.

---

1. INTRODUÇÃO

Franchise, em inglês, provém do verbo francês *franchir* que significa libertar ou liberar, dar imunidade a alguém originalmente proibido de praticar certos atos. Daí o termo *franchisage*, correspondente ao privilégio que se concedia na Idade Média a cidades e súditos. Tem a compreensão de um privilégio concedido a uma pessoa ou a um grupo de pessoas. Juridicamente significa um direito concedido a alguém.

De maneira bem objetiva, Carlos Roberto Gonçalves define a franquia como sendo um contrato pelo qual um comerciante detentor de uma marca ou produto (franqueador) concede, mediante remuneração, o seu uso para outra pessoa (franqueado) e lhe presta serviços de organização empresarial.[1]

É um contrato que oferece vantagens para ambas as partes envolvidas, tendo em vista que é feita uma espécie de associação entre o franqueado que dispõe de recurso, mas não tem os conhecimentos técnicos necessários para o sucesso do empreendimento, que pode se estabelecer desde logo, negociando produtos ou serviços já conhecidos e aceitos pelo mercado consumidor; enquanto o franqueador pode expandir sua rede de oferta de seus produtos ou serviços, sem as despesas e riscos inerentes à implantação de filiais.

---

1. *Direito civil*, p. 698.

2. HISTÓRICO DO CONTRATO DE FRANQUIA

O contrato de franquia comercial, como vínculo entre dois particulares, teve seu início no século XIX nos Estados Unidos da América, por volta do ano de 1850, quando a companhia SINGER & CO cria uma nova forma de distribuição e venda de suas máquinas de costura, que continua até os nossos dias.

Naquela oportunidade e pretendendo ampliar sua participação no mercado varejista, a Singer outorgou franquias a pequenos comerciantes que passaram a comercializar seus produtos em lojas arcando com as despesas e os riscos do negócio. A iniciativa teve tanto sucesso que já no final do século XIX a General Motors e a Coca-Cola seguiram os mesmos procedimentos.[2]

O sucesso desse tipo de contrato foi imediato e depois se expandiu para outras atividades, atingindo seu ápice com a rede McDonald's, em meados do século XX, precisamente no ano de 1955, como meio para expandir seu sistema de serviços de comidas rápidas. Ray Kroc McDonald abre o primeiro restaurante da rede com o nome da família McDonald, em Dês Plaines, Illinois. Só para se ter uma ideia do sucesso dessa empreitada, basta dizer que o McDonald's conta com mais de 31 mil restaurantes, espalhados em 118 países e um faturamento anual de mais de US$ 45 bilhões.

No Brasil o instituto da franquia está em franco desenvolvimento e encontra-se regulado, ainda que de maneira precária, na Lei nº 8.955, de 15 de dezembro de 1994, aplicando-se também a esses contratos as regras do Código Civil, do Código de Defesa do Consumidor e da Consolidação das Leis do Trabalho.

3. PARTES

Nesse tipo de contrato, atuam duas figuras jurídicas distintas:

a) **O franqueador:**

É aquele que detém a marca e conhece o sistema de comercialização do produto ou serviço.

b) **O franqueado:**

Aquele que se filia ao empreendimento mediante uma remuneração inicial, mais uma percentagem periódica sobre os lucros obtidos, arcando com os custos e despesas da instalação, ficando autorizado a comercializar os produtos ou serviços e utilizar a marca.

---

2. FERRER DE FÉRNANDEZ, Esther H. S.; JURÍO, Mirta. Contratos de la distribución comercial. *Revista de Derecho Comercial del Consumidor y de la Empresa*, La Ley, año II, nº I, feb. 2011, p. 189-198.

O franqueador estabelece o modo pelo qual o franqueado deverá instalar e fornecer o seu produto ou serviço e lhe presta orientação e assistência técnica de maneira contínua, pelo prazo e duração do contrato.

4. CARACTERÍSTICAS DO CONTRATO DE FRANQUIA

A franquia é um contrato de caráter distributivo, um típico e moderno contrato de distribuição comercial. É um contrato que tem viés cooperativo e colaborativo.

Na maioria dos casos, em torno de uma franquia encontramos uma série de outros contratos, isto é, uma pluralidade de contratos todos interligados pela atividade do franqueado que, embora celebrados individualmente, estão interligados pelo objetivo negocial único – o funcionamento da franquia.

A franquia é um contrato complexo tendo características de outros contratos, cabendo destacar os seguintes aspectos:

a) **Contrato de *engineering*:**

Pelo qual o franqueador planeja e orienta a montagem do estabelecimento franqueado.

b) **Contrato de *management*:**

Relativo ao treinamento dos funcionários e à estruturação da administração do negócio.

c) **Contrato de marketing:**

Para utilização das técnicas de colocação dos produtos ou serviços juntos aos consumidores.

É possível afirmar que o elemento marcante nesse tipo de contrato é a autorização de nome e marca que uma empresa cede a outra com a prestação de serviços, mediante a remuneração convencionada.

Assim, podemos identificar claramente dois elementos do *franchising*: o primeiro é a licença de utilização de marca, de nome, e até de insígnia do franqueador; e o segundo, a prestação de serviços de organização e métodos de venda, padronização de materiais, e até de uniforme de pessoal externo.

5. NATUREZA JURÍDICA

Sua natureza jurídica, portanto, pode ser definida como:

a) **Bilateral:**

É contrato que prevê obrigações recíprocas para os participantes.

b) Consensual:

Porque depende exclusivamente da vontade das partes para seu aperfeiçoamento.

c) Comutativo:

As partes podem prever com certa segurança quais prestações estão assumindo e os riscos, embora o sucesso do empreendimento possa ficar na dependência da sorte.

d) Oneroso:

Ambas as partes perseguem lucros e para isso investem recursos.

e) Personalíssimo ou *intuitu personae*:

A contratação se realiza em face da confiança que uma parte inspira na outra.

f) Adesão:

O franqueado adere em bloco ao contrato, podendo, quando muito, discutir algumas cláusulas.

6. ESPÉCIES DE FRANQUIA

Segundo Maria Helena Diniz,[3] podemos identificar três modalidades distintas de franquia, quais sejam:

a) Franquia industrial ou *lifreding*:

Esta modalidade é muito utilizada pela indústria automobilística e alimentícia (General Motors, Coca-Cola etc.). Pelo contrato o franqueador se obriga a auxiliar na construção de uma unidade industrial para o franqueado, cedendo o uso da marca, transmitindo sua tecnologia, exigindo segredo relativamente aos processos de fabricação e fornecendo assistência técnica. Desse modo, o franqueado fabrica e vende os produtos fabricados por ele mesmo, em sua empresa, com o auxílio do franqueador.

b) Franquia de comércio ou de distribuição:

Esta se caracteriza pelo desenvolvimento da rede de lojas de aspectos idênticos, sob um mesmo símbolo, aplicado na comercialização ou distribuição de artigos similares de grande consumo (lojas Bennetton, Boticário etc.). Nesse caso, o franqueado vende produtos do franque-

---

3. Apud: Carlos Roberto Gonçalves, *Direito civil*, p. 701.

ador, mantendo a sua marca, enquanto o franqueador procura sempre aperfeiçoar o método de comercialização.

c) **Franquia de serviços:**

Esta é a franquia propriamente dita, pela qual o franqueado reproduz e vende os serviços inventados pelo franqueador, e a do tipo hoteleiro, que abrange escolas, hotéis, restaurantes, lanchonetes, tendo por escopo fornecer serviços a certo segmento de clientes (Hotéis Hilton, McDonald's, Pizza Hut etc.).

7. RESPONSABILIDADE SOLIDÁRIA PERANTE AOS CONSUMIDORES

A responsabilidade civil prevista na legislação consumerista (Lei nº 8.078/90) funda-se na responsabilidade objetiva (sem culpa) e na solidariedade entre todos os participantes da cadeia de produção, distribuição ou comercialização de produtos ou serviços.

Dessa forma pouco importa ser franqueado ou franqueador tendo em vista que o consumidor tem a opção de demandar qualquer dos dois ou mesmo os dois conjuntamente, em face dos danos eventualmente sofridos em face da atividade.

A distinção entre franqueado e franqueador, especialmente no que diz respeito às suas obrigações, só tem importância entre eles, isto é, inter partes, de sorte que, na eventualidade de condenação de um quando a responsabilidade for do outro, caberá ação de regresso daquele que indenizou em face do verdadeiro causador do dano.

A prevenção de danos do franqueador em relação ao franqueado poderá ser resolvida através da obrigatoriedade de contratação de seguros de danos, o que pode ser perfeitamente possível de inserir como cláusula no contrato de *franchising.*

Quanto à responsabilidade do franqueado X franqueador, informamos que foi promulgada em 26 de dezembro de 2019, a Lei das Franquias (nº 13.966) que determina os deveres e obrigações de todos os envolvidos no franchising, mais especificamente quem compra a unidade (franqueado) é quem cede os direitos de marca (franqueador), cuja leitura recomendamos.

Lição 31
OS CONTRATOS BANCÁRIOS E O CDC

Sumário: 1. Os contratos bancários – 2. Aplicação do CDC aos contratos bancários – 3. Vantagem para o consumidor – 4. Os danos causados pela atividade bancária.

1. OS CONTRATOS BANCÁRIOS

Os contratos bancários são contratos de massas porque os bancos realizam milhares de operações similares com os mais diversos clientes todos os dias. Não poderia ser diferente, pois seria inviabilizada a atividade bancária se fosse exigido contrato individualizado para cada cliente.

Assim, em que pese o contrato de adesão sofrer uma certa pecha, visto sempre como abusivo porque ao cliente não é dada a oportunidade de discutir suas cláusulas, os contratos padronizados são, por assim dizer, um mal necessário para o estágio de desenvolvimento atual da sociedade.

Certamente todos os cidadãos brasileiros e de todo o mundo já realizaram algum tipo de operação com bancos e, portanto, contrataram algum serviço. Quem não tem uma conta bancária? Ou uma conta poupança? E aqueles que têm cheque especial? E os que fizeram algum tipo de empréstimo ou mesmo financiamento para aquisição de bens e serviços?

Além disso, não podemos esquecer que os bancos fomentam a economia e dessa atividade retiram seus lucros realizando os mais diversos tipos de contratos com pessoas físicas e jurídicas, tais como *leasing*, *factoring*, alienação fiduciária, câmbio, locação de cofre, cartões de crédito etc.

2. APLICAÇÃO DO CDC AOS CONTRATOS BANCÁRIOS

Cumpre ressaltar inicialmente que as instituições financeiras de crédito e bancárias sujeitam-se às normas do Código de Defesa do Consumidor (Lei nº 8.078/90), de sorte que respondem objetivamente pelos danos que vierem a causar aos consumidores por falhas na prestação de serviço. Significa dizer que, para propor ação de reparação de dano, bastará ao consumidor lesado demonstrar a ocorrência do dano e o nexo de causalidade que o liga ao serviço defeituosamente prestado para ver nascer seu direito à indenização, não sendo necessário discutir a culpa do agente causador do evento lesivo.

Muito embora o texto de lei não ofereça nenhuma obscuridade para sua correta interpretação, muito se discutiu sobre a aplicabilidade, ou não, do Código de Defesa do Consumidor no âmbito das relações bancárias. Sempre fomos de entendimento de que tal discussão era estéril na exata medida em que a lei consumerista consignou, de forma clara e expressa, que "serviço é qualquer atividade fornecida no mercado de consumo, mediante remuneração, inclusive as de natureza bancária, financeira, de crédito e securitária, salvo as decorrentes das relações de caráter trabalhista" (CDC, art. 3º, § 2º).

Apesar de a lei falar expressamente dos serviços de natureza bancária, financeira e de crédito, o enquadramento dos bancos nas normas consumeristas suscitou acaloradas discussões acerca da aplicação do Código de Defesa do Consumidor às relações bancárias e financeiras.

Mesmo que a lei não fosse expressa, os bancos são, a toda evidência, prestadores de serviços e, por consequência lógica, sujeitos às normas insculpidas no Código de Defesa do Consumidor porquanto, quando da elaboração da norma, a opção legislativa revelou a preocupação de não deixar brechas que pudessem comportar uma interpretação divergente, por vias transversas, excluindo do conceito geral de prestadores de serviços as atividades de massas, especialmente as bancárias e securitárias.

Nesse aspecto, depois de reiterados precedentes, o Superior Tribunal de Justiça, no âmbito de sua competência, pacificou a questão editando a Súmula 297, de seguinte teor: "O Código de Defesa do Consumidor é aplicável às instituições financeiras".[1]

Contudo, essa discussão só foi encerrada a partir da decisão do Supremo Tribunal Federal que, em 7 de junho de 2006, decidiu que os bancos estão sujeitos às regras do Código de Defesa do Consumidor, ao julgar improcedente a ação direta de inconstitucionalidade que fora manejada pela Confederação Nacional do Sistema Financeiro – CONSIF, contra o § 2º do art. 3º da Lei nº 8.078/90, que define serviços como toda e qualquer atividade fornecida ao mercado de consumo, mediante remuneração, inclusive as de natureza bancária, financeira, de crédito e securitária.

---

1. *DJ* 09.09.2004, p. 149.

LIÇÃO 31 • OS CONTRATOS BANCÁRIOS E O CDC

Dessa forma, os Ministros da nossa Suprema Corte entenderam ser perfeitamente aplicáveis aos bancos, sem nenhuma restrição, as regras insculpidas na lei consumerista, encerrando de vez a polêmica de que os bancos, por se subordinarem à legislação que regula o mercado financeiro, estariam fora do alcance da legislação protetiva do consumidor.[2]

3. VANTAGEM PARA O CONSUMIDOR

O fato de as demandas contra bancos serem enquadradas dentre aquelas que devem ser regidas pela lei consumerista traz, para o consumidor, algumas vantagens processuais, cabendo destacar, dentre outras, as seguintes:

a) **Cumulação de danos:**

A possibilidade de cumulação do dano moral com o dano patrimonial, de forma efetiva, isto é, integral e sem tarifação, com vista à efetiva prevenção e reparação dos danos individuais ou coletivos (CDC, art. 6º, VI).

b) **A inversão do ônus da prova:**

A inversão do ônus da prova é uma forma de facilitação da defesa do consumidor em juízo, que o juiz poderá determinar em face da verossimilhança do caso ou da hipossuficiência do consumidor (art. 6º, VIII).

c) **A responsabilidade objetiva:**

Sendo objetiva a responsabilidade, não se discute a culpa, bastando ao consumidor provar o dano e o nexo de causalidade para fazer surgir o dever indenizatório (CDC, art. 14).

d) **Interpretação favorável ao consumidor:**

Sendo o contrato de adesão, a lei determina que as cláusulas contratuais que gerem dúvidas devem ser interpretadas de forma mais favorável ao consumidor (CDC, art. 47).

---

2. Entendeu-se não haver conflito entre o regramento do sistema financeiro e a disciplina do consumo e da defesa do consumidor, haja vista que, nos termos do disposto no art. 192 da CF, a exigência de lei complementar refere-se apenas à regulamentação da estrutura do sistema financeiro, não abrangendo os encargos e obrigações impostos pelo CDC às instituições financeiras, relativos à exploração das atividades dos agentes econômicos que a integram – operações bancárias e serviços bancários –, que podem ser definidos por lei ordinária. Vencidos, em parte, os Ministros Carlos Velloso e Nelson Jobim, que julgavam o pedido parcialmente procedente para emprestar interpretação conforme a CF ao § 2º do art. 3º da Lei nº 8.078/90, respectivamente, no sentido de excluir da sua incidência a taxa dos juros reais nas operações bancárias, ou a sua fixação em 12% ao ano, e no de afastar da sua exegese as operações bancárias (ADI 2591/DF, rel. orig. Min. Carlos Velloso, rel. p/ o acórdão Min. Eros Grau, 7.6.2006).

e) Cláusulas abusivas:

Prevê ainda que as cláusulas abusivas serão consideradas nulas de pleno direito (CDC, art. 51).

f) Foro privilegiado:

Nas ações contra bancos os consumidores poderão propor as demandas no foro de seu domicílio, o que facilita tremendamente a defesa de seus direitos (CDC, art. 101, I).

Dessa forma, resta evidente que qualquer demanda, quando proposta com base na lei consumerista, carreia para seu autor algumas vantagens, tudo com a finalidade de igualizar a relação entre o consumidor (fraco) e o fornecedor (forte), justificada na máxima aristotélica de tratar igualmente os iguais e desigualmente os desiguais, na proporção de suas desigualdades.

4. OS DANOS CAUSADOS PELA ATIVIDADE BANCÁRIA

São múltiplas as situações em que as instituições financeiras e bancárias podem vir a causar danos aos seus clientes, tanto de ordem material quanto moral, em razão de falhas na prestação de serviços, que incluem, por exemplo, inclusão indevida em bancos de dados, cobrança de dívida já paga, pagamento de cheque falso ou adulterado, devolução de cheque com suficiente provisão de fundos, dentre outras.

Assim, em razão da multiplicidade de ilícitos possíveis de ocorrência, oriundos de situações como as expostas, todas geradoras de danos às pessoas, daria para escrever uma enciclopédia, por isso vamos parar por aqui.[3]

---

3. Para o aprofundamento do tema, sugerimos a leitura de nossa obra *Da culpa e do risco como fundamentos da responsabilidade civil*, editada pela Mizuno (3ª. ed. 2023) ou a obra *Dano moral nas relações de consumo*, editada pela Juspodivm (3ª. ed. 2023).

BIBLIOGRAFIA

Para um aprofundamento de estudos sobre o tema de *contratos* no âmbito civil, recomendamos as seguintes obras e autores:

AGUIAR DIAS, Jose de. *Da responsabilidade civil*. 3ª ed. Rio de Janeiro: Forense, 1954, v. 1.

ALVIM, Agostinho. *Da compra e venda e da troca*. Rio de Janeiro: Forense, 1961.

AZEVEDO, Álvaro Villaça. *Teoria geral dos contratos típicos e atípicos*. São Paulo: Atlas, 2002.

BESSONE, Darcy. *Do contrato*: teoria geral, 4ª ed. São Paulo: Saraiva, 1997.

BITTAR, Carlos Alberto. *Direito dos contratos e dos atos unilaterais*. Rio de Janeiro: Forense Universitária, 1990.

CHAVES, Antonio. *Tratado de direito civil*. São Paulo: Revista dos Tribunais, 1982, v. 2.

COELHO, Fábio Ulhoa. *Curso de direito civil* – Contratos, 4ª ed. São Paulo: Saraiva, 2010, v. 3.

COSTA MACHADO (Org.); CHINELLATO, Silmara Juny (Coord.); et al. *Código Civil interpretado artigo por artigo, parágrafo por parágrafo*. Barueri: Manole, 2008.

DENSA, Roberta. *Direito do consumidor*, 2ª ed. São Paulo: Atlas, 2006.

DINIZ, Maria Helena. *Curso de direito civil brasileiro* – teoria das obrigações contratuais e extracontratuais, 22ª ed. São Paulo: Saraiva, 2011, v. 3.

DONIZETTI, Elpídio e QUINTELLA, Felipe. *Curso didático de direito civil*, 5ª. ed. São Paulo: Atlas-Gen, 2016.

FERRER DE FÉRNANDEZ, Esther H. S.; JURÍO, Mirta. Contratos de la distribución comercial. *Revista de Derecho Comercial del Consumidor y de la Empresa*, La Ley, año II, no I, feb. 2011, p. 189-198.

GARBI, Carlos Alberto. *Contrato estimatório*. Disponível em: <http://www.tjsp.jus.br/ Institucional/SecaoDireitoPrivado/Doutrina/Doutrina.aspx?ID=526&f=7>.

GABLIANO, Pablo Stolze e PAMPLONA FILHO, Rodolfo. *Novo curso de direito civil* – contratos em espécie, 4ª ed. São Paulo: Saraiva, 2011, v. 4, t. 2.

GOMES, Orlando. *Contratos*, 18ª ed. Rio de Janeiro: Forense, 1999.

GONÇALVES, Carlos Roberto. *Direito civil* – contratos e atos unilaterais, 10ª ed. São Paulo: Saraiva, 2013, v. 3.

LOBO, Paulo. *Direito Civil – Contratos*. São Paulo: Saraiva, 2011.

MARQUES, Claudia Lima. *Contratos no Código de Defesa do Consumidor*, 4ª ed. São Paulo: Revista dos Tribunais, 2002.

MELO, Nehemias Domingos de. *Da defesa do consumidor em juízo*, 2ª ed. Leme: Mizuno, 2024.

_____. *Da culpa e do risco como fundamentos da responsabilidade civil*, 3ª ed. Leme: Mizuno, 2023.

_____. *Dano moral nas relações de consumo*, 3ª ed. Salvador: Juspodivm, 2023.

_____. *Lições de Processual Civil*, 4ª ed. Indaiatuba: Foco, 2025, vols. 1, 2 e 3.

_____. *Código de Processo Civil - Anotado e Comentado*, 4ª ed. Indaiatuba: Foco, 2025.

MENESES CORDEIRO, Antonio Manuel da Rocha. *Da boa-fé no direito civil*. Coimbra: Almedina, 1997.

MENEZES CORDEIRO, Antonio Manuel da Rocha e. *Da boa fé no direito civil*. Coimbra: Almedina, 2011.

MIRANDA, Francisco Cavalcanti Pontes de. *Tratado de direito privado*. Rio de Janeiro: Borsói, 1975, v. 25.

MONTEIRO, Washington de Barros. *Curso de direito civil* – direito das obrigações, 34ª ed. São Paulo: Saraiva, 2009, v. 4.

NADER, Paulo. *Curso de direito civil* – Contratos, 5ª ed. Rio de Janeiro: Gen-Forense, 2010, v. 3.

NERY, Rosa Maria de Andrade; NERY JUNIOR, Nelson. *Instituições de Direito Civil*, 3ª ed. São Paulo: Revista dos Tribunais, 2022, v. 2.

PEREIRA, Caio Mário da Silva. *Instituições de direito civil*, 10ª ed. Rio de Janeiro: Forense, 1996, v. 3.

REALE, Miguel. *O projeto do novo Código Civil*, 2ª. ed. São Paulo: Saraiva, 1999.

RIZZARDO, Arnaldo. *Contratos*. Rio de Janeiro: Aide: 1988.

RIZZARDO, Arnaldo. *Contratos*, 6ª. ed. Rio de Janeiro: Forense, 2005.

RODRIGUES, Silvio. *Direito civil* – dos contratos e das declarações unilaterais da vontade. 28ª ed. São Paulo: Saraiva, 2002, v. 3.

SANTOS, J. M. Carvalho. *Código Civil brasileiro interpretado*, 6ª ed. Rio de Janeiro: Freitas Bastos, 1952, vols. XVII, XVIII, XIX e XX.

SCAVONE JUNIOR, Luiz Antonio. *Comentários às alterações da lei do inquilinato*. São Paulo: Revista dos Tribunais, 2010.

SENISE LISBOA, Roberto. *Manual de direito civil* – contratos, 4ª ed. São Paulo: Saraiva, 2009, v. 3.

SERPA LOPES, Miguel Maria de. *Curso de direito civil*, 4ª. ed. Rio de Janeiro: Freitas Bastos, 1962, v. 3.

TARTUCE, Flávio. *Teoria Geral dos Contratos e Contratos em Espécie*, 2ª ed. São Paulo: Método, 2007.

TEPEDINO, Gustavo. *Comentários ao novo Código Civil* (coord. Sálvio de Figueiredo Teixeira). Rio de Janeiro: Gen-Forense, 2008, v. X.

VENOSA, Silvio de Salvo. *Direito civil* – teoria geral das obrigações e teoria geral dos contratos. 12ª ed. São Paulo: Atlas, 2012, v. II.

_____. *Direito civil* – contratos em espécie, 12ª ed. São Paulo: Atlas, 2012, v. III.

_____. *Lei do inquilinato comentada*, 9ª ed. São Paulo: Atlas, 2009.

WALD, Arnoldo. *Obrigações e contratos*, 14ª. ed. São Paulo: Revista dos Tribunais, 2000.